Manual de recursos cabalísticos

Volumen II

EDUARDO MADIROLAS ISASA

Manual de recursos cabalísticos

Para la iluminación, la sanación y la resolución de problemas

Volumen II

EDICIONES OBELISCO

Colección Cábala y Judaísmo
Manual de recursos cabalísticos. Volumen II
Eduardo Madirolas

1.ª edición: septiembre de 2023
2.ª edición: septiembre de 2025

Maquetación: *Isabel Also*
Corrección: *Sara Moreno*

Edita: Ediciones Obelisco, S. L.
Collita, 23-25. Pol. Ind. Molí de la Bastida
08191 Rubí - Barcelona - España
Tel. 93 309 85 25
E-mail: info@edicionesobelisco.com

ISBN: 978-84-1172-036-6
DL B 11616-2023

Impreso en los talleres gráficos de Romanyà/Valls S. A.
Verdaguer, 1 - 08786 Capellades - Barcelona

Printed in Spain

LeShem Yijud Kudshá Berij Hu UShjintéh [יאהדונהי]
BiDjilú URjimú [יאההויהה]
URjimú UDjilú [איההיוהה]
LeYajadá Shem Yud He BeVav He
BYjudá Shelim [יהוה]
BeShem Kol Israel.

Por la unidad del Santo, bendito sea, y su Shejiná *(Tiféret-Zeir Anpin y Maljut-Nukva),* en temor y amor *(Jojmá y Biná),* en amor y temor *(Biná y Jojmá),* para unir el Nombre Yod He con Vav He *(por la energía de En Sof que vivifica y une las letras)* en perfecta unidad *(Kéter),* en el nombre de todo Israel *(el alma espiritual arquetípica de la humanidad).*

אֲנִֽי־אָמַרְתִּי אֱלֹהִים אַתֶּם וּבְנֵי עֶלְיוֹן כֻּלְּכֶם׃

Yo dije: Vosotros sois dioses, y todos vosotros hijos del Altísimo.

(Sal 82, 6)

יְהוָה אֲדֹנֵינוּ מָֽה־אַדִּיר שִׁמְךָ בְּכָל־הָאָרֶץ

¡Oh, YHVH, Señor nuestro, qué poderoso es tu Nombre en toda la Tierra!

(Sal 8, 10)

CAPÍTULO 7

El cuerpo de luz[1]

Es importante entender que la corporeidad es un estado de conciencia, que la materia no existe como algo en sí, con existencia propia, sino que es un estado densificado de la Luz Infinita.

Igual que la luz física se transforma en calor, la luz del ser se transforma en materia, pero como en el caso físico, el proceso no es fácilmente reversible. Para que el calor se convierta en luz –para que se revierta el proceso entrópico– se necesita un alto grado de concentración y gasto de energía y lo mismo ocurre para que la materia se restituya a su configuración original en luz.

El proceso no podría realizarse a nivel global si el Cosmos fuera un sistema cerrado –en física se habla de la muerte térmica del universo– pero se tiene una inyección constante de energía/luz por parte de la Deidad (porque en un sistema no dualista, ¿con qué se puede detener o limitar el movimiento de impulso creativo que fluye siempre así eternamente?). Esta infusión de Luz es el motor de la evolución hacia estados de entropía negativa, es decir, de complejidad y orden crecientes.

1. Para un estudio sobre el tema, véase el capítulo VIII de *La Cábala de la Merkavá* (www.lacabaladelaluz.com) pág. 339 y ss.

En particular, aunque se den saltos cuánticos (haya aparentes abismos de conciencia) la materia no es discontinua con la mente y, como estados consolidados, se interpenetran e influyen mutuamente.

Todo ello se percibe claramente en la estructura de los mundos en relación con el Árbol de la Vida. Vemos amplias zonas de solape, tanto en el esquema de los mundos en el Árbol de la Vida –representado cada uno como un círculo con centro en una sefirá del pilar del medio– como en el mapa de despliegue del Árbol en los mundos (Árbol extendido), en el que se da la superposición de las estructuras complejas que llamamos Rostros (*véase* a continuación).

El marco teórico ha sido tratado ya ampliamente tratado en otro lugar[2] y aquí sólo reiteraremos los hechos esenciales.

2. Capítulos II y III de *La Cábala de la Merkavá*.

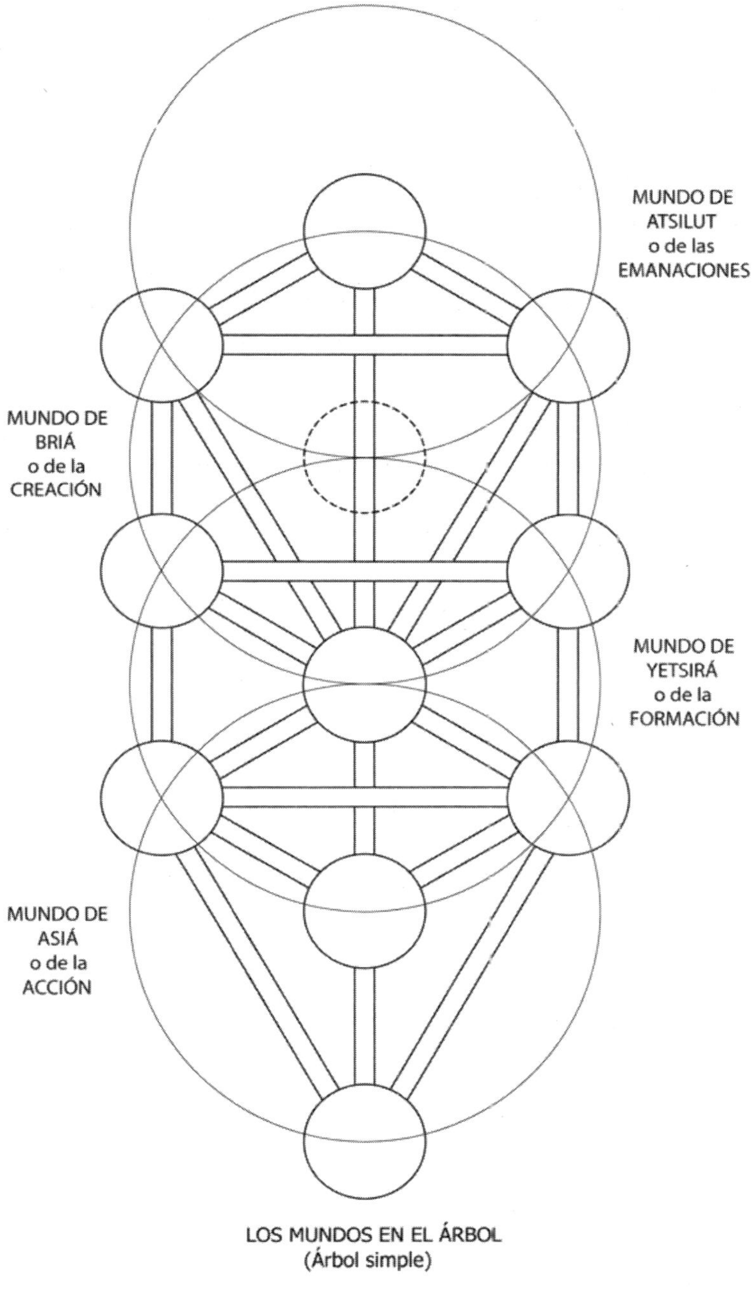
MUNDO DE
ATSILUT
o de las
EMANACIONES
MUNDO DE
BRIÁ
o de la
CREACIÓN
MUNDO DE
YETSIRÁ
o de la
FORMACIÓN
MUNDO DE
ASIÁ
o de la
ACCIÓN
LOS MUNDOS EN EL ÁRBOL
(Árbol simple)

Figura 9

Así, como hemos dicho y se observa en la figura, en el Árbol simple contemplamos cada mundo como un círculo centrado en una de las sefirot del pilar del medio y se ve cómo los círculos se interpenetran y hay zonas que se pueden tratar desde el punto de vista de dos mundos.

Vemos por otro lado que la estructura del Árbol consiste en dos configuraciones tipo cuadrilátero, más el triángulo correspondiente a la tríada Jésed/Guevurá/Tiféret. Ambas configuraciones son mediadas por esta tríada de Hombre/Mujer Solo/a e integradas por el hexagrama centrado en Tiféret, como se verá después

Los dos cuadriláteros son los que reciben el Nombre de Rostros. Hay así un Rostro Superior y un Rostro inferior.

A veces también (por ejemplo en el Zohar) se integra a Jésed/Guevurá/Tiféret en el Rostro superior, que pasa entonces a tener trece senderos (junto con los senderos Jésed/Nétsaj y Guevurá/Hod). El Rostro inferior, por tanto, constaría de nueve senderos. Estos son simbolizados en el Zohar como las dos barbas, la del Rostro superior dividida en trece porciones, y la del Rostro inferior en nueve.

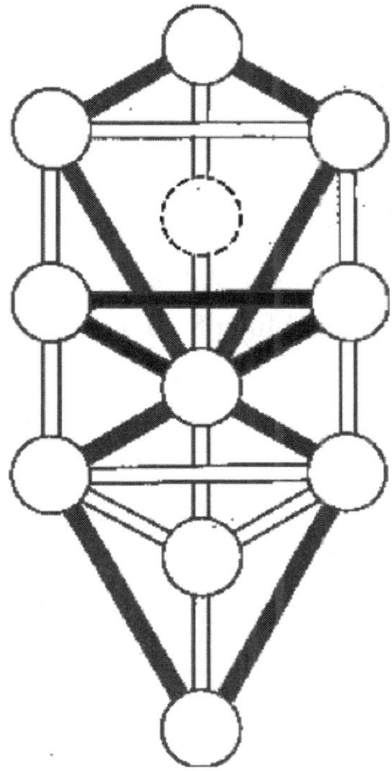

Figura 10. Dos Rostros

Por otro lado, en cada mundo suponemos un Árbol de la Vida completo y lo que hacemos para desplegar el Árbol en los mundos es superponer el rostro inferior de un mundo con el superior del inmediatamente inferior. De este modo se obtiene un solape perfecto entre mundos –como se da, por ejemplo entre la mente yetsirática y el cuerpo asiático– en vez de considerarlos como planos disjuntos entre sí.

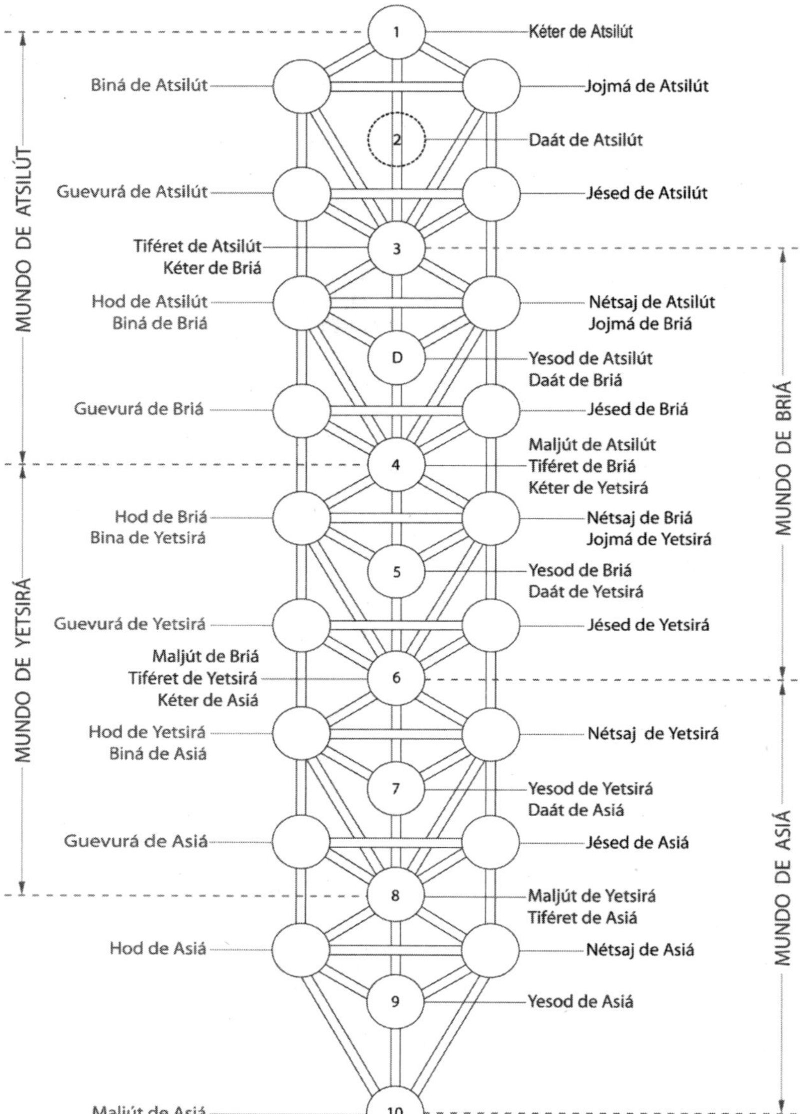

El Árbol extendido

Figura 11

Volviendo al tema de las estructuras, en Cábala se consideran dos hexagramas en relación con el Árbol de la Vida (*véase* las figuras)

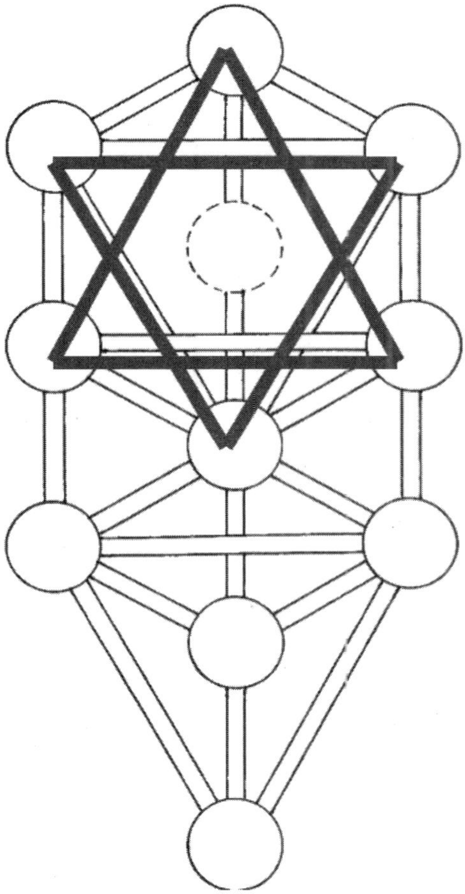

El hexagrama briático.

Figura 12

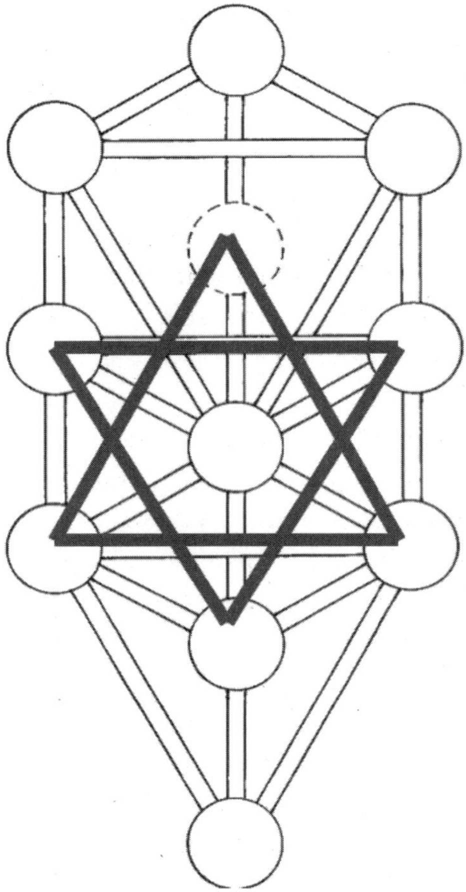

El hexagrama yetsirático.

Figura 13

El primero es el hexagrama centrado en Dáat y que abarca a las seis sefirot superiores del Árbol de la Vida. Corresponde a lo que en el Árbol simple constituye el mundo de Briá: el mundo del ser y de las cualidades puras. El segundo hexagrama está centrado en Tiferet y comprende las sefirot de Dáat a Yesod. Es la extensión del mundo de Yetsirá: el plano del psique y de los contenidos de la mente.

Mientras que el primero representa el paso hacia el self trascendente, el yo arquetípico transpersonal de Kéter (Rostro Superior), el segundo corresponde al self inmanente, el verdadero núcleo de la identidad psicológica en esta vida (por contraste con el falso ego yesódico de la persona no individualizada).

Sabemos que Dáat de un mundo es Yesod del inmediatamente superior. Pero Dáat en sí no es una sefirá en el mismo orden que las otras diez. Hablamos de ella como una sefirá virtual. Quiere decir que el hexagrama centrado en Dáat es inestable –en el sentido de que Yesod es inestable– al carecer de centro definido. El hexagrama centrado en Tiféret sí tiene un centro sefirótico definido de identidad: el self.

Y así, por ejemplo, mientras que en el mundo onírico yesódico de los sueños, un individuo puede ser más de una persona al tiempo: el sujeto del sueño como ego y otros arquetipos como subpersonalidades, cuando se empieza a experimentar Dáat (Rúaj HaKódesh) puede ser que se haga de una forma fragmentada: Visita de maestros, ángeles, percepciones extrasensoriales, etc., sin percibir que ello es una manifestación de una entidad de orden superior –el Tiféret de Briá, por ejemplo, el Yo arquetípico– que tiene respecto a su Yesod la misma relación que el self psicológico respecto al mundo de la personalidad egoica fragmentado.

Los siguientes diagramas son dignos de una meditación profunda.

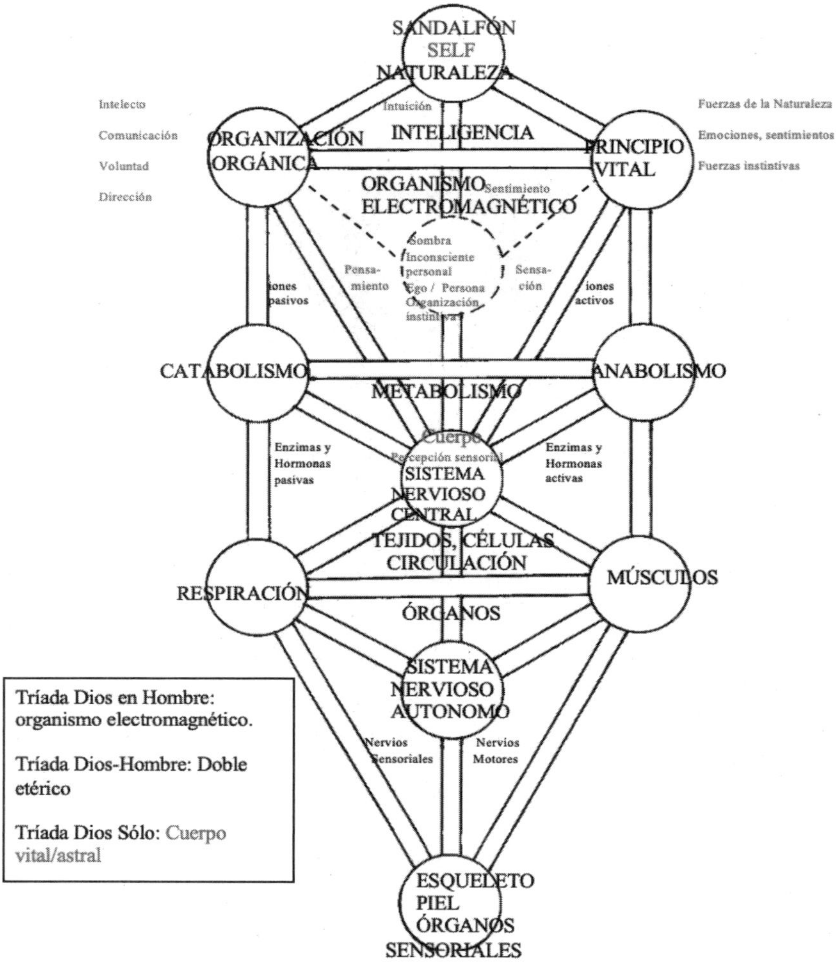

ÁRBOL EN ASIÁ.
Correspondencias funcionales microcósmicas

Figura 14

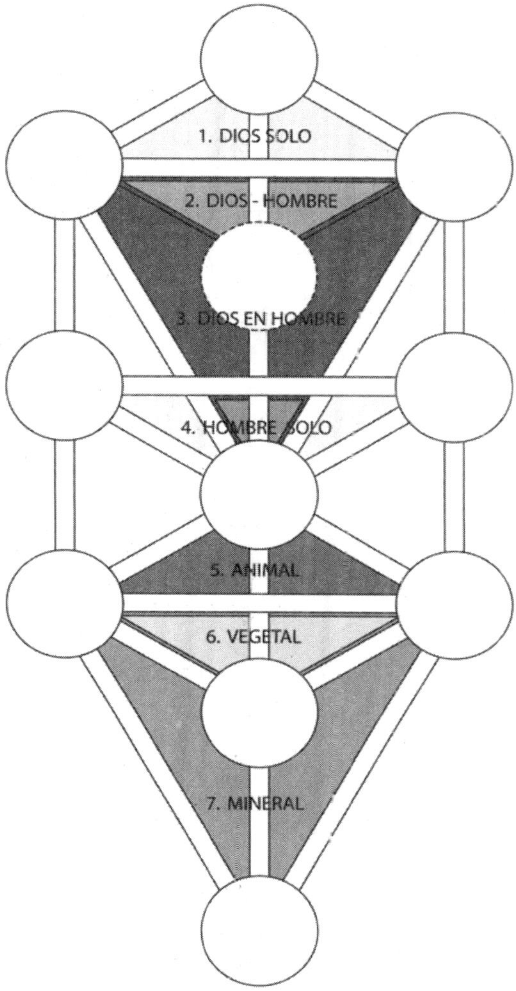

TRÍADAS O TRÍANGULOS INTERNOS

Figura 15

Vemos en el primero de ellos que lo que llamamos comúnmente «cuerpo» corresponde a las tres tríadas inferiores, llamadas, mineral, vegetal y animal, que conforman entre las tres el cuadrilátero que antes hemos llamado un «rostro». De hecho constituyen el rostro inferior de cualquier Árbol. Pero debido al solape entre rostros en los distintos mundos, este rostro inferior corresponde al superior del mundo inmediatamente inferior. Esto se da a todos los niveles.

Observamos que en el Árbol esta estructura o rostro de soporte se repite cinco veces:

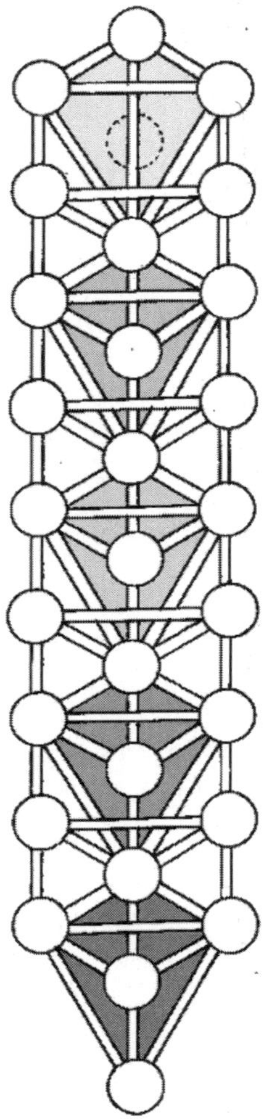

Figura 16. Cinco rostros del Árbol extendido

Son los submundos Asiá y Briá de los distintos árboles, teniendo en cuenta el solapamiento que se da entre Rostros. El hexagrama yetsirático se solapa con ambos y sirve como nexo de unión.

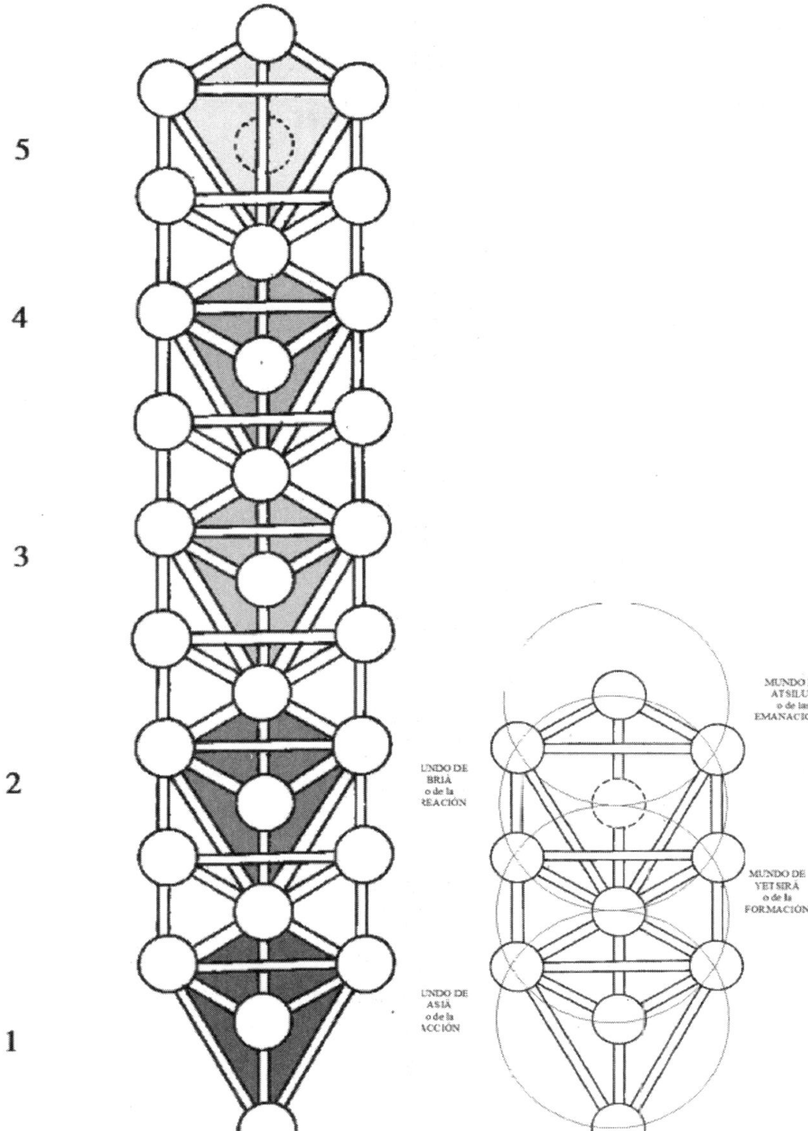

Figura 17. Cinco rostros y submundos

Podemos hablar entonces de cinco niveles corpóreos, de cinco cuerpos:

1. El cuerpo físico. Corresponde al rostro inferior del mundo de Asiá.
2. El cuerpo psicoetérico, psicoide y psicológico. El anclaje de la personalidad. Rostro inferior de Yetsirá y superior de Asiá.
3. El cuerpo anímico/espiritual (alma). Es el cuerpo de luz o merkavá cuando se halla plenamente desarrollado. Rostro inferior de Briá y superior de Yetsirá.
4. Cuerpo arquetípico/causal. Sin forma. Su naturaleza es puro Espíritu. Rostro superior de Briá e inferior de Atsilut.
5. Cuerpo Divino (a falta de un nombre mejor). El Rostro superior de Atsilut.

Cada uno de estos rostros/cuerpo se halla coronado por una sefirá del pilar central que proporciona una estructura de identidad y que se encuentra en el centro del hexagrama o maguén David (Es el submundo Yetsirá de ese Árbol). Este hexagrama yetsirático hace de nexo entre los submundos briático y asiático, del mismo modo que la letra Vav del Tetragrama hace de nexo o gancho entre las dos letras He.

Tenemos así:

1. El yo corpóreo. Como nivel de conciencia es la identidad preegoica de la infancia temprana. El centro del mundo de Asiá.
2. El self o sí mismo. Es el yo individualizado (postegoico). El centro del mundo de Yetsirá. Foco del rúaj, en el lenguaje cabalístico de las almas. La unidad de una encarnación. Es el objeto de toda la especulación psicológica.
3. La neshamá suprema. Es el centro del mundo de Briá. La visión del Trono. La fuente y corona de la psique yetsirática. Habitante de lo eterno. Átomo semilla de todas las reencarnaciones. Átomo metafórico del «Cuerpo de Dios» (Maljut de Atsilut; Shejiná). Inmortal. Capaz de evolución.
4. La Chispa Divina, el Yo divino. Prefigurado en la imagen de Metatrón, arcángel de Kéter. Es el Partsuf Divino de Zer Anpin.

5. Yo Soy quien Yo Soy. Foco emanativo de la Luz Infinita. El Partsuf Divino de Arij Anpin.

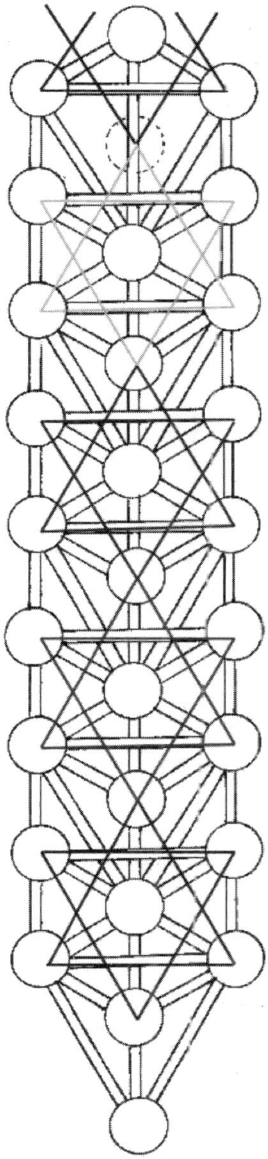

Figura 18. Hexagramas de identidad

En el esquema del Árbol de la Vida, lo que hacemos es desarrollar la tríada Dios en Hombre en el mundo de Yetsirá, que contiene al Dáat en su interior. Hemos dicho en otros lugares que –contemplada desde abajo, desde el Tiféret– esta tríada corresponde a la acción del Espíritu Santo, el Rúaj HaKódesh, con su inspiración, su iluminación.

Pero, al mismo tiempo, se solapa con la tríada mineral del mundo de Briá, es decir, la tríada corpórea en ese mundo. Por eso hablamos de desarrollar la merkavá, el cuerpo de luz. Y del mismo modo que en el mundo de Asiá[3] la tríada vegetal, que se corresponde con los diversos órganos y sistemas del cuerpo físico, está contenida en la tríada mineral, cabe establecer un paralelismo –según el principio como es arriba es abajo– con el mundo de Briá, y hablar así, al nivel de la neshamá, de un cuerpo espiritual con la contraparte briática de los órganos físicos. Este es el fundamento de la propuesta del Séfer Yetsirá sobre la correspondencia de las letras del alfabeto hebreo con los órganos y partes del cuerpo.

Se trata de recuperar el cuerpo adámico antes de la Caída. Se dice que en el Edén la pareja Adam/Javá tenía vestiduras de luz. Lo cual se corresponde con un nivel de conciencia cósmico, ya que se dice que su conciencia abarcaba de uno al otro extremo del universo. Como resultado de la Caída pierden su envoltura de luz y adquieren una envoltura de piel. Ambas palabras en hebreo, luz y piel, se pronuncian como Or, variando sólo la primera letra, que pasa de ser Alef –el llamado espíritu suave– a Ayin –el espíritu áspero–. La raíz Or, con Ayin, tiene también el sentido de cegar, es decir, apantallar la luz. Pero la pantalla de carne no es discontinua con la luz, sino que es luz en un estado de densificación; cristalización, si se quiere. El trabajo será, por consiguiente, retornar al estado de luz reconvirtiendo la envoltura –los elementos– a su condición original edénica. Ese es el estado natural humano. En el Edén el ser humano puede comer libremente del Árbol de la Vida y vivir para siempre, alcanzar la inmortalidad.

---

3. Hacemos la correspondencia Asiá-Briá, mundos que corresponden a las dos letras He del Tetragrámaton. Son las letras de conciencia objetiva, mientras que la Vav y la Yod corresponden a fases de la conciencia subjetiva.

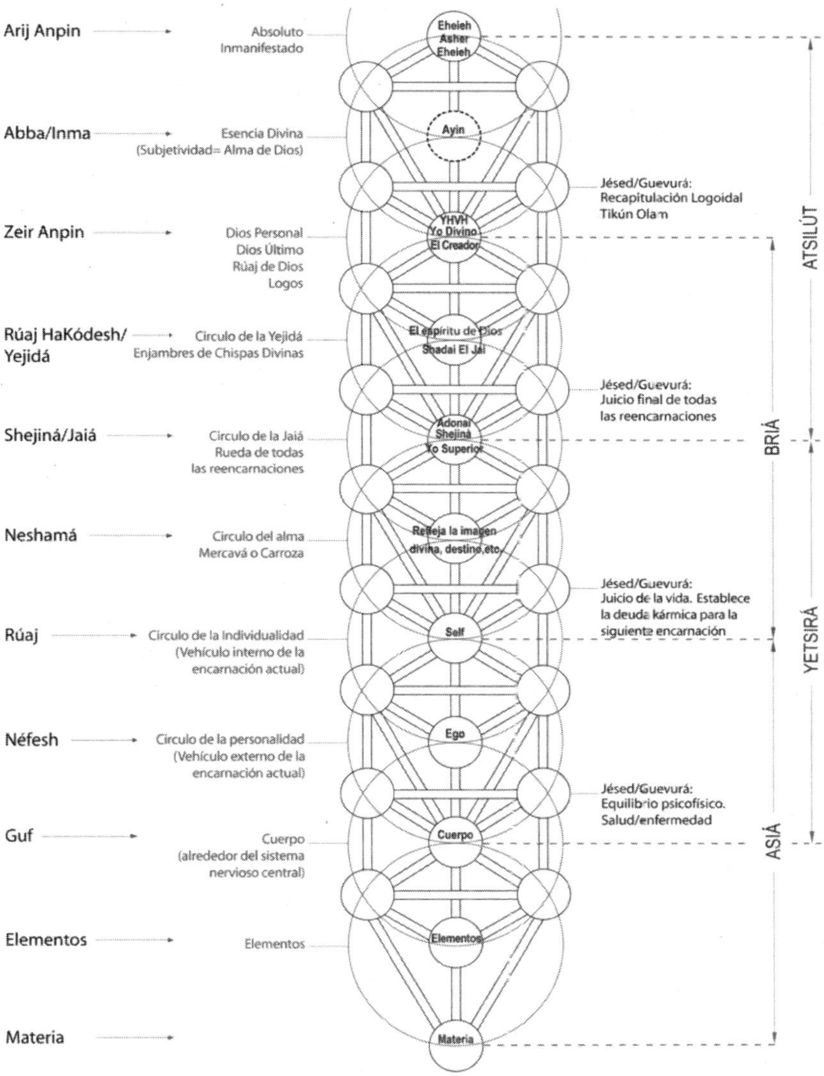

Figura 19. Estructuras anímicas

Recapitulando: El cuerpo de luz es la vestidura de nuestra neshamá, el alma espiritual. El lugar natural de la neshamá es el mundo de Briá, cuyas sefirot son descritas en la literatura mística como los Hejalot, los palacios de la Shejiná o Presencia Divina. También podemos considerarlos como los Rayos de manifestación del enjambre de Chispas Divinas que constituyen la Humanidad global. De esta forma podemos reintegrarnos en nuestra raíz de alma que es a lo que hemos llamado neshamá suprema, la fuente semilla de nuestra encarnación actual, de hecho de todas nuestras encarnaciones. Con ello finaliza, por así decir, nuestro peregrinaje por los mundos de la forma. Alcanzamos así nuestro verdadero estatus espiritual como Hijos de Dios, seres de luz, inmortales, en esencia una Chispa de la Luz Infinita del Creador.

Pero la grandeza de este camino no es sólo que podamos estar refiriéndonos a un estado de después de la vida, sino que en nuestra propia cotidianidad, en nuestra vida personal, podemos experimentar el gozo espiritual y la libertad de manifestar la luz en la Tierra. En el eterno ahora, en el solape del tiempo que pasa y del tiempo arquetípico que es eternidad, encontramos plenitud y realización en este mundo y en el mundo futuro. Del individuo capaz de activar, integrar y manifestar el cuerpo de personalidad –néfesh– el cuerpo energético/espiritual –neshamá– y el cuerpo divino –yejidá– se dice que es un ser liberado.

Visto en el Árbol simple, el cuerpo espiritual tiene, por así decir, tres niveles: El cuerpo de luz o cuerpo puro (Tríada Dios/a en Ser Humano. Es el fruto de la merkavá), el cuerpo de gracia (Tríada Dios/a Ser Humano; es el estado edénico) y el cuerpo de devekut, unión con Dios/a (Tríada Dios/a Solo/a. Ejad. Ein Sof).

Referimos al lector al capítulo 8 (Dáat de Yetsirá) de la Cábala de la Merkavá en el que ya se han dado ejercicios mediante el Nombre de Dios para el desarrollo del cuerpo de luz.

En este capítulo nos proponemos dar una práctica completa unificada. La aplicación a la curación resulta evidente e inmediata.

Estas son las correspondencias relevantes:

Correspondencias de las letras del alfabeto hebreo

Letra (madre)	Elemento	Nombre Divino	Anatomía	Canal	Planeta	N.D.
א	Aire	YHVH	Tronco, brazos	canal central	Urano	Yah
מ	Agua, Tierra	El	Abdomen, piernas	canal izquierdo	Neptuno	Eheieh
שׁ	Fuego	Elohim	Cabeza, cuello	canal derecho	Plutón	Agla

Letra (doble)	Planeta (Sist judío)	Día (Sist. judío)	Nombre de 42 Sist. judío	Tetragrama
Bet; ב	Saturno	Sábado	אבג יתץ	יֵהֵוֵהֵ
Guimel ג	Júpiter	Domingo	קרע שׂטן	יֶהֶוֶהֶ
Dalet; ד	Marte	Lunes	נגד יכשׁ	יְהְוְהְ
Kaf (Jaf); כ	Sol	Martes	בטר צתג	יֹהֹוֹהֹ
Pe (Fe); פ	Venus	Miércoles	חקב טנע	יִהִוִהִ
Resh; ר	Mercurio	Jueves	חגל פזק	יֻהֻוֻהֻ
Tav; ת	Luna	Viernes	שׁקו צית	יוּהוּווּהוּ

Letra (doble)	Planeta Sist hermético	Día Sist.hermético	Nombre Divino sist. hermético
Bet; ב	Mercurio	Miércoles	Elohim Tsebaot
Guimel ג	Luna	Lunes	Shadai El Jai
Dalet; ד	Venus	Viernes	YHVH Tsebaot
Kaf (Jaf); כ	Júpiter	Jueves	El
Pe (Fe); פ	Marte	Martes	Elohim Guibor
Resh; ר	Sol	Domingo	YHVH Eloah Vadáat
Tav; ת	Saturno	Sábado	YHVH Elohim

Letra (doble)	Centro	Nombre Divino	Nombre de 42
Bet; ב	Corona Parte superior de la cabeza	Eheieh	אבג יתץ
Guimel; ג	Frente; entrecejo	Yah	קרע שטן
Dalet; ד	Garganta	Yehova Elohim	נגד יכש
Kaf (Jaf); כ	Corazón	YHVH Elóah Vadáat	בטר צתג
Pe (Fe); פ	Plexo solar; ombligo	YHVH Elohim Tsebaot	חקב טנע
Resh; ר	Genital; sacro	Shadai El Jai	חגל פזק
Tav; ת	Raíz ; base de la columna	Adonai Haárets	שקו צ׳ית

Conciliación sistemas judío y hermético

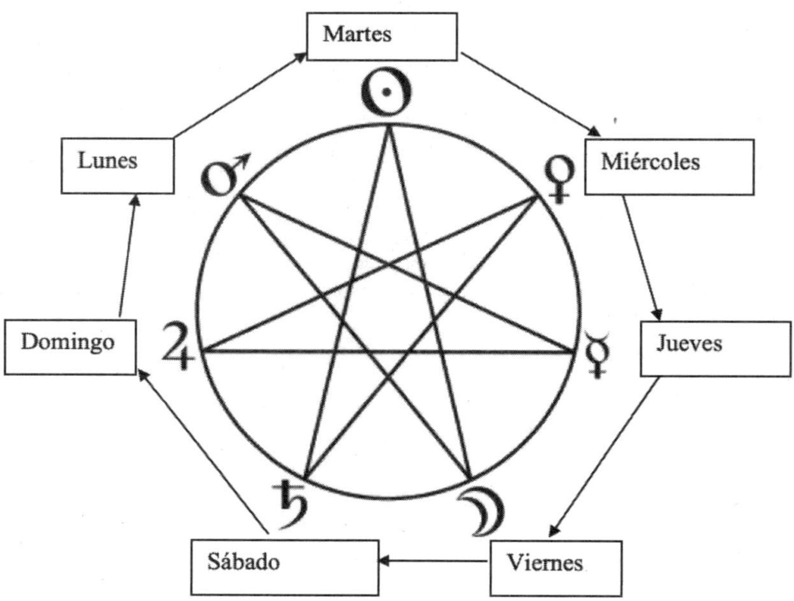

Figura 20

Letra (simple)	Permutación	Parte del cuerpo	Mes (calendario judío)	Signo zodiacal
ה	יהוה	Cabeza, cerebro	Nisan	Aries
ו	יההו	Garganta	Iyar	Tauro
ז	יוהה	Hombros, brazos, manos, pulmones	Sivan	Géminis
ח	הוהי	Senos, estómago	Tammuz	Cáncer
ט	הויה	Corazón, médula	Av	Leo
י	ההוי	Intestinos	Elul	Virgo
ל	והיה	Riñones, glándulas	Tishré	Libra
נ	וההי	Genitales, sistema excretor, ano	Jeshván	Escorpio
ס	ויהה	Caderas, hígado, muslos, músculos	Kislev	Sagitario
ע	היהו	Rodillas, huesos, piel, vesícula biliar.	Tevet	Capricornio
צ	היוה	Pantorrillas, circulación sanguínea, páncreas	Shevat	Acuario
ק	ההיו	Pies, bazo, ganglios, linfa	Adar	Piscis

Letra (simple)	Zodíaco	Tetragrama	Regente	Sefirá	Vocalización	Combinación	Pronunciación
ה	Aries	יהוה	Marte	Guevurá	יְהְוְהְ	יְהְוְהְ	Y^e^H^e^V^e^H^e^
ו	Tauro	יהּהו	Venus	Nétsaj	יִהִוִהִ	יִהִהִוִ	YiHiHiVi
ז	Géminis	יוהה	Mercurio	Hod	יֻהֻוֻהֻ	יֻוֻהֻהֻ	YuVuHuHu
ח	Cáncer	הוהי	Luna	Yesod	יוּהוּווּהוּ	הוּווּהוּיוּ	Hu'Vu'Hu'Yu'
ט	Leo	הויה	Sol	Tiféret	יֹהֹוֹהֹ	הֹוֹיֹהֹ	Ho'Vo'Yo'Ho'
י	Virgo	ההוי	Mercurio	Hod	יֻהֻוֻהֻ	הֻהֻוֻיֻ	HuHuVuYu
ל	Libra	והיה	Venus	Nétsaj	יִהִוִהִ	וִהִיִהִ	ViHiYiHi
נ	Escorpio	וההי	Marte, Plutón	Guevurá Dáat	יְהְוְהְ יֹהֵוָהֵ	וְהְהְיְ וָהֵהֵיֹ	V^e^H^e^H^e^Y^e^ Va'He'He'Yo'
ס	Sagitario	ויהה	Júpiter	Jésed	יֶהֶוֶהֶ	וֶיֶהֶהֶ	VeYeHeHe
ע	Capricornio	היהו	Saturno	Biná	יֵהֵוֵהֵ	הֵיֵהֵוֵ	He'Ye'He'Ve'
צ	Acuario	היוה	Saturno, Urano	Biná Jojmá	יֵהֵוֵהֵ יַהַוַהַ	הֵיֵוֵהֵ יַהַוַהַ	He'Ye'Ve'He' HaYaVaHa
ק	Piscis	ההיו	Júpiter, Neptuno	Jésed Kéter	יֶהֶוֶהֶ יָהָוָהָ	הֶהֶיֶוֶ הָהָיָוָ	HeHeVeYe Ha'Ha'Va'Ya'

Meditación del cuerpo de luz

Esta meditación combina otras tres: La meditación de la Merkavá propuesta en el capítulo 3 (y en mis libros), la meditación en los centros psicofísicos (chakras) presentada en otros lugares (id.), y el trabajo en luz sobre los órganos y partes del cuerpo (con su yijud) que en gran parte se expuso en el libro La Cábala de la Merkavá.

Si bien puede hacerse completa, de una vez, está más bien pensada para ir por partes, consolidando bien cada uno de sus elementos. Su objetivo es iluminatorio, por supuesto, pero también tener recursos de sanación para sus distintas facetas, con lo que los aprendizajes deben estar bien asentados.

En ambos casos, es de una alquimia de la luz de lo que estamos hablando. No sólo nos llenamos de luz, sino que todos nuestros órganos y nosotros mismos nos transmutamos en luz. Es la propia luz la que realiza el cambio, que no es otra cosa que retornar a su propia esencia.

Y todo ello por el poder de los Nombres de Dios, la vasija que contiene y pone a nuestra disposición la luz del Creador.

La metodología es la siguiente:

Primero cada órgano o elemento psicofísico, anatómico o funcional, se consume como incienso purísimo que asciende.

Todos los órganos y partes del cuerpo están vacíos y se llenan por la influencia de las letras de un néctar luminoso purísimo.

El órgano o parte se recrea o reconstruye en luz.

El Nombre Divino que se emplea en cada caso se construye con la guematria del nombre del órgano a tratar. O bien se usan otros recursos que se irán viendo en la meditación, tales como entrelazados con el Tetragrama, etc.

La guematria es una técnica universal. Todo –chakra, órgano, enfermedad, etc– tiene un nombre que lo designa y que en hebreo (*lashón hakódesh*, la lengua sagrada) conecta directamente con su esencia. Es además un número. Utilizar un Nombre Divino del mismo valor numérico, que en la mayoría de los casos será una construcción o una combinación de Nombres diseñada por nosotros, revierte el elemento que estemos considerando a su raíz divina.

Está escrito: Él y su Nombre son Uno. Quiere decir que hay una canalización inmediata. La Luz del Nombre opera la transmutación, la curación, la liberación de las chispas de luz encapsuladas, que es lo que nos proponemos. Ni que decir tiene que el operador debe estar plenamente sintonizado con la Luz. Por eso son fundamentales estas meditaciones antes de abordar recursos concretos. No queremos ser ciegos guiando a otros ciegos. La práctica continuada y sistemática es esencial. Y por supuesto el nivel ético del operador (*véase* capítulo 2).

Somos conscientes de la ambigüedad inherente a la elección de los Nombres. Dado un Nombre no tradicional hay muchísimas formas de alcanzar su valor numérico. Es aquí donde actúa la maestría del operador. Serán la propia inspiración interior (de su Dáat) y la práctica lo que determine lo mejor, o sea lo que funcione bien. Y el que uno empiece a hacer sus propias asociaciones es un buen indicador de que está en el camino.

Hay que tener en cuenta que, con matices, diversos Nombres para lo mismo tendrán el mismo efecto. No hay partes en lo Divino. Y en matemáticas un infinito puede contener distintos infinitos como subconjuntos propios. Y distintas sucesiones infinitas pueden tener el mismo límite. Cuánto más tratándose del Infinito Divino.

Por eso debemos actuar con fe. Si no alcanzamos los resultados deseados de inmediato es por nuestra limitación, no por el sistema en sí. La Luz siempre está ahí y siempre a nuestra disposición, una vez que alcancemos el grado de desarrollo necesario.

Meditación en sí

Se recomienda enfáticamente algún tipo de apertura, como la indicada en el capítulo 3.

Una vez ubicados en nuestro marco de meditación, por ejemplo frente al motel maaraví (*véase* meditaciones anteriores) comenzamos:

El firmamento que gravita sobre nosotros está saturado de Luz Infinita. Un rayo de luz desciende directamente a nuestro Kéter.

La Luz Infinita empieza a desarrollar su obra, configurándose en los Nombres de Dios, en fuego blanco irradiando luz blanca y operando su propia alquimia de asimilación, transformación e identificación.

Así, en la inspiración, visualizamos en nuestro **centro de Kéter**, el Nombre YHVH con la vocal Kamets («a» larga): יָהָוָהָ. En la exhalación, vibramos Ya'Ha'Va'Ha'.

Podemos repetir tantas veces como queramos reforzando la percepción de esencia divina en nuestro centro de la cabeza.

Vemos ahora como el Nombre, por así decir, se abre y se forma el desarrollo completo del Nombre Eheiéh en el centro de Kéter:

Visualizamos en este centro un triángulo apuntando hacia arriba cuyos tres lados son las expansiones del Nombre:

אלף הי יוד הי
אלף הא יוד הא
אלף הה יוד הה

En su interior, siempre en letras de fuego blanco emitiendo luz blanca, la triangulación del Nombre:

א
א ה
א ה י
א ה י ה

Doce purísimos rayos de luz blanca parten de la circunferencia. Son las doce permutaciones del Nombre Eheiéh:

אהיה
אההי
איהה
היהא
היאה
ההיא
יהאה
יההא
יאהה
האהי
האיה
ההאי

Cada rayo irradia un concepto deífico, según el siguiente esquema (mismo orden que arriba):

Aries	Identidad
Tauro	Creación
Géminis	Ideación
Cáncer	Unidad
Leo	Jerarquía
Virgo	Providencia
Libra	Aliento
Escorpio	Sentido
Sagitario	Voluntad
Capricornio	Fundación
Acuario	Libertad
Piscis	Amor

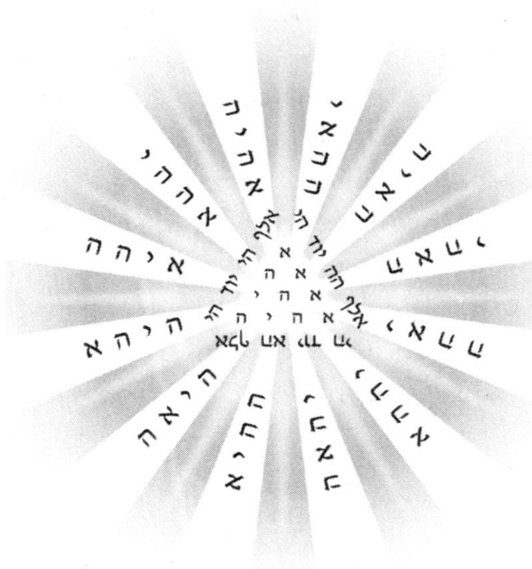

Figura 21. Centro de Kéter (cabeza)

Contemplamos que el valor numérico de todo este desarrollo es 751, que es HaMakóm, המקום, contando la Mem como final. HaMakóm significa el lugar, y es un Nombre Divino en sí mismo. Como está escrito: Él es el lugar del mundo y el mundo no es su lugar. Este es el esfuerzo de interiorización –como si hubiéramos de darnos la vuelta hacia dentro– que se nos pide realizar en el centro de Kéter.

Si ahora contemplamos un rayo de luz que brota de la punta superior del triángulo y vemos en él grabado el Tetragrámaton, יהוה, habremos alcanzado el valor 777 (751 + 26), que es un número de totalidad en la unidad. En efecto:

777 es 21 (el número de Eheieh) × 37 (Yejidáh, unicidad, la Chispa Divina). Durante un tiempo contemplamos nuestra inclusión en la Unidad a través de nuestra propia divinidad.

777 es el Rayo Relampagueante, porque es la suma de las letras de los senderos que lo componen, considerando Guimel como la unión a través del Abismo de Biná con Jésed: Alef, Dalet, Guimel, Tet, Lamed, Nun, Pe, Resh, Tav. Contemplamos cómo nuestro centro de Kéter es el receptáculo de las fuerzas arquetípicas del Árbol de la Vida.

777 es el valor de la expresión: Aját Rúaj Elohim Jayím –Uno es el Espíritu del Dios Vivo. La Luz de nuestro Kéter es la Luz del Espíritu Santo, tal como el Séfer Yetsirá– el libro de la Formación –dice a propósito de la primera sefirá: Aját Rúaj Elohim Jayím Barúj uMeboraj shemó shel Jai haOlamim Kol veRúaj veDabar veHu Rúaj Hakódesh– Uno es el Espíritu del Dios Vivo Bendito y Bendecido sea el Nombre de la Vida de los Mundos Voz y Aliento y Palabra y él es el Espíritu Santo.

Durante unos instantes meditamos en nuestra conexión con el Espíritu Divino que arde como una llama en nuestro centro de Kéter.

****

En la visualización, contemplamos ahora **la cabeza como un todo**. Sobre ella visualizamos una letra He en rojo escarlata y saturamos con su esencia. Debajo de la letra He la permutación del Tetragramaton de la letra, יהוה.

Contemplamos que cabeza en hebreo es Rosh, ראשׁ, de valor numérico 501.

Hacemos dos meditaciones:

Primero entrelazamos la palabra rosh con el Tetragrama:

יראהושׁה

Después, contemplamos que la cabeza es el siguiente desarrollo de valor 501:

אל יהוה אב אמת

El Adonay Ab Emet

Dios mi Señor Padre de la Verdad

****

Pasamos al **cerebro**, que en hebreo es Móaj, מח, de valor 48. Contemplamos que el cerebro es la siguiente construcción, del mismo valor numérico.

אהיה א יהוה

El Tetragramaton es el hemisferio izquierdo, el Nombre Eheiéh el derecho y la letra Alef el cerebro medio, que relaciona y unifica ambos.

****

A continuación, en la inspiración, contemplamos cómo desde el centro de Kéter surge un rayo de luz que va a nuestro **hemisferio cerebral izquierdo**, el centro de Jojmá, y allí se dibuja un Tetragrama con la vocal Pataj («a» corta): יהַוַה. En la exhalación vibramos YaHaVaHa. Percibimos el cerebro izquierdo rebosante de Sabiduría.

****

Ahora, el rayo de luz se dirige desde Jojmá al centro de Biná, en el **hemisferio derecho**, al tiempo que también le alcanza otro rayo proveniente de Kéter. Visualizamos YHVH con Tseré jaser («e» larga): יֵהֵוֵהֵ, y vibramos internamente Ye'He'Ve'He'. Sintonizamos nuestro hemisferio derecho plenamente a la esfera de Biná.

****

Pasamos a continuación al **centro de la frente**, en la intersección de los senderos Kéter-Tiféret y Jojmá-Biná. Es la ubicación de Dáat, del Dáat Elión. Su lugar es el cerebro medio, en la zona de la glándula pituitaria, más o menos entre los oídos, detrás de los ojos, un poco por encima de la nariz. (Dejamos que aparezca de forma natural). Allí contemplamos YHVH con Tseré malé (e larga, escrita con Yodim): יֵיהֵיוֵיהֵי, mientras que en la exhalación pronunciamos Ye'He'Ve'He'.

Nos detenemos en este punto: El Dáat Elión emana de las siete sefirot inferiores del propio Árbol de Biná (los siete dones del Espíritu). Visualizamos el Tetragrama anterior dentro de un triángulo de luz del cual surgen siete rayos, cada uno representado entonces por un Tetragrama expandido como Sag: יוד הי ואו הי. Un rayo emana hacia arriba y dos de cada lado del triángulo. Para cada Tetragrama la pronunciación es Yod He Vav He. Podemos contemplar los siete rayos mientras recitamos el versículo del profeta Isaías (11.2):

«Y descenderá sobre él 1. el Espíritu de YHVH (Rúaj YHVH). 2 y 3. Espíritu de Sabiduría y de Entendimiento (Rúaj Jojmá UBiná). 4 y 5. Espíritu de Consejo y de Fuerza (Rúaj 'Etsá UGuevurá). 6 y 7. Espíritu de Conocimiento y de Temor de YHVH (Rúaj Dáat VeYirat YHVH)».

יוד הי ואו הי

יוד הי ואו הי   יוד הי ואו הי

יוד הי ואו הי   יוד הי ואו הי

יוד הי ואו הי יוד הי ואו הי

Contemplamos que siete veces Sag (63) es el número de Emet (441), la Verdad, el sello de YHVH.

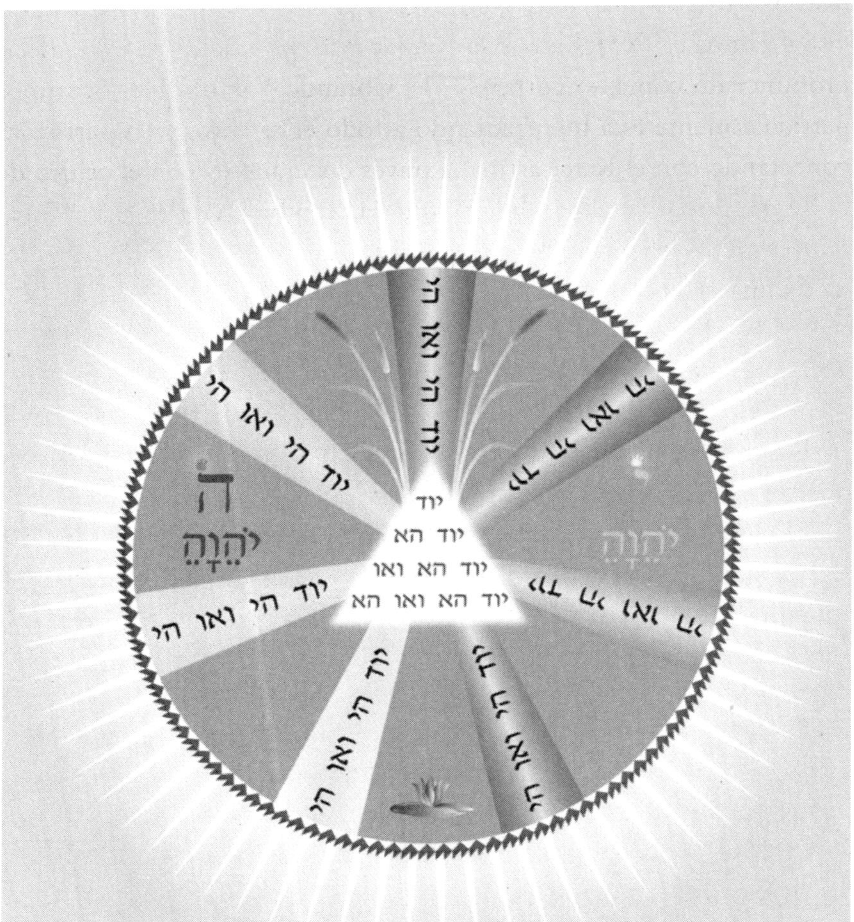

Figura 22. Centro de Dáat Elión (frente)

****

Recapitulamos todo lo anterior y vamos a visualizar ahora un punto de intensa luz en medio de las tres sefirot supremas, detrás y un poco por encima del centro de la frente, en el lugar de la **glándula pineal.** Corresponde a Kéter dentro de la manifestación. Allí por tanto visualizamos el Tetragrama con Kamats, pero Kamats Katán, es decir pronunciado como «o corta»: יָהָוָהָ, vibrando YoHoVoHo. Sentimos particularmente esta luz irradiando a todo el cerebro, y en particular conectando con el Kéter arriba, a través del cráneo y con el centro de la frente, que rige la glándula pituitaria. También con Jojmá y Biná. Este es un punto de reposo, en el que podemos descansar en paz antes de seguir adelante.

****

Los siete rayos del centro de la frente están en relación con las siete aberturas de la cabeza que transformamos a continuación:

El **ojo** espiritual equivale a cinco Tetragrámaton. Ojo es Ayin, עין, de valor numérico 130. Esto es 26 × 5. En cada ojo –primero el izquierdo, luego el derecho– visualizamos cinco veces YHVH de la siguiente manera:

יהוה

יהוה יהוה יהוה

יהוה

Meditando de este modo puede que lleguemos a ser dignos de ver alguna santidad en el mundo superior.

****

A continuación percibimos nuestro **OÍDO** izquierdo como un Tetragrámaton expandido como Sag, pero quitando la He final, de la siguiente manera:

יוד הי ואו י

La razón es que esta Heh pasa a la nariz como aliento. La expansión Sag tiene un valor numérico de 63, pero sin la He que vale cinco queda 58. Este es el valor numérico de Ozen, אזן, Oído.

La Yod última, que vale 10, se divide en dos letras He (5 + 5), de forma que el Nombre a meditar es:

יוד הי ואו הה

Cada uno de los cuatro grupos de letras corresponde a la expansión del Tetragrama en un mundo: Atsilút, Briá, Yetsirá y Asiá.

Meditamos en que nuestro oído izquierdo es esa combinación particular de letras que vemos en letras de fuego blanco. Eso es el **oído externo.**

Para el **oído interno** la meditación es: אל יהוה (cuyo valor numérico es 57, más una unidad por el conjunto igual a 58.

Hacemos exactamente igual para el oído derecho a continuación.

De este modo se puede llegar a ser digno de que nuestro oído escuche alguna santidad superior en la contemplación interior.

****

También en el caso de la **NARIZ** distinguimos entre nariz externa e interna. Para la primera meditamos en dos expansiones Sag, una en cada orificio y conducto exterior:

יוד הי ואו הי   יוד הי ואו הי

La razón es que Jotém, nariz, tiene también un valor numérico de 63.

Luego meditamos en tres Nombres Eheiéh en cada conducto interno, siendo אהיה igual a 21; por tres, 63:

אהיה אהיה אהיה   אהיה אהיה אהיה

Sentimos el aire entrando –luminoso– por cada uno de los orificios y canales, llenándonos de luz y energía positiva. Luego respiramos por los dos orificios al tiempo –o podemos percibir que estamos respirando por el canal central en vez de por los dos laterales– mientras visualizamos

אהיה יהוה אהיה

En este caso, esta combinación suma 68, el valor de Jayím, Vida. Nos sentimos así llenos de vitalidad, mientras respiramos ese Nombre compuesto. Quizá así podamos merecer aspirar los perfumes celestiales.

****

En la **BOCA** también meditamos en el Nombre יוד הי ואו הי, la expansión de YHVH en Briá. Este Nombre controla los aires espirituales del ser humano. Tanto oídos, como nariz y boca están comunicados internamente y este aire espiritual se mueve a través de ellos. Boca, en hebreo es Pe, פה, de valor 85. Es el resultado de sumar a la expansión Sag (63) el número 22 de letras del alfabeto hebreo, que lógicamente están en la boca. Se medita, así, de la siguiente manera:

Visualizamos el Nombre expandido en Briá, יוד הי ואו הי, pronunciado como siempre Yod He Vav He, y a continuación en las 22 letras hebreas divididas en grupos según su categoría: Guturales, palatales, linguales, dentales y labiales. Es decir, en la garganta se medita en אהח״ע; en el paladar: גיכ״ק; en la lengua: דטלנ״ת; en los dientes: זסשצ״ר; y en los labios: בומ״פ. El procedimiento es pronunciar un grupo de letras en cada respiración (cada letra con su vocal natural), o bien una letra por cada exhalación. Así, vibramos sucesivamente: Yod He Vav He, A He Je A*gh*, Gui Yo Ka Qo, Da Te La Nu Ta, Za Sa Shi Tsa Re, Be Va Me Pe.

Se medita a continuación para unificar todo lo anterior en la expansión Sag, como antes, más el Nombre Divino Eheié: יוד הי ואו הי אהיה. El valor numérico de esa combinación es 84. Si añadimos una unidad por el conjunto obtenemos de nuevo 85, boca. Tenemos así la expresión del aliento creativo que se concreta en la palabra como una expresión del hálito santo, que mana en última instancia de Kéter en el Nombre Eheiéh.

Una vez que hemos completado la contemplación anterior, que se refiere a la boca externa, meditamos en las tres primeras líneas de la expansión Mah del Tetragrama, de la siguiente manera:

יוד
יוד הא
יוד הא ואו

El valor numérico de esta expresión es también 85 y representa la boca interna, de donde brota la Voz.

Recordamos la definición del Séfer Yetsirá a propósito de la primera Sefirá (en el mundo de Briá): Aját Rúaj Elohim Jayím Barúj UMeboráj Shemó Shel Jai HaOlamim Qol VeRúaj VeDibúr VeHu Rúaj HaQodesh; Uno es el Espíritu del Dios Vivo bendito y bendecido sea su Nombre de la vida de los mundos voz y aliento y palabra y él es el Espíritu Santo.

Meditamos en que la voz es la energía de expresión del pensamiento inarticulado. La voz, Qol, es YHVH. El aliento, Rúaj, la lleva en su seno. Y cuando es reflejada en las distintas partes de la boca, donde se ubican las letras, se formula en palabra. Palabra es Adonai. Meditamos entonces en la unión de Voz y Palabra uniendo ambos Nombres en la boca:

יאהדונהי

A continuación, meditamos en la Palabra (Dibur, דבור, de valor numérico 212, representada por la siguiente combinación: Tetragrama, Tetragrama expandido como Mah, triangulación de Mah:

יהוה
יוד הא ואו הא
יוד
יוד הא
יוד הא ואו
יוד הא ואו הא

Meditamos en que la combinación anterior representa la expansión de la Palabra creativa. Su valor total es 201. Hay que sumar diez por las diez letras de Mah y una unidad más por el conjunto.

****

FRENTE en hebreo es Metsaj, מצח, de valor 138. Hacemos nuestra frente de luz mediante el yijud (entrelazamiento con YHVH):

ימהצוחה

Y la transformación (138): יהוה אלהים יהוה

****

CARA es Panim, פנים, de valor 180. Nuestro rostro es de luz con

יהוה אלהים חיים
Adonay Elohim Jayim

****

NUCA es Oref: ערף, 350.
Usamos el yijud de entrelazado:

יעהרופה

Y la construcción, del mismo valor numérico:

יוד
יוד הה
מצפץ

****

Por último, cabello es Shiar, שׂיער, 580, que es la construcción Maljut Elohim,

מלכות אלהים

****

CUELLO

En la visualización, contemplamos ahora el cuello como un todo. Sobre él visualizamos una letra Vav en rojo anaranjado y saturamos con su esencia. Debajo de la letra Vav la permutación del Tetragramaton de la letra, יההו.

Cuello es garón, גרון = 259. Esto es tres veces Elohim (86 × 3 = 258) más una unidad por el kolel.

Vemos que enmarcando el cuello se dibuja un triángulo apuntando hacia abajo con el Nombre Elohim en cada lado.

אלהים אלהים אלהים

Cuello es también צואר = 297, Tsavar

Usamos de nuevo la letra Vav:

ו

la permutación	יההו
el yijud	יצהוהאור

y el Nombre (297) אלהים גבור
ELOHIM GUIBOR

****

Es el lugar de ubicación del **CHAKRA DE LA GARGANTA**, Dáat del Abismo, Dáat Tajtón (inferior). Visualizamos un Tetragrama con Jolam malé («o» larga): יוֹהוֹווֹהוֹ, pronunciando Yo'Ho'Vo'Ho'.

Vemos que, en su luz, alrededor del Tetragrama se ubica un triángulo apuntando hacia abajo con el Nombre triple Elohim extendido en cada lado.

אלף למד הי יוד מם
אלף למד הא יוד מם
אלף למד הה יוד מם

En este centro el pensamiento se hace palabra. Es, por tanto el centro de la Creación. Y la palabra creativa por excelencia es Yehí Or, יהי אור, Sea la Luz. Contemplamos que el valor numérico de esta expresión es 232, el mismo que el de las cuatro expansiones del Tetragrámaton:

יוד הי ויו הי
יוד הי ואו הי
יוד הא ואו הא
יוד הה וו הה

Añadiendo 26 por el Tetragrama en el centro (no contamos las Vavim vocálicas) y permitiendo una unidad más por el conjunto de todo obtenemos de nuevo 259.

Visualizamos entonces el Dáat en la garganta del siguiente modo:

En el centro el Tetragrama con la vocalización anterior. A su alrededor un triángulo formado por los tres Nombres Elohim anteriores.

De esta conformación surgen 16 rayos de luz, cada uno portando uno de los 16 conjuntos de letras de las cuatro expansiones del Tetragrama.

Contemplamos.

Figura 23. Centro de la garganta

****

Volvemos al centro de la garganta. Este chakra rige la Palabra y, por tanto, la autoexpresión creativa. Está conectado con la **LARINGE**, que en hebreo es también Garón. La laringe contiene las cuerdas vocales, esenciales para la formulación de la palabra. Visualizamos de nuevo el triángulo con los tres nombres Elohim enmarcando este órgano.

Por otro lado, en el cuello está también la **FARINGE**, que pertenece a ambos aparatos, digestivo y respiratorio, permitiendo la simultaneidad de ambas funciones. Faringe, en hebreo, es Loa, לוע, que suma 106. Este es el valor de:

יה
יהוה
אדני

Este Nombre aúna el pensamiento (YH), la Voz (YHVH) y la Palabra (ADNY).

También utilizamos el Yijud:

ילהוהעו

****

DÁAT INFERIOR

El cuello en general y el chakra de la garganta en particular hacen la conexión entre los poderes intelectuales de Jojmá y Biná y el dominio de la emoción profunda representado por Jésed y Guevurá. Por eso, en esta ocasión visualizamos en este lugar –en la parte baja donde se une con la línea de los hombros– dos Tetragrámaton con la vocal natural de cada letra, representando la unión en Dáat de los poderes de la Misericordia y la Severidad.

יֹהֵוָהֵ יֹהֵוָהֵ
(Yo'He'Va'He', dos veces).

****

En la siguiente fase visualizamos una letra Zayin, de color naranja, y llevamos su luz a **HOMBROS, BRAZOS, MANOS Y TAMBIÉN A TODO EL APARATO PULMONAR.**

ז

Hacemos lo mismo con la permutación del Tetragrama יוהה.

****

La luz llena entonces el **HOMBRO IZQUIERDO**, en donde se ilumina el centro de Jésed. En él aparece el Tetragrama vocalizado con Segol («e» corta): יֶהֶוֶהֶ. En la exhalación vibramos YeHeVeHe. Sentimos toda la zona del hombro izquierdo inundada con la luz de la bondad de Jésed. También todo el pulmón izquierdo. Sentimos cómo desciende la luz por el brazo izquierdo hasta la palma de la mano y la punta de los dedos.

****

Luego la luz va al **HOMBRO DERECHO**. En él se ubica el centro de Guevurá, con el Tetragrama vocalizado con Shevá na' (que es muda o una «e» muy breve): יְהְוְהְ. Así, en la exhalación pronunciamos $Y^{e}H^{e}V^{e}H^{e}$. Sentimos toda la zona del hombro derecho inundada con la luz de la fortaleza de Guevurá. También todo el pulmón derecho. Sentimos cómo desciende la luz por el brazo derecho hasta la palma de la mano y la punta de los dedos.

****

Entramos ahora en los detalles. **HOMBRO** es Katef, כתף, de valor 500. Esta es la combinación יתץ, la segunda mitad del primer versículo del Aná Bejóaj. Podemos usar esta disposición

יתץ

y el yijud:

יכותהפה

Como estamos en una parte dual de la anatomía (dos hombros, dos brazos, etc.) habremos de repetir las meditaciones dos veces, la primera sobre la parte izquierda, la segunda sobre la derecha. Esto se aplica a todo lo siguiente y, en general, a todas las situaciones de formato similar.

****

La **CLAVÍCULA** es Bariaj, בריח, que suma 220. Es el valor de uno de los 72 Nombres, ריי, que podemos utilizar para transmutar la clavícula en luz, igual que el yijud

יבורהיחה

Así sucesivamente:

****

BRAZO: זרוע = Zeróa (Zrúa) = 283

Yijud: יזורהועה

Nombre en cada brazo:

י
יה
יהוה
יוד הי ויו הי
יוד הי ואו הי
יוד הא ואו הא
יוד הה וו הה

****

CODO: מרפק, Marpiq = 420

Yijud: ימורהפהק
Nombre en cada codo:
יוד הי שׂכינה

****

ANTEBRAZO: Igual que para el brazo; *véase* arriba.

****

MUÑECA: פרק היד, Pereq Hayad = 399

מצפץ אלהים אחד
MATSPATS ELOHIM EJAD

****

MANO: יד, Yad= 14.

Yijud: ייוהדה

La mano tiene un tratamiento especial diferenciando entre la izquierda y la derecha:

Contemplamos cómo la mano **izquierda** en conjunto es la combinación de 14 letras:

יהוה אלהינו יהוה
YHVH Elohenu YHVH

Mano, Yad, como hemos visto, es 14. También hablamos de las catorce falanges de los dedos de la mano.

Contemplamos cómo la mano **derecha** en conjunto es la combinación de 14 letras:

כוזו במוכסז כוזו
Kuzu Bamvagsaz Kuzu

Estas son las catorce letras siguientes en el alfabeto hebreo a las anteriores (método de ABGaD). También representan las catorce falanges de la mano derecha.

Catorce más catorce es veintiocho, el valor de la palabra Kóaj, כח, que significa poder. Veintiocho son también los tiempos de Eclesiastés (Qohelet): 14 positivos y 14 negativos.

****

DEDO, por otra parte, es אצבע, Etsbá, 163

Yijud: יאוצהבהע
Nombre en cada dedo: הוא אלהים אדני

A continuación seguimos la indicación del Séfer Yetsirá: «Diez sefirot belimá en el número de los diez dedos». Visualizamos un Tetragrámaton en cada dedo, de la siguiente manera:

Kéter	Pulgar mano izquierda	יָהָוָהָ
Jojmá	Índice mano izquierda	יַחַוַהַ
Jésed	Medio mano izquierda	יֶהֶוֶהֶ
Tiféret	Anular mano izquierda	יֹהֹוֹהֹ
Nétsaj	Meñique mano izquierda	יִהִוִהִ
Biná	Pulgar mano derecha	יֵהֵוֵהֵ
Guevurá	Índice mano derecha	יְהְוְהְ
Hod	Medio mano derecha	יֻהֻוֻהֻ
Yesod	Anular mano derecha	יוּהוּווּהוּ
Maljút	Meñique mano derecha	יהוה

Esta es la generación del poder: cinco frente a cinco.

****

También de la letra Zayin y de la permutación יוהה dependen los pulmones y el aparato respiratorio en general: Tráquea, bronquios, etc., que a continuación asumimos:

PULMÓN es ראה = Reah = 206.

Lo llenamos de luz y de néctar Divino (no olvidamos que estamos trasformando cada órgano en luz), mediante el Yijud:

יהרואהה

Y el órgano es (206)

הוא יהוה
אהיה אהיה
אהיה אהיה
אהיה אהיה
אהיה אהיה

Hay que utilizar esta construcción y el yijud anterior sobre cada pulmón, primero el izquierdo y luego el derecho.

****

Por otro lado **TRÁQUEA** es קנה הנשימה, qné haneshimá, de valor 565, que es el valor del desarrollo de la extensión del Tetragramaton en Atsilut: יוד הי ויו הי, es decir:

יוד ואו דלת
הא יוד
ואו יוד ואו
הא יוד

****

BRONQUIO es סמפון, Samfón, que suma 236:

כח אור (Koaj Or) La potencia de la Luz. Este yijud suma 235 (le añadimos una unidad por el kolel).

Todo este procedimiento puede parecer largo y tedioso, pero hay que tener en cuenta, además de su poder transmutador, su aplicación en la curación, que necesita como mínimo este tipo de detalle, si no más.

Evidentemente no se puede hacer todo de una vez, sino ir procediendo y aprendiéndolo poco a poco. Posiblemente es una tarea de muchos meses. Después sí. Ya se puede emprender completo quizá en un retiro.

****

TRONCO, en general, es: חיק = 118, Jeq
La letra es Alef: א
El yijud será: יחהיוקה
y el Nombre: א אל אלהים
ALEF EL ELOHIM

****

Entramos en el dominio de la letra Jet:

ח

La permutación del Tetragrama que se manifiesta es:

הוהי

y lo visualizamos debajo de la Jet:

Trabajaremos el **esófago, el estómago y los senos.**

ESÓFAGO es veshet, ושט, valor 315.
El yijud será

הוושהטי

y la guematria

יה אלף למד הי יוד מם

****

ESTÓMAGO es קבה = QUEBAH = 107
Podemos usar:

הקובההי

o la combinación

יהו אלהים

A veces se usa para estómago la palabra Beten (que también es abdomen en general), בטן, más bien en el contexto de lo que en lenguaje común sería la «tripa». Tendríamos:

הבוטהני
o la guematria:
אדון, Señor.

****

SENO (pecho) es Shed, שֵׁד, 304
Siendo un órgano dual, visualizamos en cada seno:

השׁוהדי

o bien la combinación:

אהבה
אלף למד הא יוד מם

****

Trabajamos ahora en el dominio de la letra Tet, que visualizamos en el pecho, en la parte central:

ט

Y debajo de ella la permutación:

הויה

****

Ahora visualizamos el **SENDERO** que une **JÉSED** con **GUEVURÁ**. Hay en él tres puntos sensibles que corresponden a la intersección de este sendero respectivamente con los senderos Jojmá-Tiféret, Kéter-Tiféret y Biná-Tiféret. En cada uno de ellos hay un Tetragrama vocalizado con una Shevá Jatáf:

En la intersección de los senderos Jésed-Guevurá y Jojmá-Tiféret, Jatáf Patáj:

יֲהֲוֲהֲ ($Y^aH^aV^aH^a$)

En la intersección de los senderos Jésed-Guevurá y Kéter-Tiféret, Jatáf Kamáts:

יֳהֳוֳהֳ ($Y^oH^oV^oH^o$)

En la intersección de los senderos Jésed-Guevurá y Biná-Tiféret, Jatáf Segól:

יֱהֱוֱהֱ ($Y^eH^eV^eH^e$)

Estos tres Nombres corresponden a los tres Tetragrámaton (Nombre de doce letras) de la expresión:

YHVH Mélej YHVH Malaj YHVH Yimloj Leolám Vaed.
YHVH reina, YHVH reinó, YHVH reinará por siempre jamás.
En conjunto corresponden al Nombre de 12 letras.

****

Una vez que hemos afirmado la soberanía Divina sobre la dimensión del espacio y del tiempo, estamos preparados para entrar en el **CENTRO DEL CORAZÓN.** Allí hay un Tetragrama en fuego blanco irradiando luz blanca vocalizado con Jolam jaser («o» larga): יֹהֹוֹהֹ. En la exhalación vibramos Yo'Ho'Vo'Ho'.

Sentimos este centro particularmente brillante, irradiando a todo el entorno la luz vital del equilibrio y la empatía. Nos sentimos perneados del Amor Divino.

Percibimos que el Nombre יהוה está en el centro de un hexagrama de luz, en cuyos vértices aparecen las seis permutaciones del Nombre יהו –las tres letras del Tetragrámaton– como siempre en fuego blanco irradiando luz blanca. De cada uno de los Nombres emana una esencia o rayo en consonancia con los senderos que unen Tiféret con las sefirot vecinas. En el vértice central superior יהו, Yod He Vav, emanando la esencia Shamayim, Cielos. En el vértice central inferior היו, He Yod Vav, emanado la esencia Arets, Tierra. En el vértice superior izquierdo והי, Vav He Yod, emanando la esencia Ahabá, Amor. En el superior derecho הוי, He Vav Yod, emanando la esencia Torá, Ley. En el vértice inferior izquierdo ויה, Vav Yod He, emanando la esencia Jayím, Vida. Y en el inferior derecho יוה, Yod Vav He, emanado la esencia Or, Luz.

El centro y el hexagrama resplandecen de luz, como un sol espiritual, y de ellos surgen doce rayos que corresponden a las doce permutaciones de YHVH:

יהוה	Aries	Yo soy
יההו	Tauro	Yo tengo
יוהה	Géminis	Yo pienso
הוהי	Cáncer	Yo siento
הויה	Leo	Yo quiero
ההוי	Virgo	Yo discrimino
והיה	Libra	Yo equilibro
וההי	Escorpio	Yo deseo
ויהה	Sagitario	Yo veo
היהו	Capricornio	Yo uso
היוה	Acuario	Yo sé
ההוי	Piscis	Yo creo

Después, a su alrededor los 72 Nombres (*véase* capítulo anterior)

Figura 24. Centro del corazón

****

Después consideramos el **CORAZÓN** como órgano. En hebreo es leb: לב = 32, número paradigmático. Ya hemos tratado de esta correlación en otros lugares. En el contexto que nos ocupa, utilizamos

הליבה

y el Nombre (adjunción de los Nombres AHIH y YHVH)

אהיהוה

****

La **COLUMNA VERTEBRAL** es שדרה, Shidrá, 509, o sea:

אלף למד הי יוד מם בורא
(Elohim creador)

****

Mientras que la **MÉDULA ESPINAL** es Jut Hashidrá, השדרה חוט, de valor 537, que es: אל דעות יהוה (Sam 2:3), Dios de Conocimiento es YHVH.

****

CANAL CENTRAL (etérico) es Merkaz HaAruts: מרכז הערוץ, 638. Utilizamos:

הוא יהוה שמצפץ

****

Tenemos en general el **SISTEMA NERVIOSO CENTRAL**, en hebreo Marejet haAtsavim haMerkazit. Sobre él de una forma global visualizamos la letra Tet y la permutación הויה

****

ABDOMEN en general será: בטן = Beten = 61

Tendríamos la letra Mem מ
el yijud יבהטונה
o la guematria:
אדון, Señor
o el Nombre
יי יה יהוה
YOD YOD YOD HE YOD HE VAV HE

****

Tras la contemplación correspondiente, vemos cómo la luz pasa a la **CADERA IZQUIERDA**, donde está el centro de Nétsaj. Allí se ilumina el Tetragrámaton vocalizado con Jirik jaser («i» corta): יִהִוִהִ, vibrando YiHiViHi. Sentimos cómo la luz del Tetragrama inunda toda el área circundante, con sus huesos y órganos, y cómo desciende por toda la pierna izquierda, hasta la planta del pie y la punta de los dedos.

****

Sentimos que nuestro **PIE** –רגל, Reguel en hebreo, de valor 233– es la conjunción de los Nombres YHVH y Eheiéh, ambos expandidos en Atsilút y entrelazados, de la siguiente manera:

יוד אלף הי הי ויו יוד הי הי

El valor numérico de esta combinación es también 233.

****

Después la luz va a la **CADERA DERECHA**, el centro de Hod. Allí se ilumina el Tetragrámaton vocalizado con Kubuts («u» corta): יֻהֻוֻהֻ, pronunciando YuHuVuHu. Sentimos cómo la luz del Tetragrama inunda toda el área circundante, con sus huesos y órganos, y cómo desciende por toda la pierna izquierda, hasta la planta del pie y la punta de los dedos. Visualizamos en el **pie** el mismo Yijud anterior:

יוד אלף הי הי ויו יוד הי הי

****

En general, **CADERA** es ירך = Yarej = 230
Sobre ambas usamos el yijud (6.º versículo del Aná Bejóaj):

יגל פזק
YO GUI LA PE ZA QO

****

Entonces pasamos a contemplar el canal Nétsaj-Hod en su intersección con el canal Tiféret-Yesod. El vórtice energético de luz que se forma constituye el **CENTRO DEL OMBLIGO**. En él aparece el Tetragrámaton con Jirík malé («i» larga): יִיהִיוִיהִי i, pronunciado Yi'Hi' Vi'Hi'. En este centro, intersección de los senderos de la Pe-Marte y Sámej-Sagitario, experimentamos una fuerte concentración de poder y calidez que irradia a todos los órganos circundantes.

Este es el centro de los Poderes del Eterno, regido por el Nombre: YHVH Elohim Tsebaot, יהוה אלהים צבאות, YHVH Dios de los Ejércitos.

Contemplamos que el valor numérico de Tsebaot, Ejércitos es, 499, y que este número corresponde a las tres expansiones de Eheiéh junto con su triangulación, es decir, todas las formas en que se expresa Yo soy.

א

א ה

א ה י

א ה י ה

אלף הי יוד הי

אלף הא יוד הא

אלף הה יוד הה

Visualizamos un triángulo apuntando hacia arriba. En su interior, Eheiéh triangulado. En cada lado una expansión de Eheieh. De este triángulo de luz irradian diez rayos, correspondiendo a las diez sefirot. Visualizamos en Nombre de Dios de cada sefirá en su rayo correspondiente (lo hacemos por orden):

אהיה, יה, יהוה אלהים, אל, אלהים גבור, יהוה אלוה ודעת, אלהים צבאות, יהוה צבאות, שׁדי אל חי, אדני הארץ. (Total 72 letras)

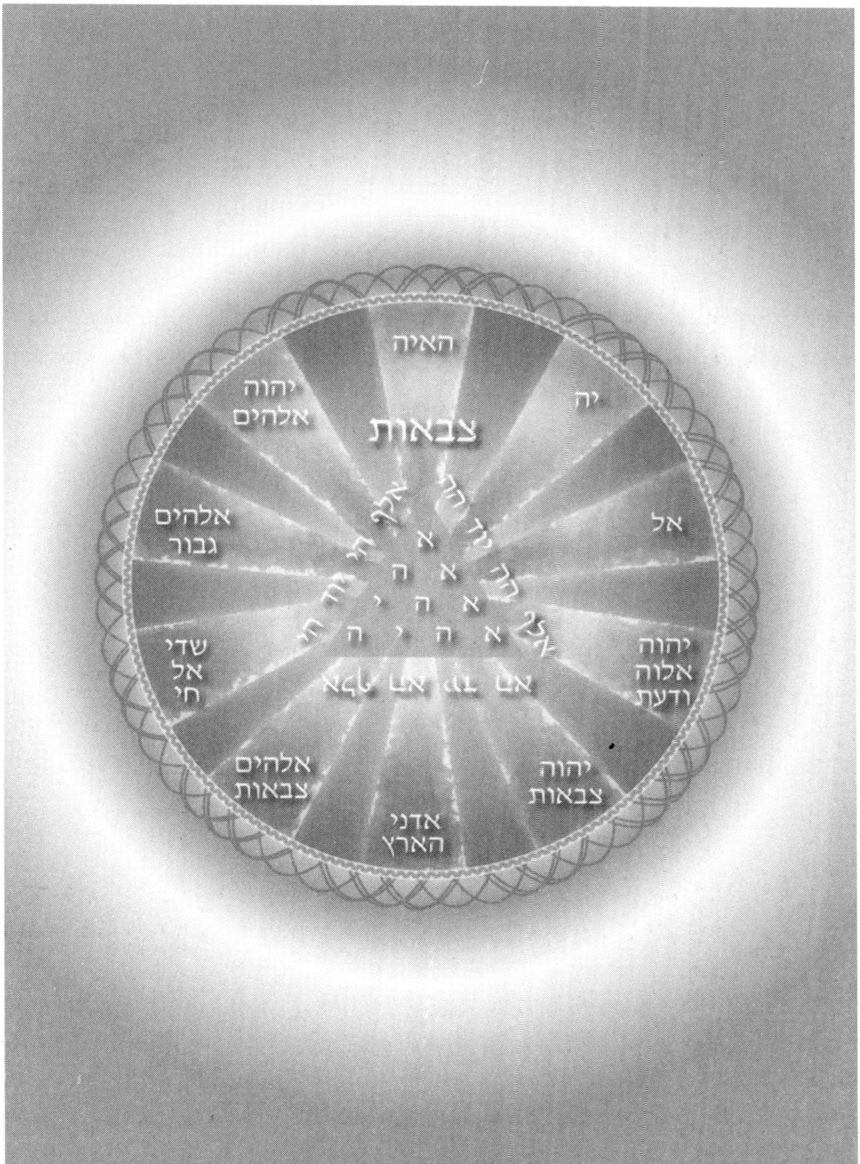

Figura 25. Centro del ombligo

****

Visualizamos ahora una letra Yod y debajo la permutación del Tetragrama HHVY en el área del vientre:

י

ההוי

Esta combinación rige todo el entramado nervioso que rodea al aparato digestivo, el **SISTEMA NERVIOSO ENTÉRICO** (el llamado segundo cerebro): Marejet HaAtsavim haMait. Visualizamos la Yod y la permutación HHVY y proyectamos su luz sobre él.

****

También depende de la Yod junto con la permutación del Tetragrama, así como del chakra del ombligo, el sistema intestinal, tanto el intestino delgado como el intestino grueso.

EL INTESTINO DELGADO es מעי דק = Mei Daq = 224. Lo trabajamos con la combinación de Nombres (guematria 224):

אהיה יהוה אלהים יהוה אדני

****

EL INTESTINO GRUESO es מעי גס = Mei Gas = 183. Para él usamos (183):

יוד הי ואו הי א אל אלה אלהי

Es el momento de seguir transmutando los órganos internos:

****

HÍGADO: כבד = Kabed = 26

Letra: Sámej ס
Permutación: ויהה
Yijud: הכיבהדה
Nombre: יהוה
YOD HE VAV HE (26)

****

VESÍCULA BILIAR: כיס המרה = Kis HaMará = 340

Letra: Ayin ע
Permutación: היהו
Yijud: המירההו
Nombre: יד יהוה מצפץ
YAD YOD HE VAV HE MATSPATS

****

PÁNCREAS: לבלב = Leblab = 64

Letra: Tsadi צ
Permutación: היוה
Yijud: הליבולהב
Nombre: א אל אהיהוה
ALEF EL EHEYOHEVAHE

****

Por otra parte, **SANGRE** es דם, Dam, de valor 44 (Aparato circulatorio es Maarejet haDam

El yijud es: הדיהמו
Y el Nombre es: א

א ה

א ה י

א ה י ה

****

ARTERIA es עורק, Oreq, de valor 376

El yijud es: העיוורהק
Y el Nombre es: אהיהוה

יהוה אלהים

יוד הי ויו הי

יוד הי ואו הי

יוד הא ואו הא

יוד הה וו הה

****

VENA es וריד, Varid, 220

El yijud es: הוירויהד
Y el Nombre es: אהוי

אהיה

יהוה

אלהים

אדני

****

BAZO: טחול = Tejol = 53

Letra: Qof ק
Permutación: ההיו
Yijud: הטהחיוול
Nombre: יוד הה ואו הה
YOD HE VAV HE

****

LINFA es לימפה, Limpa, 165

Yijud: הליהמיפהו
Nombre: לב אהיה יהוה אלהים

****

GANGLIO es גנגליון, Ganglión, 152

Yijud: הגנהגלייוון
Nombre: יהוה אלהים גואל

****

RIÑÓN: כליה = Kiliah = 65

Letra: Lamed ל
Permutación: והיה
Yijud: וכהיילהה
Nombre: אדני
ADONAI

****

De este conjunto dependen también las **CÁPSULAS SUPRARRENALES** y, en general, todo el **SISTEMA GLANDULAR**, Marejet HaBlutot, מערכת הבלוטות.

Sobre cada una de ellas visualizamos la letra, la permutación del Tetragrama y el yijud construido sobre la raíz: בלט

ל

והיה

ובהליטה

****

La luz pasa entonces al **CENTRO DE YESOD**, en el sacro o en la raíz del órgano sexual. En este centro vemos el Tetragrama vocalizado con Shuruk («u» larga): יוּהוּוּהוּ, vibrando Yu'Hu'Vu'Hu'. Contemplamos las letras escritas en fuego blanco brillando con luz blanca mientras experimentamos el gran flujo de energía vital.

Contemplamos desarrollado triangularmente el Nombre que rige la fuerza vital: אל חי, El Jai, Dios Vivo; y lo visualizamos debajo del Tetragrama, en el centro de Yesod. Visualizamos este centro como una superficie reflectora resplandeciente saturada de sustancia etérica. De ella emanan seis rayos: dos –hacia arriba y hacia abajo– corresponden a las dos polaridades del éter: éter positivo y éter negativo, que determinan las mareas y los ciclos que sigue la vida. Los otros cuatro son los puntos de unión del éter o quintaesencia con cada uno de los cuatro elementos que se manifiestan en el plano físico. En cada uno de los rayos aparece escrita una permutación del Nombre Shadai, שׁדי:

שדי

ידש   דיש

א ל ח י
א ל ח
א ל
א

ישד   שיד

דשי

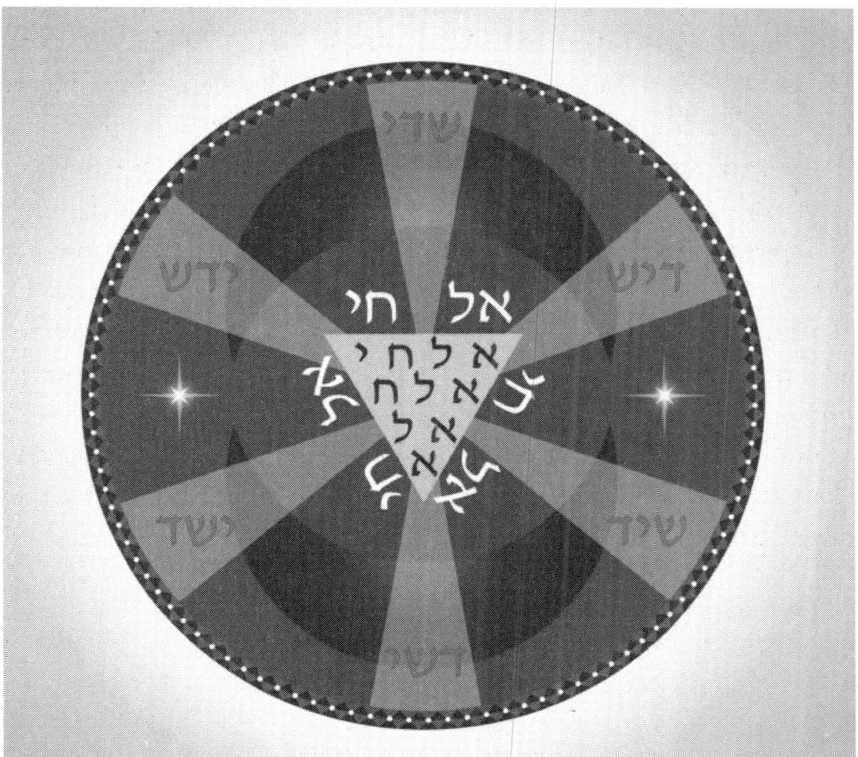

Figura 26. Centro genital

****

Sobre el **SISTEMA EXCRETOR** y el **APARATO GENITAL** visualizamos en general una letra Nun y la permutación del Tetragrama: VHHY

נ

והה׳

****

La **VEJIGA** es כיס השתן = Kis HaSéten = 845

El yijud es (שתן): ושהתהני

El nombre es (845): יהוה אלהיך אל רופא רחמן ונאמן

YOD HE VAV HE ELOHÉJA EL ROFÉ RAJMÁN VENEEMÁN

****

El **ÚTERO** es: רחם = Réjem = 248

El yijud es: ורהחהמי

Y el Nombre es: אל אל אל אל

אל אל אל אל

EL (8 VECES)

****

OVARIO es שחלה = Shajalah = 343

El yijud es (שחל): ושהחהלי

Y el Nombre es: אלהים נורא

ELOHIM NORÁ

****

VAGINA es נרתיק = Nartiq = 760

El yijud es: ונרהתהיקי
Y el Nombre es: כתר חכמה בינה
KÉTER JOJMÁ BINÁ

****

TESTÍCULO es אשך = Eshek = 321

El yijud es: ואהשהכי
Y el Nombre es: אהיה מצפץ
EHEIEH MATSPATS

****

PENE es זכר (macho) = Zéjer = 227

El yijud es: וזהכהרי
El Nombre es אל
יהוה יהוה
יוד
יוד הה
יוד הה וו
יוד הה וו הה

Podemos utilizar otras expresiones, como איבר, Éber, permutación de אביר, fuerte, poderoso. O, teniendo en cuenta que la Yod es aquí vocálica, utilizar אבר = 203, permutación de Bará, creó.

O en hebreo moderno פאלוס, palus, 177, guematria de אדון האדנים, Adón haAdonim, el Señor de los Señores.

****

Del centro del sexo la luz desciende al **CENTRO DE MALJÚT**, en la base de la columna (o debajo de las plantas de los pies) y allí vemos en letras de fuego blanco el Tetragrama sin vocales: יהוה, que pronunciamos por sus letras Yod He Vav He. Contemplamos.

El Tetragrámaton se halla en el interior de un círculo-cruz (con la cruz en aspa), ya que la estructura de este centro es cuádruple. Vemos el Nombre יהוה claramente dibujado en letras de fuego blanco a medio camino entre el centro del círculo-cruz y el límite superior. En cada cuadrante vemos escrito un Nombre tetragramático. En el cuadrante de la izquierda, de color verde oliva אהיה. En el que se abre hacia arriba, de color amarillo limón, אדני. En el cuadrante de la derecha, de color rojo bermejo, יהוה. Por último, en el cuadrante que se abre hacia abajo, de color negro, אגלא (notaricón de Atá Guibor LeOlam Adonay). En el centro mismo lo que observamos es un triángulo apuntando hacia abajo. Cada uno de sus lados es un Nombre אלהים –tres en total– y en el interior tenemos la triangulación en sentido descendente del Nombre: Adonai, Adón, Ad, A.

אלהים אלהים אלהים
א ד נ י
א ד נ
א ד
א

Figura 27. Centro de la base (Maljut)

Si calculáramos la guematria de este conjunto veríamos que su valor total es 384. Añadiendo uno por la unidad del conjunto (Kolel) tendríamos 385 = שׁכינה, la Presencia Divina en Maljút (385 es también el valor numérico de Asiá, עשׂיה, el mundo de la acción) la Reina, la Hija, la consorte de Zer Anpin (Tiféret).

****

CADERA Y MUSLO se dice ירך = Yarej = 230

Letra: Sámej ס
Permutación: ויהה
Yijud: ויירהכה
El Nombre es (sexto versículo del Aná bejóaj)

יגל פזק

YO GUI LA PE ZA QO

****

En general, **MÚSCULO** es שׁריר Sherir, 710.

Yijud: ושׁירהיהר
Como Nombre podemos utilizar la combinación שׁית, segunda mitad de Bereshit.

****

De la letra Ayin depende la **RODILLA**, el **SISTEMA ÓSEO** en general y la **PIEL**

ע

Permutación: היהו

****

RODILLA es Bérej, ברך = 222

Yijud: הבירהכו

El Nombre es (222), extensión de Eloah con yodim:

אלף למד ויו הי

****

No es necesario especificar hueso a hueso, aunque se podría hacer. Para el esqueleto en general:

HUESO es עצם = Etsem = 200

Yijud: העיצהמו

El Nombre es (triangulación de Elohim)

א
א ל
א ל ה
א ל ה י
א ל ה י ם

****

PIEL es Or, עור = 276

Yijud: העיוהרו

El Nombre es

א

א ה

א ה י

א ה י ה

יוד הי ויו הי

יוד הי ואו הי

יוד הא ואו הא

יוד הה וו הה

ALEF ALEF HE ALEF HE YOD ALEF HE YOD HE YOD HE VAV HE (4 VECES)

****

De la letra Tsadi depende la pierna (espinilla, tibia, pantorrilla; pierna en general es Réguel, igual que pie)

Letra: צ

Permutación: היוה

PIERNA, ESPINILLA, TIBIA se dice שׁוק = SHUQ =406

Yijud: השׁיווקה

El Nombre es

אל אדני

אלף למד הי יוד מים

EL ADONAI ALEF LAMED HE YOD MEM

****

TOBILLO es קרסול, Karsul = 396

El yijud es (קרס) הקירוסה
Y el Nombre es: יש אלהים
Yesh Elohim (Hay Dios)

****

De la letra Qof depende el pie, y por identidad de nombre la pierna en general (de la cadera al pie) que ya hemos considerado en partes.

Letra: Qof ק
Permutación: ההיו

PIERNA EN GENERAL Y PIE es רגל = Réguel = 233

Yijud: הרהגילו
El Nombre es (ya se dio antes):
יוד אלף הי הי ויו יוד הי הי
YOD ALEF HE HE VAV YOD HE HE

****

Es necesario elevar la Shejiná de vuelta a la Unidad, y lo hacemos de nuevo mediante el Shemá Israel.

שמע ישראל יהוה אלהינו יהוה אחד
Escucha Israel YHVH nuestro Dios YHVH es uno.
Shemá Israel YHVH Elohenu YHVH Ejad.

Después de descender hasta el fondo y rodear el nadir de la materialidad, elevamos la energía de nuevo de vuelta a su fuente. Vamos a recitar el Shemá haciendo varios yejudim o unificaciones.

Vibramos **Shemá** en el centro de Maljút, que es el despertar.

A continuación **Israel**, y visualizamos cómo un rayo de luz de color amarillo-rosáceo asciende al centro de Tiféret, en el área del corazón. En este centro visualizamos la conjunción de YHVH y Adonai, entrelazando sus letras: יאהדונהי.

El rayo de luz asciende al centro de la garganta, mientras pronunciamos **YHVH Elohenu** y entrelazamos sus letras, de la siguiente manera: יאהלהוינהו.[4]

Por último, mientras pronunciamos **YHVH Ejad**, el rayo asciende al centro de la cabeza –al Kéter– y allí hacemos la unificación de los Nombres YHVH y Eheié, de la siguiente manera: יאההויהה.

Mientras pronunciamos: Barúj Shem Kebod Maljutó Leolam Vaed –Bendito sea el Nombre de la Gloria de su Reino por siempre jamás– volvemos nuestra atención al centro de Maljút y hacemos circulación de la luz, como en el ejercicio del Pilar del Medio:

Con una inspiración asciende la energía desde el centro de Maljút por la parte derecha del cuerpo (pilar de la forma) hasta Kéter, que la recibe y brilla intensamente.

Con la espiración empieza a circular la luz descendiendo por nuestra izquierda (pilar de la fuerza) de nuevo hasta Maljút, en donde descansa y resplandece.

Con la inspiración asciende por la derecha y es recibida en Kéter.

Espiración: desciende por la izquierda y es recogida en Maljút.

Inspiración: asciende por la derecha y es recibida en Kéter.

Y así sucesivamente, sintiendo como la energía circula en ovoide a través de nosotros, de manera que toda nuestra parte izquierda es un flujo descendente de luz y la derecha ascendente. Todo ello sincronizado con la respiración.

---

4. Recordamos que la suma de las cuatro expansiones del Nombre YHVH y las tres de Elohim suman en total 1186, lo mismo que todo el versículo del Shemá Israel que estamos considerando ahora.

Se repite un número de veces.

Una vez estabilizado este flujo repetimos el proceso, pero esta vez la luz asciende por la parte trasera del cuerpo y desciende por la delantera.

Así, a continuación, en la inspiración asciende una banda de luz por detrás, de Maljút a Kéter, en donde es recibida y brilla intensamente, y en la espiración, la banda de luz desciende por delante, de Kéter a Maljút, en donde es recogida y refulge.

En la inspiración asciende de Maljút a Kéter.

En la espiración desciende de Kéter a Maljút.

Repetimos este proceso varias veces hasta que el flujo cristaliza en nuestra aura, de manera que la luz circula por sí sola.

Por último, reforzamos la visualización de todo el pilar del medio, con sus siete centros, y vamos a hacer ascender la luz por él de Maljút a Kéter. Esto puede hacerse en una única inspiración de manera continua, o bien centro a centro, pudiendo incluso dividir la inspiración en siete tomas menores.

Así, en la inspiración asciende por el canal central un rayo de luz de Maljút a Kéter. La luz es retenida en Kéter un breve instante. En la espiración desciende por toda el aura, con un enorme resplandor, como una gran ducha de luz. Unificando y haciendo toda nuestra aura resplandeciente, la luz es recogida de nuevo en Maljút.

En la inspiración asciende por el pilar central.

En la espiración desciende en cascada por nuestra aura y por todos los senderos del Árbol llenándonos de luz.

Repetimos varias veces.

Figura 28. Los siete centros

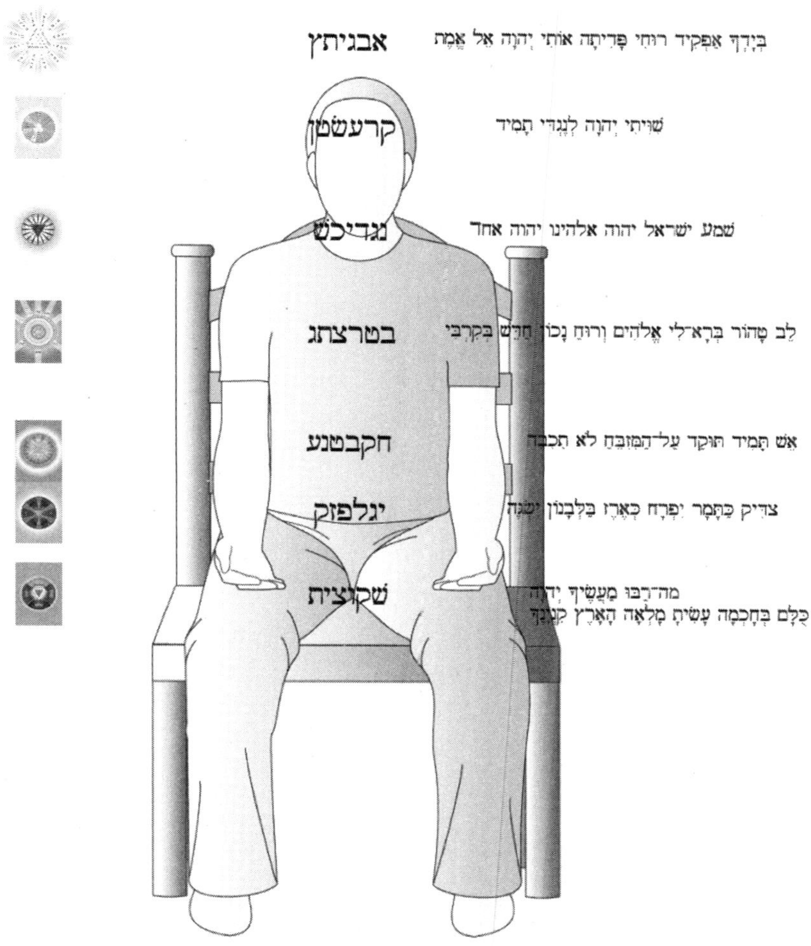

Figura 29. Meditación siete centros

CAPÍTULO 8: SANACIÓN

Sanación

Principios de sanación

El concepto de sanación en cabalá es más amplio que simplemente la curación de enfermedades en el plano físico. Una persona sana es una persona completa, y eso implica una integración de todos los niveles, tanto externos como internos. La sanación es algo holístico, un estado de plenitud del ser.

El proceso implica la recuperación de una totalidad fragmentada, reuniendo aspectos que han sido disociados, reparando quizá el flujo energético que ha resultado bloqueado en parte, de forma que haya un intercambio natural entre por ejemplo un órgano y su raíz arquetípica en los mundos superiores. Y esto supone una acción tanto en vertical como en horizontal.

En ese sentido, hay que distinguir entre la manifestación de una enfermedad y su raíz, que puede señalar a algún tipo de falta, carencia o desequilibrio en algún aspecto del ser interno.

Y ello puede ser por actos u omisiones de la persona en su vida o por influencias kármicas de vidas anteriores. En ese sentido, la enfermedad física es parte ya del proceso de cura, en lo que éste supone de un camino de reestructuración. Debe pues considerarse como un paso de un viaje que debe continuar más allá, si de verdad queremos que sus efectos sean completos.

Pero esto debe ser contemplado con mucha discriminación, con análisis en aras de una eficiencia, pero no levantando sentimientos de culpa inútiles. Lo ideal es la supervisión de alguien con verdadero entendimiento y conexión espiritual. O por lo menos, en un proceso de autocuración, evitar caer en simplificaciones excesivas.

Hay que tener en cuenta que a veces una enfermedad es una expiación de algo relativo a otras personas, por ejemplo, para reparar algún tikún familiar o colectivo (por supuesto con el beneplácito de la naturaleza superior del individuo), o simplemente puede ser voluntad divina que en su sabiduría considera que esa enfermedad es lo mejor que le puede ocurrir al individuo desde el punto de vista de su alma.

Los siguientes puntos son importantes:

1. El desentrañar procesos internos o de otros planos no exime del tratamiento médico en éste y en los casos en que sea necesario. De todos modos, el trabajar en distintos planos siempre será de gran ayuda, potenciando y quizá validando una aproximación convencional que sabemos que también tiene sus limitaciones y fallos.
2. Hay que tener en cuenta que en todo caso la actitud personal es fundamental. En última instancia –primero Dios, en cuyas manos siempre estamos– quien se cura es fundamentalmente uno mismo. En su conjunto, sigue siendo un secreto la relación entre la psique y el propio sistema inmunológico.
3. En relación con lo anterior, tanto si hablamos de un proceso de autocuración como si es gestionado por un cabalista o terapeuta, es importante la generación de emociones positivas en todas las fases. Estas emociones elevan el nivel de vibración y nos protegen de energías adversas y dañinas.
4. Es importante mantener una conexión espiritual constante. La raíz última de todo está en Dios y es Él el verdadero médico. La curación por el Espíritu empieza por Dios mismo. Como se dice, Dios no desoye la oración del Tsadiq, y esto, como grado espiritual, debemos aplicarlo a todos.

Hay muchísimas técnicas y procedimientos y cada cual debe encontrar con cuál vibra personalmente. En una curación espiritual es tan importante el terapeuta como la técnica. Conexión y método son las dos llaves del éxito.

Nuestro procedimiento está basado en los Nombres de Dios.

Dada una enfermedad, su raíz en el plano causal está codificada en su nombre en hebreo. Lo que hacemos es elevarla aún más, a su raíz Divina. En la luz infinita del Creador todo puede ser reparado, rectificado, transmutado.

Para ello construimos un Nombre Divino, o un conjunto de Nombres, del mismo valor numérico que la palabra en cuestión. Por supuesto caben muchas posibilidades Este no es un tema cerrado. No importa si la construcción parece artificial, un poco *ad hoc*. Lo importante es el grado de conexión con la luz que puede portar. Para ello nuestra sensibilidad interna tiene que dar el visto bueno, tiene que haber algún tipo de respuesta interna en la persona o en el terapeuta.

El Nombre o los Nombres se visualizan en el firmamento sobre el sujeto en fuego blanco irradiando luz blanca y se hace descender la luz que nos llena. Esto puede ser el principio de una meditación sobre las causas que han motivado la enfermedad.

En el proceso curativo se visualiza el o los Nombres Divinos sobre la palabra que designa la enfermedad (esto puede verse sobre el órgano afectado o sobre el aura si se trata de una condición general). La palabra va disminuyendo de tamaño bajo la presión de la luz, hasta convertirse en un punto y desaparecer. La energía encapsulada en negatividad ha sido liberada y transmutada. Tan sólo el Nombre Divino permanece.

Debe verse cómo el órgano o miembro afectado se regenera y cómo acaba resplandeciendo de luz. En el proceso el terapeuta puede, si lo quiere, ayudarse de sus recursos habituales, como imposición de manos, recitación de mantras (que deben integrar al Nombre Divino utilizado), u otros objetos o medios de canalización.

Posiblemente hay que repetir estas operaciones un número de veces. Es necesario persistir. Le bastaron a Moisés once letras, El na refá na lah, para que su hermana Miriam sanara de la lepra, pero nosotros estamos muy lejos del nivel de Moisés. Así que nos basamos en la concentración (kavaná) y en la repetición.

El plan de este capítulo es desarrollar primero los principios expuestos en algunos ejemplos y después proporcionar una breve lista de algunas enfermedades y dolencias con su Nombre Divino correspondiente.

Sanación en general

Estos tres versículos son muy efectivos para cualquier propósito de curación. Pueden utilizarse solos –por ejemplo como mantras– o junto con otros procedimientos, en oraciones, meditaciones, talismanes, o incluso en su valor numérico total como veremos.

אל נא רפא נא לה

EL NA REFÁ NA LA

Dios, por favor, cúrala

אני יהוה רפאך

Aní Adonáy roféja

Yo soy el Eterno tu sanador

יְהוָה אֱלֹהָי שִׁוַּעְתִּי אֵלֶיךָ וַתִּרְפָּאֵנִי

Adonai Eloháy, shiváti eléja vatirpaeni

YHVH Dios mío, a ti clamé, y me sanaste.

1) El primer versículo es de Números 12:13. Es la breve oración de Moisés pidiendo la curación de su hermana Miriam. A Moisés, con su

estatus espiritual, le bastó una oración de cinco palabras y once letras. Nosotros, lógicamente, necesitaremos muchas más repeticiones a modo de mantra.

Para un uso general necesitaremos readaptar la última palabra:

Lah, לה, es «a ella»; Lo, לו es «a él»; Li, לי, es «a mí»; Lánu, לנו, es «a nosotros»; Lahem, להם, es «a ellos»; Lahen, להן, es «a ellas».

Así: El ná refá na lo, sería: Dios, por favor, cúrale; El ná refá na li, sería: Dios, por favor, cúrame.

Aparte del significado, hay que tener en cuenta que letras, palabras y frases, crean campos energéticos y morfogenéticos. Estos se superponen de forma constructiva, o sea, que se potencian.

Todo tiene geometría. En particular, podemos considerar cada una de las palabras en un vértice de un pentagrama

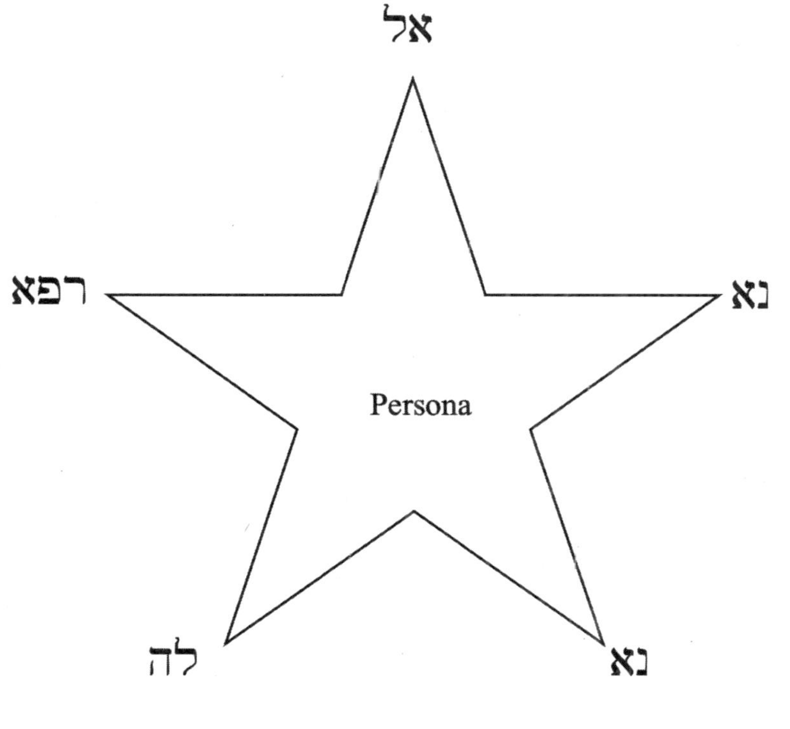

La persona se visualiza en su interior. Las letras aparecen en fuego blanco irradiando luz blanca, que se vierte hacia el interior. La luz va penetrando en el sujeto trayendo curación. Lo llena por completo y se concentra sobre todo en la zona afectada, si procede.

El valor numérico del versículo (que luego utilizaremos esporádicamente) es 449.

2) El segundo versículo proviene de Ex 15:26, cuando los israelitas, después de atravesar el mar Rojo, llegan a las aguas amargas de Mará, que son endulzadas cuando Moisés arroja un árbol (el Árbol de la Vida, símbolo de la enseñanza) al agua.

Es un versículo de afirmación Divina. Eso es algo que no debemos olvidar nunca: la curación viene de Dios. Es Dios quien cura. Nosotros somos sus instrumentos.

Esta expresión también tiene 15 letras y su valor numérico es 388. El tercer versículo del Aná BeJóaj, נגד יכש, suma 387 y añadiendo una unidad por la unificación de la palabra coincide con el anterior.

En este caso podemos colocar cada una de las letras de este sexteto (que corresponde a Tiféret) en los vértices de un hexagrama. Es de notar que podemos hacer notaricón con este versículo y construir un Nombre sintético: איר, palabra que en sí misma o en sus permutaciones tiene múltiples significados. Nos interesa ahora ver que su valor numérico es 211, el mismo que el de la palabra Guibor, la cual aparece en el versículo del Aná BeJóaj: Na Guibor dorshé...

3) El tercer versículo es del salmo 30, versículo 3. Está propuesto aquí como un ejemplo de los innumerables versículos de salmos (y de salmos completos, por ejemplo este mismo) con proyección curativa. En particular este versículo enfatiza lo dicho en el apartado anterior: Es Dios quien cura. Hay además un reconocimiento implícito de la raíz espiritual de la enfermedad.

Y es interesante notar que el valor numérico de las dos primeras palabras: YHVH Elohai, Hashem mi Dios, es 72. Es una indicación clara de que los 72 Nombres de Dios son un instrumento directo de curación. Además, la raíz שׁוע tiene, entre otras, la connotación de meditación. Véase al respecto el capítulo 5 de Meditación y la Biblia de R. Aryeh Kaplan.

Nos lo corrobora además el hecho de que si consideramos las letras iniciales de las palabras del versículo, obtenemos יאשׁאו que, aparte de ser un Nombre construido por el método válido del notaricón, tiene como valor el número 318. Es la guematria de Shiaj, שׂיח, otro de los términos usados extensivamente en la Biblia para denotar meditación.

En conclusión, la meditación en los 72 Nombres de Dios abre las puertas de la sanación. Sobre ello se hablará a lo largo de este capítulo.

Talismán general de curación

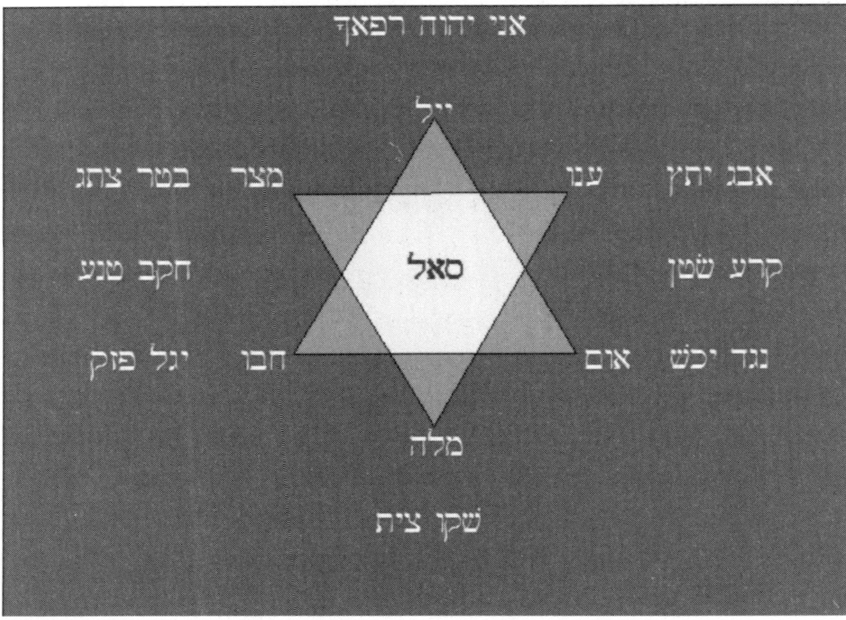

Este es un talismán de curación general desde el Espíritu. En el centro tenemos el Nombre n.º 45 (número ordinal que es guematria de Adam, el ser humano, y también del Tetragrama extendido en Yetsitrá): סאל. Este Nombre focaliza las energías de Tiféret de Tiféret, es decir, es tremendamente solar e irradiante. Además su valor numérico es 91, la conjunción de YHVH y Adonay, Tiféret y Maljut. Lo situamos así en el centro de un maguén David, figura tiferética por excelencia. El hexágono central debe ser amarillo por Tiféret. Los triángulos de los vértices deben ser naranja por Hod, sefirá que, junto con Tiféret, regenta en general la curación (en este caso la reparación de las formas dañadas). El fondo debe ser azul lo que alude ciertamente a Jésed, pero también a la Shejiná, para que nos envuelva con sus alas de curación.

En los vértices del hexagrama hay seis de los 72 Nombres que tienen que ver con curación de un modo u otro. Rodeando la figura tenemos los siete versículos del Aná BeJóaj: Los tres primeros en la columna de la derecha, los tres siguientes en la columna de la izquierda, y el último, correspondiente a Maljút en la base. La razón es que queremos que su efecto alcance a todos nuestro centros psicofísicos, durante todos los días de la semana.

En la parte superior tenemos el versículo Aní HaShem Roféja, ya comentado antes.

No hay reglas fijas para la elaboración de talismanes (kameas). A continuación presentamos otra versión de la misma idea utilizando más bien fuerzas angélicas.

En este caso tenemos en el centro el nombre del ángel Sealiáh: סאליה. Los 72 ángeles son las lentes que focalizan y/o transmiten la influencia de los Nombres que portan. Podemos utilizar directamente los 72 Nombres o sus 72 ángeles. Quizá estos últimos sean más accesibles, pero en el fondo es una decisión personal, según a lo que cada cual se sienta llamado.

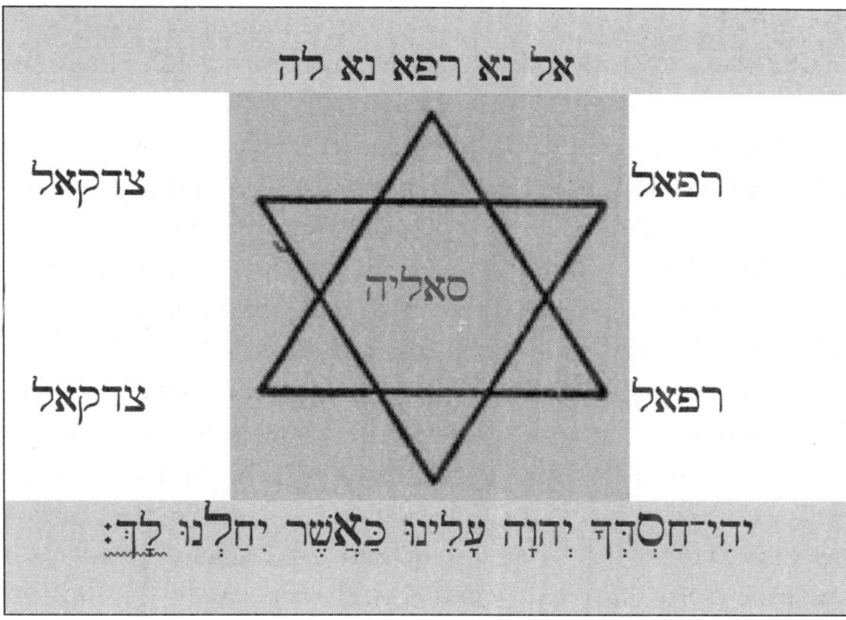

El resto del talismán responde a lo siguiente:

El versículo superior es el conocido EL na refá na lah, Dios por favor cúrala, ya comentado antes.

El versículo inferior es el primero de los dos versículos de salmos de invocación del ángel Sealiáh. Ambos se dan a continuación. Corresponden respectivamente a las tradiciones judía y hermética. Los dos son perfectamente válidos, cumpliendo con los requisitos de contener el Nombre YHVH, tener siete palabras y presentar las letras del Nombre en cuestión.

El talismán incorpora las energías de los arcángeles Tsadquiel (de Jésed, la rectitud de Dios, nuestro abogado defensor) y Rafael (de Hod, el médico Divino). Están por duplicado en las columnas exteriores para que haya un elemento en cada uno de los vértices del hexagrama.

(Salmos 33:22) (Tradición judía)

יְהִי־חַסְדְּךָ יְהוָה עָלֵינוּ כַּאֲשֶׁר יִחַלְנוּ לָךְ

laj yjálnu kaasher alénu Adonái jasdéja Yehí

en-ti esperamos según sobre-nosotros Hashem tu-misericordia Sea

(Salmos 94:18) (Tradición hermética)

אִם־אָמַרְתִּי מָטָה רַגְלִי חַסְדְּךָ יְהוָה יִסְעָדֵנִי

ysadéni Adonai jasdéja raglí máta amárti Im

me-sustentaba Hashem Tu-misericordia mi-pie resbala yo-decía Cuando

Para cargar el talismán (o un modo de usarlo como instrumento de meditación) se repiten como mantras los versículos tantas veces como sea necesario, y lo mismo con el nombre de los arcángeles; se invoca al ángel Sealiah y se le plantea la cuestión y la petición. Todas las letras se visualizan en fuego blanco resplandecientes de luz.

En meditación para ayudar a una persona concreta, se visualiza a la persona en el interior del hexagrama con el ángel Sealiáh actuando desde el centro del corazón, sanando, limpiando, trasmutando, regenerando. Enviar particularmente luz a la zona afectada.

El uso de los arcángeles es muy potente. Podemos utilizar directamente un pentagrama alrededor de la persona con los nombres de los Arcángeles en los vértices, tal como se muestra en la figura. En el vértice superior tenemos el versículo ya conocido.

Quede claro que cuando hablamos de utilizar a un ángel o arcángel nos referimos a solicitarle su actuación siempre con el permiso Divino y según su Voluntad.

****

En general hablamos de una práctica de meditación (u oración). Pero también, y alguna persona formada en una tradición mágica puede preferirlo así, todo puede hacerse en un contexto ritual. Este tiene sus propias reglas. Damos a continuación un ejemplo de ritual sefirótico de Hod, que es la esfera de la curación por antonomasia. Los pasos que se enumeran son los típicos de una metodología de este tipo.[1] El operador podrá hacer las adaptaciones que considere oportunas.

Un ritual de Hod para la curación

1. Ceremonia de apertura. (Personal. Hay modelos en Senderos en el Jardín de la Conciencia y en el Manual Básico de Cábala. *Véase* nota 1).

2. Encender incienso (Representa la ofrenda del corazón. Contemplar cómo asciende uniendo entra sí los planos, elevando nuestra conciencia al tiempo que proporciona «sustancia» para el descenso de la energía).

3. Conexión con el concepto más elevado de la Divinidad que podamos concebir. Pedir que en nuestro trabajo de hoy haya Luz y Gracia. Pedir que nuestro trabajo se realice de conformidad con el Plan Divino. Pedir que de la Fuente Suprema manen Bendiciones para toda la Creación.

4. Breve meditación sobre la sefirá de Hod. Nuestra actitud de aproximación debe ser como si estuviéramos frente a un Gran Maestro o al Médico Divino.

5. Invocación:

«Acudimos a los Poderes de la Santa Sefirá HOD. En el Santo Nombre de Dios ELOHIM TSEBAOT, אלהים צבאות

pedimos la presencia y la guía del Médico de Dios, RAFAEL, רפאל, y de los ángeles de su dominio, los BENE ELOHIM, בני אלהים, para

1. Véase el Curso Básico de Cábala de la web: www.lacabaladelaluz.com para un desarrollo sobre este tema.

que estén aquí y ahora con nosotros, y guíen y bendigan nuestra intención de curación de........... (Nombre) hijo/a de........... (Nombre de la madre), que se encuentra afectado de.............

¡Oh Deidad manifestada en el Santo Nombre ELOHIM TSEBAOT, mediante el que delineas las formas de todos los seres y las llevas a la realización de su arquetipo divino en la Verdad de tu Rostro; Tú que conoces el mecanismo interno de cada vasija que has creado, y tienes establecida en tu Sabiduría su curación adecuada cuando se ha desviado de su funcionamiento óptimo! He aquí a........... (Nombre) hijo/a de........... (Nombre de la madre), que sufre de.......... Presentamos su caso ante Ti para que derrames sobre él/ella tus bendiciones; para que, si esa es Tu Voluntad, alcance una pronta curación completa, tanto externa como interna, para que todos sus cuerpos sean transparentes a la acción de tu Espíritu y sea en su vida un digno vehículo del Esplendor de tu Luz para el beneficio de todos, según está escrito (Salmo 80:8): Elohim Tsebaot, Hashivénu, veHaér Panéja veNivashéa. (Elohim Tsebaot, restáuranos y haz que brille tu Rostro y seremos salvos).

Arcángel RAFAEL, Médico de Dios, eres la lente a través de la cual se enfocan los rayos de curación de la Vida Divina. Conoces todo los caminos, y también las causas profundas de nuestras enfermedades en los desequilibrios energéticos internos. Que el Poder Curativo que detentas alcance a........... (Nombre) hijo/a de........... (Nombre de la madre), que sufre de.......... Si esa es la Voluntad Divina, que se cure con prontitud y alcance una rápida curación de su dolencia, para que la Gloria Divina brille a través suyo para beneficio de todos.

Y vosotros, ángeles BENE ELOHIM, los Hijos de Dios, testigos de las obras divinas de creación que aclamabais unánimes (Job 38:47); maestros de las artes y culturas; poderes formativos de la mente y de los aires y éteres sobre los que ésta cabalga; sabéis de todos los secretos y propiedades ocultas de minerales y plantas, y conocéis el remedio específico para cada dolencia: Ayudadnos en este rito de curación; canalizad los poderes de vuestros dominios yetsiráticos, y enfocadlos hacia la curación de .... (Nombre) hijo/a de........... (Nombre de la madre), para que retorne a un estado de salud completa que sea testimonio del Esplendor Divino».

[RAFAEL: Vemos al Arcángel Rafael como una figura de finos rasgos, bella y proporcionada, que es poderosa y grácil a un mismo tiempo. La imagen es de una belleza sin género. Toda ella irradia inteligencia. Está vestido con una túnica de color naranja con irisaciones azuladas. Sobre ella, una capa de color amarillo, ribeteada de púrpura. Lleva puesto el sombrero de caminante. En su frente luce un ópalo de fuego que proyecta la luz del Nombre Elohim Tsebaot, que está sobre su cabeza en letras que irradian una luz púrpura intenso. En la mano derecha porta una vara. Alrededor de esta vara, con frecuencia se ve enrollada una serpiente. En la mano izquierda lleva una urna cargada de perfumes y aromas curativos.]

6. Ofrenda: (En todo ritual es necesario presentar una ofrenda. Se materializa una energía, luego es necesario sublimar una energía para restablecer el equilibrio. Si se está pidiendo algo para uno mismo se está enfatizando el deseo de recibir. Es necesaria una medida de deseo de dar para no desequilibrarse hacia la izquierda. La ofrenda es algo personal. Normalmente será acometer un trabajo personal en relación con el mejor funcionamiento de la sefirá en nuestras vidas)

«Poderes de Hod, esta es nuestra ofrenda... (por ejemplo, en un caso general: durante el siguiente período de tiempo cuidaremos de purificar nuestros cuerpos, velando conscientemente por nuestra salud, evitando cualquier tipo de sustancia que pueda intoxicarnos, y tratando con plenitud de intención de que nuestro cuerpo sea lo más limpio y transparente a la Luz Divina). Ojalá sea grata a los ojos del Dios de los Ejércitos como símbolo de nuestra voluntad de contribuir con reciprocidad al equilibrio de la creación»

7. Trabajo propiamente dicho: Es el momento de la acción, de hacer un trabajo curativo. Actuando como canal de los Poderes de Hod se podrá cargar un talismán de curación, hacer una imposición de

manos (si la persona está presente) con canalización, etc., etc. Existen un sin fin de posibilidades y no es éste el momento de tratarlas. Como método universal que todo el mundo puede hacer se propone la siguiente meditación:

«Estamos en el Templo de Hod. Estamos en un espacio sagrado. Encima de nuestras cabezas la Luz Infinita, la Luz de la Presencia que llena el Templo. Internamente miramos hacia arriba y vemos como el firmamento entero está saturado de Luz y que esa Luz se enfoca en las letras del nombre divino Elohim Tsebaot, en fuego blanco irradiando luz blanca: Elohim… Alef, Lamed, He, Yod, Mem final …Tsebaot… Tsadi, Bet, Alef, Vav, Tav.

Visualizamos el Nombre en letras hebreas o en letras castellanas, letras que son una lente que focaliza la energía infinita, La Luz Divina y que irradian la Luz de Hod, la Luz de la curación. Durante unos instantes nos concentramos y nos abrimos a la luz de estas letras, el nombre de Dios ocupando todo el campo de nuestra conciencia.

Visualizamos a la persona a la que queremos ayudar. La visualizamos dentro de un hexagrama de luz naranja. Visualizamos el Nombre de Dios: Elohim Tsebaot sobre él y cómo del Nombre desciende un rayo de luz que penetra por el vértice superior del hexagrama y directamente por el Kéter de la persona. Vemos cómo la Luz va descendiendo por todo su cuerpo, limpiándolo, saturándolo de energía positiva, transmutándolo en una vasija de Luz. En particular, la Luz se concentra en la zona u órgano afectado y contemplamos cómo realiza su labor de sanación. Dejamos que sea la propia Luz la que nos guíe. Nos tomamos todo el tiempo que haga falta.

Podemos utilizar el mantra de curación de EL NA REFÁ NA LAH (o alguno de los procedimientos descritos antes).

Terminamos visualizando a la persona llena de luz, salud, vitalidad, totalmente curada, en plenitud.

Concluimos con esta afirmación: Así… (nombre) hijo/a de … (nombre de la madre) se ha transformado en un cuerpo de luz, irradiando la vitalidad física y psíquica que brota de una conformidad voluntaria con las leyes de la creación. Que el ojo de la compasión que lleva a amar todo lo producido por esas leyes y que brota de la sabiduría para entender la naturaleza y el propósito superior que gobierna la Ley Cósmica la ilumine y nos ilumine para que podamos hacer nuestra contribución creativa al propósito superior del Cosmos y llenar nuestra vida con significado mientras transmutamos nuestros vehículos en instrumentos de revelación divina».

8. Agradecimiento y despedida: (Después de una nueva aproximación de Hod)

«Nuestro trabajo está terminado. Damos las gracias y despedimos a todos los Poderes de la Santa Sefirá HOD; a los ángeles BENE ELOHIM; y al arcángel RAFAEL; en el Santo Nombre de Dios ELOHIM TSEBAOT. Volved ahora a vuestro propio tiempo y lugar, llevando con vosotros nuestras bendiciones y las bendiciones de este lugar mundano, para que desde allí actuéis en el cumplimiento de nuestra intención. Id en paz y benditos seáis».

9. Conexión de nuevo con el concepto más elevado de la Divinidad que podamos concebir. Elevar las bendiciones de toda la Creación de vuelta al Creador.

10. Ceremonia de cierre.

****

Ejercicios de preparación

Respiración poral

Es un ejercicio basado en la respiración por los poros o cutánea. Se trata de respirar cualidades básicas, introduciéndolas, almacenándolas, e integrándolas en el cuerpo a voluntad, o bien proyectándolas para el beneficio de otros.

Se requiere un equilibrio elemental previo. Un ejercicio que podemos hacer es el de las balanzas elementales como diagnóstico para ver lo desequilibrados que podamos estar y a posteriori hacer algo relativo a ese equilibrio.

La balanza representa el rostro inferior del Árbol de la Vida. El vínculo conector entre Aire (Hod) y Agua (Nétsaj) sería Tiféret-Fuego, el palo vertical sería Éter (Yesod) y la base sería Tierra (Maljut).

Previamente, como siempre, hay que haber llegado a una cierta relajación profunda, sin presionar el aire, sin forzar los pulmones, con respiraciones suaves, porque esto forma parte también del equilibrio elemental.

Conectamos con nuestro Yo Superior y lo asumimos. Nos imaginamos en el centro de un Universo que es exclusivamente de la cualidad a absorber, en este caso de Luz de Curación. Esta Luz en forma de esfera abarca a todo el Universo. Nos imaginamos que todo alrededor de nosotros, incluso el Universo entero es de Luz de Curación.

Ahora empezamos a inhalar esta Luz por la nariz y sobre todo por todo el cuerpo, por los poros. Con esta acción absorbemos la Luz curativa. Por todo el cuerpo, por todos los poros la introducimos en nosotros.

Imaginamos nuestro cuerpo físico y nuestro cuerpo astral vacíos, como unas vasijas vacías en las que se inhala la cualidad, o mejor dicho, nos vamos empapando de ella como si fuéramos una esponja.

Así, nos vamos llenando y llenando. Podemos acumular esta Luz en el centro Tiferético del corazón desde donde la vamos a proyectar, desde el mismo chakra o a través de las palmas de las manos, a alguna persona concreta. O podemos llevarla a alguna área de nuestro cuerpo si por ejemplo tenemos algún dolor, alguna zona afectada o simplemente, si es por practicar, experimentar en general y después reenviarla a todo el Universo, a las personas que puedan necesitarla, etc.

No hay que excederse, hacer de 20 a 30 respiraciones máximo.

Mantras de identificación

אור השכינת של ריפוי בוא אלי זה זורם דרכי ולרפא את...

Or haShejinat shel repuvi, bo elí, ze zorem derjei, ulerapé et … (Nombre de la persona)

Luz de la Shejiná de la curación, ven a mí, fluye a través de mí y cura a … (Nombre)

אני האור המרפא של הנוכחות האלוהית המופשט

Aní HaOr hamarpé shel haNoj-jot haElohit hamufshat

Yo soy la Luz de Curación de la Presencia Divina intangible.

Cómo se trata un órgano

En el capítulo 7 sobre el cuerpo de luz se han dado los Nombres Divinos en relación con los diversos elementos anatómicos y funcionales del cuerpo humano. Vamos a ver aquí un ejemplo referido a uno de los órganos sin referencia específica a una enfermedad concreta que lo afecte (eso se verá después).

Supongamos que alguien padece del INTESTINO DELGADO. Conocemos la relación de este órgano con el sistema nervioso entérico, el llamado segundo cerebro (que se extiende a través de todo el sistema gastrointestinal). Además de la regulación de la digestión en general, este sistema, ligado al simpático y parasimpático, es muy sensible al estrés y es importante para nuestro sistema inmunológico.

Damos a continuación una serie de recursos. No es necesario hacerlos todos y cada uno de ellos es plenamente efectivo. La persona puede elegir en función de sus necesidades y capacidades. Todas conllevan la visualización del recurso sobre el órgano y su proyección de luz, la cual realiza la limpieza, curación, transmutación, etc.

Tenemos así:

1) La letra hebrea correspondiente que es la YOD: י

2) La permutación del Tetragrama: ההוי. Como el planeta regente del signo de Virgo (la regencia astrológica del órgano) es Mercurio, podemos vocalizar el Tetragrama con la correspondencia de Hod, que es la vocal Kubuts, u corta. Así:

הֻהֻוֻיֻ

HuHuVuYu

3) La guematria del nombre: intestino delgado es מעי דק = Mei Daq = 224. Lo trabajamos con la combinación de Nombres (guematria 224):

אהיה יהוה אלהים יהוה אדני

4) También podemos utilizar los seis de los 72 Nombres que pertenecen a Virgo (cuya correspondencia es el intestino en general)

לכב ושר יחו להח כוק מנד

Podemos visualizarlos formando un hexagrama sobre o alrededor del intestino y ubicar la construcción anterior de Nombres en el centro.

5) Está también la posibilidad de valernos de la energía e irradiación del chakra del ombligo, bien con su tratamiento clásico (*véase* capítulo anterior) o bien mediante el versículo correspondiente del Aná BeJóaj.

En este caso se trata del quinto versículo:

חקבטנע

Y utilizar también los seis Nombres Divinos de sus letras o sus ángeles asociados (*véase* capítulo anterior). Por ejemplo en un hexagrama con el versículo madre en el centro.

חנניה קהקיה בהוהויה טבטניה נעניה עממיה

חזיאל קומיאל ברדקיאל טהריאל נוריאל עמיאל

Importante: En la o las meditaciones correspondientes hay que estar atento a cuantas inspiraciones se reciban relativas a la raíz espiritual y las ramificaciones de la dolencia, mal funcionamiento o desequilibrio del órgano. Sólo cuando el interesado sea capaz de actuar en ese nivel –hacer las rectificaciones oportunas en su vida– podemos decir que la curación es completa. El proceso va mucho más allá de la pura acción física. Aquí también la intervención del sanador, dependiente de su visión espiritual y su nivel de conciencia, puede ser determinante.

Cómo tratar una enfermedad

El procedimiento es similar. Puede tratarse de un sistema u órgano específico (o de varios), con lo que todo lo expuesto en el apartado anterior se aplica, o de algo general extendido por todo el organismo (como una infección o intoxicación, etc.).

Empezaríamos con un yijud con la guematria del nombre de la enfermedad y luego iríamos al órgano o a la zona según proceda.

Vamos a verlo con un ejemplo:

CÁNCER: En hebreo es Sartán

סרטן = 319

La siguiente construcción de Nombres Divinos tiene en total el mismo valor numérico.

יהוה

יהוה

אגלא

יוד הי ויו הי

יוד הי ואו הי

יוד הא ואו הא

יוד הה וו הה

Operamos de la siguiente forma:

Visualizamos alrededor de la persona en un cuadrado las cuatro extensiones del Tetragrama:

יוד הי ויו הי
יוד די ואו הי
יוד הא ואו הא
יוד הה וו הה

En su interior hay un triángulo con uno de los otros tres Nombres en cada lado Nombre en cada lado:

יהוה
יהוה
אגלא (en la base del triángulo)

Las letras en fuego blanco irradiando luz blanca.

Esta construcción figura como un extractor de todas las células malignas. Visualizamos que éstas entran en un agujero en el suelo por un pentagrama de luz que sella la entrada para ser recicladas en la matriz energética universal.

En una primera fase visualizamos a la persona dentro. Después repetimos en el órgano afectado. Luego repetir en cada uno de los órganos o lugares de metástasis, si procede.

Supongamos que estamos hablando de un cáncer de pulmón. Con el desarrollo anterior hemos afectado al tumor en sí. Ahora nos dirigimos al órgano para devolverlo a su raíz divina, para llenarlo de luz, para que tenga una regeneración completa.

PULMÓN es ראה = Reah = 206.

Lo llenamos de luz y mediante el Yijud (entrelazamiento con las cuatro letras del Nombre, en la permutación de Géminis):

ירואההה

O directamente con la formulación básica YHVH

ירהאוהה

Después utilizamos la disposición de Nombres de valor numérico 206:

הוא יהוה
אהיה אהיה
אהיה אהיה
אהיה אהיה
אהיה אהיה

Un caso particular de cáncer es la **LEUCEMIA**, en hebreo (moderno) Luqmiah, לוקמיה. Su valor numérico es 191, el mismo que el de la expresión Yad Elohim, la mano de Dios. Daríamos tres pasos:

El primero es aplicar el mismo tratamiento que en el caso general (*véase* antes)

Después entraríamos en el específico del nombre particular de la enfermedad:

יד אליהם

Téngase en cuenta que podemos en cualquier momento añadir la intención y especificar el nombre del paciente:

יד אליהם מרפא את לוקמיה ל...

que se puede repetir como mantra de curación.

Yad Elohim merapé et luqmiah le... (nombre de la persona)

Mano de Dios, cura la leucemia de ...

El tercer paso es apelar para su regeneración directamente a la médula ósea, מח עצם = Móaj Etsem (247), sobre la que debemos proyectar mucha luz.

Los Nombres Divinos canalizadores son en este caso: YHVH, Eheieh y la triangulación del Nombre Elohim. Todo ello alcanza el mismo valor numérico: 247.

Así:

יהוה אהיה

א ל ה י ם

א ל ה י

א ל ה

א ל

א

Curación con los 72 nombres y/o ángeles[2]

El campo de acción de los Nombres de Dios es infinito y el de los 72 Nombres, por supuesto, también. Hemos hablado antes de los seis Nombres de cada signo zodiacal en relación con los elementos del cuerpo. Pero también podemos apelar a un Nombre para una dolencia específica. Eso no merma en absoluto las correspondencias que pueda tener ese Nombre en relación con las subsefirot del Árbol de la Vida o con los signos zodiacales. Ni tampoco quiere decir que ese Nombre (o si ángel correspondiente) sirva sólo para eso. Hay que tener en cuenta que los propios ángeles personales, deducidos de la carta natal, son como comodines para cualquier situación que se le presente al sujeto. Y será la práctica, la inspiración personal y, sobre todo, el grado de conexión personal con el conjunto de los Nombres y ángeles, lo que determine cuál utilizar en un contexto concreto.

Creemos, sin embargo, que la siguiente lista será de gran utilidad para avanzar en ese sentido:

1. והו
Dolores de cabeza y angustia
2. ילי
Fertilidad. Gestación y embarazo.
3. סיט
Enfermedades infecciosas y mordeduras venenosas
4. עלם
Tormentos, angustias, complejos, malos sentimientos, pesadillas.
Protección contra accidentes.
5. מהש
Curación por conexión con la Fuente de la Vida.
Curación de todas las enfermedades

2. Este apartado se basa con algunas modificaciones en el libro de Haziel: *Los Poderes del Ángel de la Guarda.* Pluralsingular Ediciones S.L.

6. ללה
Curación mediante el trabajo físico.
Ser sanador.
Impotencia. Enfermedades del riñón
7. אכא
Curación mediante la luz y el sol
Curación de las enfermedades pulmonares
8. כהת
Curación por vida al aire libre.
Curación mediante frutos y plantas medicinales.
Enfermedades del sistema inmunológico
9. הזי
Enfermedades de la piel.
10. אלד
Recuperación de todas las enfermedades
Regeneración completa
11. לאו
Moderación en la comida
Inflamaciones. Gangrena.
12. ההע
Piel sana. Curación con agua de mar.
Ayuda en las operaciones
Enfermedades de la boca
13. יזל
Curación mediante la actitud. Felicidad
Enfermedades cerebrales, epilepsia, etc.
14. מבה
Equilibrio general del cuerpo
Desequilibrios hormonales.
15. הרי
Todas las enfermedades.
Brazos y manos.
Respiración y enfermedades pulmonares.

16. הקם
Pecho, senos, estómago
17. לאו
Sistema circulatorio
Piernas, gemelos, tobillos
Purificación de la sangre
18. כלי
Cabellos y enfermedades de la piel
19. לוו
Caderas, piernas y nervio ciático
Recuperación del agotamiento
20. פהל
Cabeza y rostro en conjunto
21. נלך
Corazón
22. ייי
Riñones y vejiga
23. מלה
Curación a través de las plantas. Medicina natural.
Enfermedades psicosomáticas.
24. חהו
Axilas, caja torácica y plexo solar
25. נתה
Anemia y enfermedades nerviosas
26. האא
Sistema óseo, esqueleto, caídas
27. ירת
Ataxia locomotora. Hígado
28. שאה
Ojos, visión
29. ריי
Columna vertebral, médula espinal
30. אום
Mens sana in corpore sano

31. לכב
Tracto gastrointestinal
32. ושר
Lóbulos superiores del hígado y matriz
33. יחו
Intoxicaciones
34. להח
Reumatismo
35. כוק
Nervio ciático
36. מנד
Dientes
37. אני
Enfermedades del corazón
38. חעם
Aparato genital y urinario
39. רהע
Bazo y lóbulos inferiores del hígado
40. ייז
Páncreas
41. ההה
Oídos
42. מיכ
Esguinces de tobillos
43. וול
Pies y dedos gordos de los pies
44. ילה
Órganos reproductores
45. סאל
Angina de pecho
46. ערי
Pulmones y bronquios
47. עשל
Abdomen y sus membranas. Vientre

48. מיה

Región epigástrica

49. והו

Vértebras lumbares

50. דני

Articulaciones

51. החש

Todas las enfermedades.

Especialmente del hígado

52. עמם

Cerebro

53. ננא

Osteoporosis

54. נית

Glándulas endocrinas

55. מבה

Órganos vocales

56. פוי

Enfermedades de transmisión sexual

57. נמם

Ojo, especialmente conos y bastoncillos

58. ייל

Rodillas

59. הרח

Contra deformaciones.

Cirugía estética

60. מצר

Vejiga,

Intestino delgado y grueso

61. ומב

Desmayos

62. יהה

Tiroides y cuerdas vocales

63. ענו
Enfermedades de la vejez
64. מחי
Fatiga y agotamiento nervioso
65. דמב
Accidentes corporales.
Cirugía
66. מנק
Reumatismo y enfermedades óseas
67. איע
Coxalgia (artritis de las piernas)
68. חבו
Todo.
Especialmente hemorroides, hernias y fístula
69. ראה
Anorexia
70. יבמ
Cálculos en los riñones.
Parte interior de la piel
71. היי
Aparato digestivo.
Corregente del sistema nervioso
72. מום
Esclerosis y aparato digestivo. Principalmente estómago

Cómo construir un mandala de curación o talismán angélico

Supongamos, en relación con una enfermedad hepática, que queremos solicitar su curación al ángel Hajashiah.

Hajashiáh es Jésed (4.ª sefirá) de Nétsaj (7.ª sefirá). Razón por la cual hacemos el diseño de un cuadrado dentro de un heptagrama. Se pueden introducir Nombres o considerar la forma puramente geométrica. A continuación indicamos un procedimiento básico que se puede utilizar para contactar con cualquier ángel:

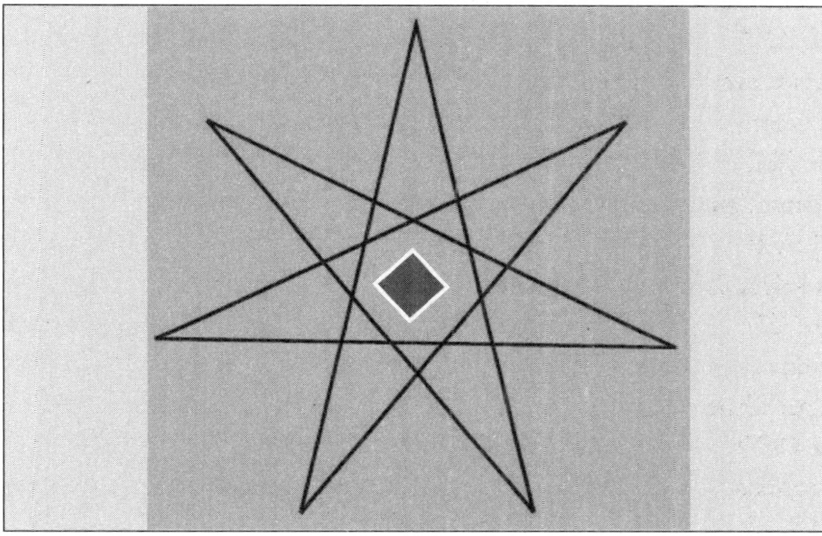

Hajashiah

31 יְהִי כְבוֹד יְהוָה לְעוֹלָם יִשְׂמַח יְהוָה בְּמַעֲשָׂיו׃

bemaasáv Adonái ysmáj / leolám Adonái jebód Yehí
en-sus-obras YHVH alégrese; para-siempre YHVH la-gloria-de Sea

Ritual: Abrir el Templo en Nétsaj (es Jésed de Nétsaj).[3] Tras las bendiciones del Oculto (Tamir veNeelam, la Deidad Infinita y Eterna) invocar a los poderes de Nétsaj (N.D.: YHVH Tsebaot; Arcángel: Haniel) y después de invocar al orden angélico correspondiente (Elohim)

3. Véase las obras indicadas al respecto, por ejemplo Senderos en el Jardín de la Conciencia.

y decir: «en particular llamo al ángel Hajashiáh que preside las operaciones de Jésed de Nétsaj y es un gran ángel sanador en todo lo relativo a las enfermedades hepáticas».

Después presentar la intención de sanación correspondiente con la mención expresa del nombre de la persona y decir cuál va a ser nuestra ofrenda.

Hacemos la siguiente meditación: Repetición cantada (inventando la melodía, pero que sea inspirada) del versículo como mantra un buen número de veces mientras contemplamos el kamea. A continuación un ascenso vibratorio consistente en una séptuple respiración: después de retener brevemente el aliento en la nuca, se envía a cada uno de los chakras –uno cada vez– vibrando el nombre del ángel. Después visualizamos un gran túnel de luz; nosotros estamos abajo. Vibramos de nuevo el nombre del ángel y en la parte superior éste aparece o sentimos su presencia de algún modo. Volvemos a plantear la intención y, canalizando la luz del ángel, la visualizamos realizada en tiempo presente. Podemos repetir las veces que haga falta. Después canalizamos la influencia benefactora del ángel a nuestro entorno y a todos los seres.

Luego agradecemos, despedimos y cerramos del modo habitual.

Otro ejemplo: Ángel Haaiah, Biná de Jésed.

Ángel HAAIAH

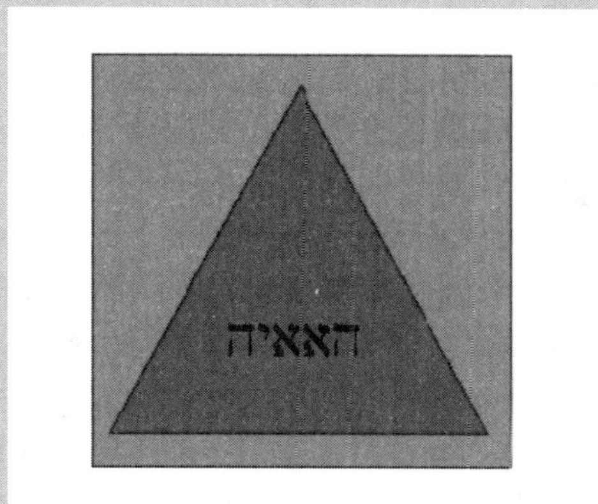

תיקון קרסל

יהוה

יוד הי ואו הי

רפאך

Salmos 97:1 יְהוָה מָלָךְ תָּגֵל הָאָרֶץ יִשְׂמְחוּ אִיִּים רַבִּים׃

rabím iyím ysmejú haárets taguél maláj Adonáy

HaShem reina; regocíjese la tierra, alégrense las muchas islas.

Ángel Haaiah: Para sistema óseo, esqueleto, caídas.

Intención concreta: Tikún Qarsol, תיקון קרסל: Reparación tobillo.

Yijud: Qarsol = 390 = YHVH YOD HY VAV HY ROFEJA (tu sanador).

Salmos 97:1. Versículo de invocación del ángel.

Algunas enfermedades

A continuación presentamos una hipótesis de Nombres Divinos construidos guemátricamente para el tratamiento de algunas enfermedades y/o desequilibrios corporales según las líneas anteriores. Es evidente que sólo podemos incluir aquí una muestra. Hay que trabajar cada caso particular, y eso es bueno porque incrementa la implicación y conexión personal. El proceso de sanación empieza en los planos internos.

Damos primero el nombre de la enfermedad en hebreo y su valor numérico. A continuación un desarrollo de Nombres Divinos del mismo valor.

ADICCIÓN

התמכרות

Hitmakerut

1071

אלוה

יוד הי ויו הי

יוד הי ואו הי

יוד הא ואו הא

יוד הה וו הה

פהל

רפואה שלמה

Dios (Eloah) las 4 extensiones PHL (de los 72 Nombres) Curación completa

ALCOHOLISMO

כהלת

Kahelet

455

נתה

(De los 72 Nombres)

ALERGIA

אלרגיה

Alerguia

249

טוב

יוד הי ויו הי

יוד הי ואו הי

יוד הא ואו הא

יוד הה וו הה

Bueno Hashem (en sus cuatro expansiones)

ALZHÉIMER

מבלבלת
Mebulbalet
504

יד יהוה

יוד הי ויו הי

יוד הי ואו הי

יוד הא ואו הא

יוד הה וו הה

הברכה

Mano de YHVH Las cuatro expansiones La Bendición

ANEMIA

אנמיה
Anemiah
106

יה יהוה אדני

ANORExIA

אנורסיה

Anoresia

332

יוד הי ויו הי

יוד הי ואו הי

יוד הא ואו הא

יוד הה וו הה

יד אלהים

ARTROSIS

דלקת מפרק העצם

Dalequet Mifraq haEtsem

1159

אחד

אלהים

אלף הי יוד הי

הברכה

רפואה שלמה

Uno Elohim Extensión de Eheieh La Bendición Curación Completa

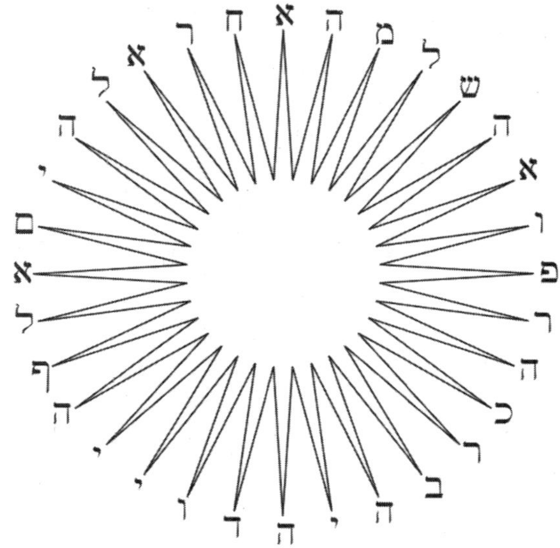

(32 letras. Una en cada vértice de una estrella de 32 puntas)

ASMA

קצרת

Katséret

790

יהוה

יוד הא ואו הא

יוד הה וו הה

רפואה שלמה

ATAQUE DE CORAZÓN

תקפה לב

Teqfá Leb

617

צחצחות יה

Tsajtsajot Yah

Brillantez de Yah

BRONQUITIS

דלקת סמפונות

Dalequet simfonot

1180

רוח אלהים

הרח

רפואה שלמה

1.ª línea: Rúaj Elohim, el Espíritu de Dios

2.ª línea: Uno de los 72 Nombres, correspondiente a Jésed de Hod

3.ª línea: Refuá Shlemá, curación completa, que podemos también considerarlo un Nombre Divino (Aní YHVH Roféja. No hay discontinuidad o separación en lo Divino).

CÁNCER

Véase antes en el texto

CIRROSIS

שחמת

Shejémet

748

אה'יה

יה'וה אלה'ים   יה'

מצפץ

פחד יצחק

Eheieh Yah YHVH Elohim (Kéter Jojmá Biná) Matspats (Dáat) Pájad Ytsjaq (Temor de Isaac)

Podemos ver a modo de ejemplo cómo se pueden combinar distintas aproximaciones en un procedimiento único, en este caso la elaboración de un Kamea (talismán).

Repasando las áreas de sanación de los 72 Nombres, que hemos expuesto antes en este capítulo, vemos que en particular el número 51, HJSh, está especialmente indicado para las enfermedades del hígado. Ya hemos utilizado este Nombre antes y vimos que, siendo Jésed de Nétsaj, podemos utilizar las figuras geométricas de un cuadrado (Jésed) y un heptagrama (Nétsaj).

יהוה

ריפוי שחמת

31 יְהִי כְבוֹד יְהוָה לְעוֹלָם יִשְׂמַח יְהוָה בְּמַעֲשָׂיו׃

bemaasáv Adonái ysmáj / leolám Adonái jebód Yehí

en-sus-obras YHVH alégrese; para-siempre YHVH la-gloria-de Sea

יכהבודה

Vemos que la combinación de Nombres propuesta para la cirrosis consta de siete palabras. Podemos ubicar cada una de ellas en los espacios entre los vértices de la estrella de siete puntas. El Nombre HJSh aparece en el centro.

Por otra parte, Hígado (*véase* capítulo anterior) es Kabed, de valor 26, el mismo que el Tetragrama. Ponemos el Nombre YHVH presidiendo el talismán sobre la intención: Rifui Shejemet, curación de la cirrosis.

En la parte inferior tenemos el versículo de conexión con el Nombre HJSh.

Por último, entrelazamos el Tetragrama con la palabra Kabed para la reparación completa del órgano.

COÁGULO

קריש דם

Krish Dam

654

הקדוש ברוך הוא (655)

Ha Kadosh Baruj Hu, El Santo Bendito Sea

CÓLERA

כולרה

Colera

261

אלף הי יוד הי

יד אלהים

Extensión de Eheieh en Briá

Mano de Elohim

CORONAVIRUS

La palabra Coronavirus en hebreo es literalmente כתרוירוס, ketervirus, y su valor numérico es 902.

יה
יוד הי ויו הי
יוד הי ואו הי אלף הי יוד הי
יוד הא ואו הא אלף הא יוד הא
יוד הה וו הה אלף הה יוד הה
א ל ה י ם
א ל ה י
א ל ה
א ל
א

COVID-19

קוויד יט
145

הקם
Uno de los 72 Nombres de Dios

Sal 88:2

יְהוָה אֱלֹהֵי יְשׁוּעָתִי יוֹם־צָעַקְתִּי בַלַּיְלָה נֶגְדֶּךָ

negdéja baláyla tsaáqti yom yeshuati Elohé Adonáy

HaShem Dios de mi salvación de día clamé en la noche delante de ti.

Salmos 6:4

וְנַפְשִׁי נִבְהֲלָה מְאֹד וְאַתָּ(ה) יְהוָה עַד־מָתָי

matáy ʻad Adonay veatá me'od nibhalá Venafshi

Y mi alma está muy turbada; y tú HaShem, ¿hasta cuándo?

Salmos 145:17

צַדִּיק יְהוָה בְּכָל־דְּרָכָיו וְחָסִיד בְּכָל־מַעֲשָׂיו

ma'asáv bejól vejasid derajáv bejol Adonáy Tsadiq

Justo es HaShem en todos sus caminos y misericordioso en todas sus obras

Utilizamos tres de los 72 Nombres (en los vértices del triángulo):

HQM (16) porque su valor numérico 145 coincide con Covid-19 (Qof, Vav, Vav, Yod, Dalet + 19). Es Maté Elohim, la vara con la que Moisés hacía los prodigios, entre otras cosas manejaba las plagas.

YYL (58) Es el Nombre del Mar Rojo: YHVH Ylajem Lajem. YHVH luchará por vosotros. Aporta soluciones para situaciones imposibles.

MTsR (60) Es un Nombre de liberación de situaciones opresivas, empezando por las propias mentales. Metsarim significa límites, fronteras (confinamiento).

Debajo están los tres versículos de invocación (según la tradición hermética)

Alrededor del triángulo está la Berajá: Barúj Atá YHVH Marpé et haJolim. Bendito Tú Adonay que curas a los enfermos.

En el círculo el Aná BeJóaj

Y toda la luz, la berajá, la energía positiva, para la Tierra en el centro. En la contemplación y meditación llevar la luz curativa a todos sus habitantes, pudiendo ser tan detallados como queramos o lo sintamos.

DEPRESIÓN

דיכאון

Dikaón

91

יאהדונהי

Entrelazamiento de YHVH y Adonai

DESORDEN BIPOLAR

הפרעה דו קוטבית

Hafraah du kotbit

897

נסי

אחת רוח אלהים חיים

Mi bandera Uno es el Espíritu del Dios Vivo

DIABETES

סוכרת

Sukeret = 686

אלהים

אלף למד הי יוד מם

רוח אלהים

Nombres Divinos:

Elohim

Elohim extendido (con Yod)

Rúaj Elohim (El Espíritu de Elohim)

DIARREA

שלשול

ShilShul

666

רוח אלהים

מצפץ

יהוה גואל

Rúaj Elohim Matspats YHVH Goel (Redentor)

DIFTERIA

קרמת

Karemet

740

אהיה

יוד הה וו הה

רפואה שלמה

Eheieh extensión de YHVH en Asiah Curación Completa

DOLOR DE CABEZA

כאב ראשׁ

Keb Rosh

524

אלף

אלף הה

אלף הה יוד

אלף הה יוד הה

La triangulación de la extensión de Eheieh en Asiah

EPILEPSIA

נכפות

Nijput

556

האל הגדל הגבר והנורא

HaEl HaGadol HaGibor VeHaNorá

El Dios Grande Fuerte y Tremendo

ESCLEROSIS

סלעת

Selat

560

אלף למד הי יוד מם
כביר כח

Elohim (extendido) Inmenso en Poder (Kabir Kóaj)

ESQUIZOFRENIA

שסעת

Shasaat

830

הוא אלהים אדני
רפואה שלמה

El (es) Elohim Mi Señor Curación Completa

ESTERILIDAD

עקרות

Aqarut = 776

Podemos añadir una unidad por el Kolel. 777 es la suma de la expresión

אחת רוח אלהים חיים

Ajat Rúaj Elohim Jayim

Uno es el Espíritu del Dios Vivo

Talismán para problemas de esterilidad

Parte delantera

Parte trasera

בָּרֲכוּ יְהוָה כָּל־צְבָאָיו מְשָׁרְתָיו עֹשֵׂי רְצוֹנוֹ׃

יְהוָה בַּשָּׁמַיִם הֵכִין כִּסְאוֹ וּמַלְכוּתוֹ בַּכֹּל; מָשָׁלָה

כִּי־בָחַר יְהוָה בְּצִיּוֹן אִוָּהּ לְמוֹשָׁב לוֹ׃

En el centro del hexagrama (parte delantera) está la intención: Yeled (niño) Está en masculino abarcando ambos géneros. Niña en hebreo sería Yaldah, añadiendo una He al final.

Triángulo hacia arriba: Tres de los 72 ángeles: Kaliel (arriba), Mebahiah (derecha), Jabuyah (izquierda).

Triángulo hacia abajo: Nombre y dos apellidos (Preferiblemente en hebreo. Puede ser una trasliteración directa letra a letra).

Alrededor: Nombre de Dios de 42 Letras. Aná Bejóaj

Encima de todo el Yijud: Ajat Rúaj Elohim Jayim

En la parte trasera está los tres versículos de Salmos de invocación de los tres ángeles:

Sal 103:2

בָּרֲכוּ יְהוָה כָּל־צְבָאָיו מְשָׁרְתָיו עֹשֵׂי רְצוֹנוֹ׃

retsonó osé mesharetáv Tsevaáv kol Adonáy Barejú

Bendecid a HaShem, vosotros todos sus ejércitos, ministros suyos, que hacéis su voluntad.

Salmos 103:19

יְהוָה בַּשָּׁמַיִם הֵכִין כִּסְאוֹ וּמַלְכוּתוֹ בַּכֹּל מָשָׁלָה׃

mashála bakól umaljutó kisó hejín bashamáym Adonay

HaShem estableció en los cielos su trono, y su reino domina sobre todos

Salmos 132:13

כִּי־בָחַר יְהוָה בְּצִיּוֹן אִוָּהּ לְמוֹשָׁב לוֹ׃

lo lemosháb iváh beTsiyón Adonáy bajár Ki

Porque HaShem ha elegido a Sión; la quiso para habitación suya.

ESTREÑIMIENTO

עצירות

Atsirut

776

חי יהוה אדני

רפואה שלמה

Viva YHVH Adonay Curación Completa

ESTRÉS

לחץ

Lajats

128

חסין

Jasín (Fuerte, vigoroso, inmune).

FIBROMIALGIA

פיברומיאלגיה

397

La siguiente construcción suma 393

יוד הי ויו הי

יוד הי ואו הי

יוד הא ואו הא

יוד הה וו הה

אלף הי יוד הי

Añadimos el cuatro que nos falta desarrollándola en cuadrilátero de la siguiente manera:

Hemos puesto en el interior El Rofé, Dios médico. Podemos también incluir el nombre de la persona.

FRACTURA

Shebar

502

יהוה

אהיה

אלף הי יוד הי

אלף הא יוד הא

אלף הה יוד הה

YHVH Eheieh las tres extensiones de Eheieh

GRIPE

שפעת

Shapaat

850

כבוד

אלהים

אדני

רפואה שלמה

La Gloria de Elohim Adonay (es) curación completa

HEMORROIDES

טחורים

Tejorim

273

יה יהוה

יוד הי ויו הי

יוד הי ואו הי

יוד הא ואו הא

יוד הה וו הה

HEPATITIS

דלקת כבד

Daléquet Kabed -560

הוא יהוה

יוד הי ויו הי

יוד הי ואו הי

יוד הא ואו הא

יוד הה וו הה

חן

הברכה

Hu YHVH (Él es YHVH)
Las cuatro expansiones
Jen, la Gracia
HaBerajá, la bendición.

ICTUS

שבץ

Shobets
392

יהוה אלהיך

מצפץ

YHVH tu Dios Matspats (YHVH por Atbash)

IMPOTENCIA

אימפוטנציה
Impotentsia
301

אלף למד הא יוד מים
Elohim extendido (con yod =Mayim, agua, en el desarrollo de la Mem)
También אש, Fuego, suma 301 y puede resultar apropiado

INFARTO DE MIOCARDIO

אוטם שריר הלב
Otem Sherir HaLeb
805

א

א ה

א ה י

א ה י ה

יהוה אלהים

רפואה שלמה

INSOMNIO

נדודי שׁנה

Nedude Shena

429

גדול אלהים

אלף למד הי יוד מם

Grande (es) Elohim

Elohim extendido (con Yod)

LOCURA

טירוף

Teiruf

305

אלף למד הה יוד מים

Extensión de Elohim en Asiah con Yod (Mayim) en la Mem final

LUMBAGO

מתנת

Matenet

890

אל יהוה עליון

רפואה שלמה

El YHVH Altísimo

Curación completa

LUMBALGIA

יוזיטיס

Yozítis = 112

יהוה אלהים

YHVH Elohim

MENINGITIS

דלקת קרום המוח

Daléquet Kerúm haMóaj

939

יוד הי ויו הי

יוד הי ואו הי

יוד הא ואו הא

יוד הה וו הה

יד יהוה

רפואה שלמה

Las cuatro extensiones del Tetragrama, Yad YHVH (la mano de YHVH) y Refuá Shlemá (curación completa)

MIGRAÑA

צלחה

Tsilјáh

133

אהיה יהוה אלהים

Eheieh YHVH Elohim

NEUMONÍA

דלקת ריאות

Dalequet reyot

1151

יוד

יוד הי

יוד הי ויו

יוד הי ויו הי

מצפץ

רפואה שלמה

Triángulación del Tetragrama en Atsilut. Matspats es el Tetragrama transformado por Atbash. Refuá Shlemá, curación completa.

PARANOIA

פרנויח

Paranoia

351

אהוי

אל

אלהים גבור

Ehevi El Elohim Guibor

N.D. en Dáat Jésed y Guevurá

PÁRKINSON

רעד במנוחה

Raad BaMenujáh

385

שׁכינה

Shejináh

PIEDRAS EN LOS RIÑONES

אבנים בכליות

Abanim baKelayot

571

רוח אלהים

יהוה אחד

הברכה

Rúaj Elohim, el Espíritu de Dios

YHVH Ejad (Uno)

Haberajá, la Bendición

PRÓSTATA

רמונית[

Armonit

776

אלהים

השמים

הארץ

Elohim Los Cielos La Tierra

REUMATISMO

שׁיגרון

Shigarón

919

שׁ

שׁ ד

שׁ ד י

La triangulación de Shadai suma 918, pero podemos añadir una unidad por el Kolel.

SARAMPIÓN

חצבת

Jatsébet

500

יתץ

Tres últimas letras del primer versículo del Aná BeJóaj

SIDA

איידס

Eides

85

יוד

יוד הא

יוד הא ואו

Tres primeras líneas de la triangulación del Tetragrama en Yetsirá

TIFUS

טיפוס הבהרות

Tifus HaBeharot

774

יהו אלהים

רפואה שלמה

TRAUMA

חבלה

Jabalah

45

יוד הא ואו הא

Extensión de YHVH en Yetsirah

TUBERCULOSIS

שחפת
Shajéfet
788

אל מלך
רפואה שלמה
Dios Rey
Curación completa

TUMOR

גידול
Guidul
53

יוד הה ואו הה

ÚLCERA

אולקוס
Ulkus
203

יהוה אל עולם
YHVH El Olam
YHVH Dios Eterno

VARICES

דליות

Daliyot

450

שׁכינה אדני

Shejináh Adonay

CAPÍTULO 9

Recursos generales

En este capítulo nos centramos en cómo aplicar la cábala para abordar diversas problemáticas de la vida, para generar situaciones positivas, eliminar el caos, protegernos de situaciones tóxicas, traer felicidad a nuestras vidas, mejorar nuestras relaciones, realizarnos personalmente y, sobre todo, poder ayudar a otras personas a alcanzar los mismos objetivos.

La metodología es la misma que hemos utilizado hasta ahora. Trabajamos desde el Espíritu, de arriba abajo, según el esquema emanativo del Rayo relampagueante[1] que es el camino de la Creación. Y lo hacemos conectando cada situación con su raíz divina mediante los Nombres de Dios.

Como herramienta fundamental tenemos la meditación. Su objetivo es ligar mediante la mente abstracta el plano causal del Espíritu con su manifestación en los planos formales. Para ello hemos de operar desde nuestro verdadero centro, nuestro Yo profundo, el Yo cuántico briático, la Neshamá suprema.

Esta Neshamá suprema siempre contempla el Rostro del Eterno. Alineando nuestra voluntad personal con la voluntad de nuestra Nes-

1. Véase *El Camino del Árbol de la Vida*. Vol 1. Cap III.

hamá suprema nos alineará con la Voluntad Divina. Ese es el verdadero motor del Cosmos, o más aún, de toda la Manifestación.

Antes de realizar nada, dilucidamos claramente qué queremos de verdad, o mejor, qué necesitamos de verdad desde el punto de vista de nuestra integridad, nuestro propósito en la vida, etc.

Es necesario además generar una actitud correcta que se basa en primer lugar en la eliminación de mecanismos inhibidores, cómo prejuicios acerca de lo físico, pensamientos negativos de autoestima, dudas y escepticismo acerca de todo el proceso y, en general, cualquier forma de negatividad, como miedo, preocupaciones, estrés, sentimientos negativos hacia alguien, sentimientos de culpa, etc.

Por el contrario, nos anclamos en emociones positivas, como amor, compasión, gratitud, confianza, entusiasmo, etc.

En el trabajo en sí, visualizamos nuestro objetivo como ya realizado. La escena que recreamos es rica en detalles. Movilizamos la energía con nuestro sentimiento –la fuerza del deseo– y la dirigimos con nuestro pensamiento. Es posible y deseable que experimentos un tipo de rapport como que la intención está en verdad realizada (en el plano astral). Lo dejamos estar durante un período para no interferir en su manifestación, pero podemos repetir y persistir si vemos que ello es necesario.

Como se ha podido ver en los primeros capítulos, el modo de vida es fundamental para mantener abierto el canal. Y la actitud general debe ser de recibir para dar, es decir, compartir.

1. Generación de abundancia, material y espiritual

Es tradicional el uso de este versículo del salmo 145. Ya lo hemos analizado en el capítulo 5 al hablar de la Menorá (Salmo 67) y en el desarrollo del propio salmo 145.

El esquema básico es el siguiente:

Salmo 145: **Potéaj et yadeja umasbia le jol jai ratzón:** «Abres tu mano, tu Yod y sacias a toda vida hasta el máximo de su deseo (a voluntad)».

פּוֹתֵחַ אֶת־יָדֶךָ וּמַשְׂבִּיעַ לְכָל־חַי רָצוֹן:

Tomamos las letras iniciales y finales de la expresión Potéaj et Yadeja: Abres tu mano (es decir, «abres tu Yod», la Yod del Nombre Divino YHVH). Construimos así dos códigos: פּאי, letras iniciales, y חתכ, letras finales. El valor numérico de las tres finales es 428, el mismo que la expresión siguiente en el versículo, umasbía, «y llenas». El llenado es con la luz del Tetragrama, cuyas letras entrelazamos con estas tres finales.

פּאי

יחהתוכה

Hay una expresión similar en el salmo 104

תִּפְתַּח יָדְךָ יִשְׂבְּעוּן טוֹב

«Abres tu mano» «**tiftaj yadejá**» «y sácianse de bien» «**yisbeun tov**»

Tu mano: tu Yod. Abres la letra Yod y se sacian todos de bien, de Tov, Bien.

Como está escrito: «Y vió Elohim que la luz era buena», era tov, טוֹב, la luz de la creación.

Y en esa luz está contenida toda la bondad, todo el bien de la creación.

Y esa luz es la del día uno, **Yom ejad**. Ejad, Uno, igual a Ahabá, Amor.

Observamos que en el versículo del salmo 145 hay tres Yodim.

פּוֹתֵחַ אֶת־יָדֶךָ וּמַשְׂבִּיעַ לְכָל־חַי רָצוֹן:

Podemos, en el contexto de la meditación anterior, colocar las tres yodim en un triángulo, que traerá todo el poder de manifestación de la yod, y poner en su interior una intención particular que queramos trabajar.

י

Intenciones particulares →

י י

En el versículo, además, hay una letra Alef.

פּוֹתֵחַ אֶת־יָדֶךָ וּמַשְׂבִּיעַ לְכָל־חַי רָצוֹן׃

Si ponemos la letra Alef en el interior del triángulo anterior, llevamos todo a la Unidad. La Alef de Ejad, el Uno, la energía de Bien del primer día de la Creación.

י

Las llevamos a la Unidad → א

י י

Notamos que el valor numérico de la construcción anterior es 31, que es guematria del Nombre de Dios en Jésed, EL.

El Supremo Dador אל

Lo que nos conecta con las trece medidas de la misericordia.

En el texto del Éxodo: YHVH YHVH EL rajum vejanún… YHVH YHVH EL compasivo y dador de Gracia…

O en el texto de Miqueas: Mi El Kamoja… ¿Qué EL hay como tú…

Además, volviendo al código de partida, פאי, sabemos que su valor numérico es 91, y que éste es el valor suma de los Nombres YHVH (Tiféret, Zer Anpin) y Adonay (Maljut, Shejiná). Los entrelazamos en cópula uniendo el Cielo con la Tierra

פאי

יאהדונהי

סאל

Noventa y uno es también el valor numérico de סאל, de los 72 Nombres (el número 45). Siendo Tiféret de Tiféret, este Nombre canaliza la Luz que trae tanto la plenitud espiritual como la prosperidad material. Trae consigo una conciencia constante de la Presencia Divina y nos hace ver la acción divina en todas las cosas. Por su esencia solar, Sealiáh, es el ángel de la curación espiritual (ya lo hemos utilizado antes en ese sentido), trayendo consigo una salud completa tanto de cuerpo como de espíritu, ya que no existe una verdadera salud sin la conexión con la Luz Divina.

También 91 es el valor numérico de Amén, אמן, que es uno de los nombres de Biná y que sella el descenso de la Berajá. Y también es el Maná, מנא, el sustento espiritual que alimenta, sostiene, llena a rebosar de deleite a todos los seres.

אמן

מנא

Es tremendo el grado de conexión de este código Pe Alef, Yod. Aparece también en el Salmo 31, versículo 6, con potencia salvadora:

En tu mano (en tu Yod) encomiendo mi espíritu; **Tú me has redimido, Eterno**, Dios de verdad.

בְּיָדְךָ אַפְקִיד רוּחִי פָּדִיתָה אוֹתִי יְהוָה אֵל אֱמֶת:

BeYadjá Afkid Rují Padita Otí Adonai El Emet

Además es uno de los 72 Nombres de Dios en la formulación de los tres versículos del Éxodo que no invierte el versículo intermedio, sino que considera los tres en sentido directo (Así, el primer Nombre sería Vav Vav Vav, el segundo Yod Yod Yod, etc.). Pe Alef Yod es el número 56.

En base a todo lo expuesto, podemos construir varios procedimientos de meditación y/o proyección:

1. Meditación en las tres letras: Visualizarlas en el firmamento en fuego blanco irradiando luz blanca, que desciende sobre nosotros (o sobre el objeto de nuestra intención) y nos llena.

פאי

1′. Podemos añadir a lo anterior la visualización de יחהתוכה. Podemos visualizar cada una de esas letras en cada uno de los siete centros psicofísicos: Yod en Kéter, Jet en el centro de la frente, y así sucesivamente. Nosotros somos la vasija.

1′′. Añadimos el trenzado de los Nombres YHVH y Adonay. También podemos incluir el Nombre Sámej Alef Lamed (si bien podemos hacer de ello una meditación separada. *Véase* a continuación).

פאי

יאהדונהי

סאל

↓

יחהתוכה

2. Recitar el versículo (Salmos 145)

פּוֹתֵחַ אֶת־יָדֶךָ וּמַשְׂבִּיעַ לְכָל־חַי רָצוֹן׃

Poner la intención en el triángulo tal como se ha indicado antes (recitando el versículo como mantra):

י

א

י　　　　　　י

Ver que se abre el Jésed en el Nombre אל, y nos concede el deseo de nuestra alma.

3. Meditación de ascenso

Esta es una meditación de ascenso que proponemos en aras de la completitud. En este caso recitamos el versículo del salmo 31:

בְּיָדְךָ אַפְקִיד רוּחִי פָּדִיתָה אוֹתִי יְהוָה אֵל אֱמֶת

Visualizamos las letras פאי, que en este caso son una puerta en el firmamento (Dáat).

Ascendemos en el Nombre que resulta del trenzado de YHVH y Adonay, pero esta vez empezando por este último (de Maljut a Tiféret):

אידהנויה

Pasando la puerta, nos integramos en el Amen (Biná).

Contemplamos que somos todo neshamá. Contemplamos que somos la gota y el océano en la alegría del Yobel (Jubileo).

Cuando retornamos vemos que a través de la puerta de Pe Alef Yod desciende el maná sobre nosotros:

מנא

Nos llena y nos sacia.

4. Segulá para la prosperidad material y espiritual

Podemos también desarrollar lo anterior en una figura talismánica para meditar, para llevar, para colocar en la pared de nuestra casa, etc.

En este caso utilizamos el ángel Sealiah, que es la ispaklaria, la lente que focaliza la energía del Nombre anterior.

Incorporamos como intención declarada el concepto de Shéfa, Shin Pe Ayin, que es la influencia que desciende de lo Alto, en la forma de iluminación, de abundancia material y espiritual, de plenitud y prosperidad.

En la parte inferior está el versículo de salmos correspondiente al Nombre (*véase* capítulo 6)

5. La misma intención centrada en el sustento material

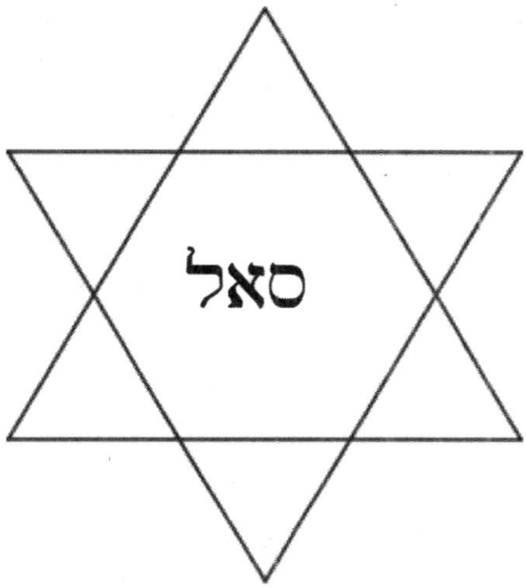

אגלא פאי חתך

יִפְתַּח יְהוָה לְךָ אֶת־אוֹצָרוֹ הַטּוֹב אֶת־הַשָּׁמַיִם לָתֵת
מְטַר־אַרְצְךָ בְּעִתּוֹ וּלְבָרֵךְ אֵת כָּל־מַעֲשֵׂה יָדֶךָ
וְהִלְוִיתָ גּוֹיִם רַבִּים וְאַתָּה לֹא תִלְוֶה׃

Devarim 28:12

12 Te abrirá YHVH su buen tesoro, los cielos para enviar la lluvia a tu tierra en su tiempo, y para bendecir toda obra de tu mano. Y prestarás a muchas naciones, y tú no pedirás prestado.

דקרנוסא

Oración por el sustento:

Sea tu voluntad, ¡Oh Eterno!, Dios nuestro y Dios de nuestros padres, que dispongas para mí y para todos los miembros de mi casa nuestro sustento y alimento, tanto hoy como todos los días, con amplitud y no con limitaciones, con honor y no con menosprecio, con tranquilidad y no con sufrimiento, y que no precise de las dádivas de los seres humanos, ni de sus préstamos, sino sólo de tu amplia, abierta y repleta mano, en aras de tu grandioso Nombre (דיקרנוסא) asignado para proveer el sustento.

6. Talismán de prosperidad en los negocios y empresas

Por último, en este talismán, centrado también en el Nombre Sámej Alef Lamed, utilizamos otros seis de los 72 Nombres relevantes en esta cuestión:

Versículos de salmos de invocación de los Nombres (repetir como mantra):

4. עלם

(Salmos 6:5)

שׁוּבָה יְהוָה חַלְּצָה נַפְשִׁי הוֹשִׁיעֵנִי לְמַעַן חַסְדֶּךָ

jasdéja lemaán hoshiéni nafshí jaletsá Adonáy Shubá

Torna a mí, Eterno, salva mi alma; sálvame por tu misericordia.

10. אלד

(Salmos 33:22)

יְהִי־חַסְדְּךָ יְהוָה עָלֵינוּ כַּאֲשֶׁר יִחַלְנוּ לָךְ

laj yjálnu kaasher 'alénu Adonai jasdejá Yehí

Sea Eterno tu misericordia sobre nosotros según esperamos en ti.

43. וול

Salmos 88:14

וַאֲנִי אֵלֶיךָ יְהוָה שִׁוַּעְתִּי וּבַבֹּקֶר תְּפִלָּתִי תְקַדְּמֶךָּ׃

teqademéka tefilatí ubabóquer shivá'ti Adonáy eléja Vaaní

llega-ante-Ti mi-oración y-en-la-mañana clamo Eterno a Ti Y-yo

59. הרח

(Salmos 113:3)

מִמִּזְרַח־שֶׁמֶשׁ עַד־מְבוֹאוֹ מְהֻלָּל שֵׁם יְהוָה׃

Adonáy shem mehulál meboó ad shémesh Mimizráj

Desde la salida del sol hasta su ocaso es alabado el nombre del Eterno

63. ענו

(Salmos 100:2)

עִבְדוּ אֶת־יְהוָה בְּשִׂמְחָה בֹּאוּ לְפָנָיו בִּרְנָנָה

birnaná lefanáv bóu besimjá Adonai et 'Ibdú

Servid al Eterno con alegría; venid a su presencia con cantos de júbilo

65. דמב

(Salmos 90:13)

שׁוּבָה יְהוָה עַד־מָתָי וְהִנָּחֵם עַל־עֲבָדֶיךָ

'abadéja 'al vehinajém matái 'ad Adonai Shuvá

tus-siervos a y-conforta ¿cuando hasta? Eterno Torna

Centro:

45. סאל

(Salmos 94:18)

אִם־אָמַרְתִּי מָטָה רַגְלִי חַסְדְּךָ יְהוָה יִסְעָדֵנִי׃

ysadéni Adonai jasdéja raglí máta amárti Im

me-sustentaba Eterno Tu-misericordia mi-pie resbala yo-decía Cuando

7. Meditación tiferética de centración

Nos visualizamos en el interior de un hexagrama dorado. En los vértices las letras de una composición con los Nombres Eheieh y YHVH.

אהיה

יהוה

↓

אהיהוה

Este Nombre representa la unión de Kéter y Tiféret. Su valor numérico es 32, el número de elementos del Árbol de la Vida. También es guematria de Leb, לב, el centro de los misterios cabalísticos.

Vemos además que las tres letras «masculinas», Alef Yod Vav, están en el triángulo apuntando hacia arriba, tradicionalmente de fuego. Las tres letras «femeninas», las tres He (en realidad es la misma letra, porque lo femenino es un continuo) están en el triángulo apuntando hacia abajo, tradicionalmente de agua. Tenemos tres conjunciones: Alef He, en Kéter, en donde tanto el Rostro inmenso de Dios como su consorte son absolutamente indistinguibles (no hay polaridad); Yod He, que son Abba-Jojmá e Imma-Biná; Vav He, que son Zer Anpin-Tiféret (el Rostro menor) y Shejiná-Maljut.

Están consideraciones están en el background. La meditación consiste en sentirse en el centro (alternativamente se puede considerar esta construcción en el chakra del corazón, irradiando), en paz, llenándose de luz, imbuyéndose de Divinidad, y recitando el mantra: Yo soy quien yo soy quien yo soy…, en el que vamos profundizando cada vez más.

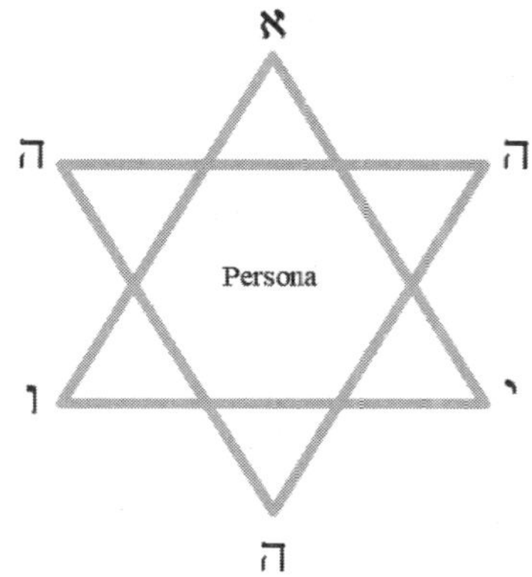

Esta es una meditación ideal para realizar diariamente, durante un período de 10 a 20 minutos, idealmente después de levantarse por la mañana.

8. Conócete a ti mismo

תפארת

יהוה אלוה ודעת

מיכאל מלכים

He aquí un desarrollo de la meditación anterior puesta en forma de talismán.

El hexagrama con las letras en los vértices es el mismo que antes. En el interior está escrito Yodéa Et Atsmí, conocerme a mí mismo. Alrededor están alternativamente las letras del Nombre de Dios en Tiféret: YHVH Elóah Vadáat, YHVH Dios que se hace conocido (en el centro, en el hondón de mi mismo). Debajo de la palabra Tiféret aparece de nuevo este Nombre y después Mijael, arcángel de Tiféret y Malajim, los Reyes, los ángeles de su dominio.

9. Construcción de un talismán personal

Nos proponemos ahora elaborar un talismán, especialmente individualizado, que promueva la realización personal en todos los ámbitos. Necesitamos dos cosas:

• El nombre y dos apellidos de la persona en letras hebreas. Si el individuo no es judío puede ser problemática la trasliteración, ya que pueden presentarse distintas posibilidades. Recomendamos para ello el uso de los diversos traductores accesibles en Internet.

Vamos a utilizar en este caso un ejemplo totalmente ficticio con un nombre elegido al azar y dos apellidos corrientes en castellano: Nuria Martínez García. En letras hebreas tendríamos: נוריה מרטינז גרסיה

• Necesitamos además el nombre de los tres ángeles tutelares de la persona. Para ello necesitamos su carta natal. En el capítulo 6 hemos dado la conexión de los 72 ángeles tanto con los quinarios (la división del zodíaco en 72 grupos de cinco grados) como con los grados zodiacales (y a cada ángel le corresponden cinco grados separados entre sí por 72 grados). Tenemos además la correspondencia de los 72 ángeles con las horas del día. A cada uno le corresponde un período de 20 minutos contados a partir del instante de la salida del sol en ese día en la localidad de nacimiento. Tomamos como ángeles tutelares los dos ángeles solares (de la posición natal del sol por quinario y por grado) y el ángel de la hora (correspondiente al instante de nacimiento). Los dos primeros son fáciles de calcular consultando unas tablas o acudiendo a Internet. Para el último es necesario conocer la hora exacta de nacimiento, información no siempre disponible. En el caso de que sí se sepa, basta mirar en Internet la hora de salida del sol para la localidad y el día de nacimiento y distribuir el día y la noche, a partir de ese instante, en períodos de veinte minutos. El primero corresponde a Vehuiah, el segundo a Yeliel, y así sucesivamente. Vemos así cuál corresponde a nuestro instante de nacimiento.

Si no se conoce la hora, será necesario buscar otros procedimientos alternativos. La intuición funciona. Otro procedimiento es utilizar una baraja de cartas con las letras hebreas e ir sacando cartas hasta obtener uno de los nombres. Este se puede tomar como hipótesis de trabajo. O bien usar la guematria del propio nombre propio y buscar el nombre angélico con el valor numérico más cercano. Por ejemplo, mi nombre Eduardo, suma 222. El valor numérico del ángel Manaquel es 221. Sumando una unidad por el Kolel obtenemos el número 222. Casualmente, Manaquel es mi verdadero ángel de la hora, que corresponde a mi ángel mental, como veremos a continuación.

De los tres ángeles obtenidos, el correspondiente al quinario solar decimos que es el ángel físico, el del grado del sol es el ángel emocional y el relativo a nuestro instante de nacimiento es el ángel mental.

Estos son sus campos de actuación:

1. El ángel físico se ocupa de todo lo relativo a lo corpóreo, lo material, la pauta de vida, el tikún o destino, los acontecimientos que nos suceden, las experiencias que hemos de atravesar:
2. El ángel emocional se ocupa de todo lo relativo a la naturaleza emocional y su entronque con el cuerpo vital, las relaciones, el arte, el doble, el psiquismo, el plano astral, etc.
3. El ángel mental se ocupa de todo lo relativo al plano del intelecto, la comunicación, nuestras programaciones y hábitos mentales, nuestras creencias, las enseñanzas, la conexión de la personalidad con la individualidad, la mente abstracta y el plano del espíritu.

Supongamos en nuestro ejemplo ficticio que los ángeles son:

1. Ángel físico: Ylahiah, ילהיה
2. Ángel emocional: Sitael, סיטאל
3. Ángel mental: Aladiah, אלדיה

El talismán personal quedaría de la siguiente manera:

Talismán para Nuria Martínez García

Elegimos la figura del hexagrama por su conexión tiferética (el verdadero ser de la persona).

En el triángulo hacia arriba escribimos el nombre y los dos apellidos de la persona. El nombre es personal. Los dos apellidos representan su base hereditaria y su línea ancestral.

En el triángulo hacia abajo escribimos el nombre de los tres ángeles tutelares.

El sentido de recorrido de ambos triángulos es el de las agujas del reloj.

Alrededor está el Nombre de 42 letras (*véase* capítulo 6) porque rige la conexión del Rúaj (y el mundo de Yetsirá) con el Néfesh (y el mundo de Asiá).

En el centro está el Tetragrama que expresa el núcleo Divino de la persona.

No es necesario recalcar el enorme grado de posibilidades que nos ofrece esta figura talismánica.

10. Purificación del pensamiento y recepción del Espíritu

Purificación del pensamiento

Tenemos en cuenta que la palabra «pensamiento» es Majshavá en hebreo, מחשבה, que puede descomponerse en Jashav Mah, חשב מה, es decir, «piensa en Mah».

Visualizamos, por tanto, la expansión Mah del Tetragrama

יוד הא ואו הא

y luego la desarrollamos por uno de los siguientes procedimientos:

Triangulación:

יוד

יוד הא

יוד הא ואו

יוד הא ואו הא

La suma total de esta triangulación es 130, el mismo valor que las palabras: Ojo (עין), escalera (סלם) y Sinái (סיני).

Segunda expansión:

יוד ואו דלת הא אלף ואו אלף ואו הא אלף

Cinco veces la expansión triangulada (5 x 26 es también 130):

יוד ואו דלת הא אלף ואו אלף ואו הא אלף
יוד ואו דלת הא אלף ואו אלף ואו הא אלף
יוד ואו דלת הא אלף ואו אלף ואו הא אלף
יוד ואו דלת הא אלף ואו אלף ואו הא אלף
יוד ואו דלת הא אלף ואו אלף ואו הא אלף

Recepción del Espíritu

Visualizamos la triangulación del Nombre Mah en el centro de la frente (el Dáat Elión, el tercer ojo).

El Dáat Elión emana de las siete sefirot inferiores del propio Árbol de Biná (los siete dones del Espíritu). Del triángulo anterior surgen siete rayos, cada uno representado por un Tetragrama expandido como Sag (Briá): יוד הי ואו הי. Un rayo emana hacia arriba y dos de cada lado del triángulo. Para cada Tetragrama la pronunciación es Yod He Vav He. Podemos contemplar los siete rayos mientras recitamos el versículo del profeta Isaías (11.2):

«Y descenderá sobre él: 1. El Espíritu de YHVH (Rúaj YHVH). 2 y 3. Espíritu de Sabiduría y de Entendimiento (Rúaj Jojmá UBiná). 4 y 5. Espíritu de Consejo y de Fuerza (Rúaj 'Etsá UGuevurá). 6 y 7. Espíritu de Conocimiento y de Temor de YHVH (Rúaj Dáat VeYirat YHVH)».

יוד הי ואו הי
יוד הי ואו הי   יוד הי ואו הי
יוד הי ואו הי   יוד הי ואו הי
יוד הי ואו הי יוד הי ואו הי

Contemplamos que siete veces Sag (63) es el número de Emet (441), la Verdad, el sello de YHVH.

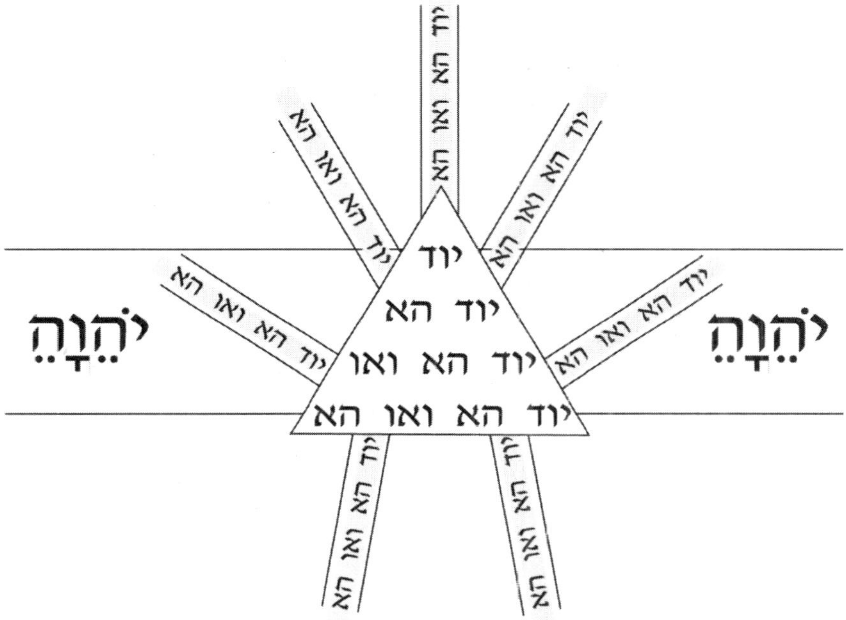

Los dos Tetragramaton laterales, con la vocalización natural de cada letra, representan la conexión con los dos hemisferios y las dos formas de mentación, formal y aformal.

11. Aumentar memoria. Recordar sueños. Regresiones

Sea la palabra Zajor, זכור, recuerda, como en el versículo «Zajor et Yom HaShabat LeKadeshó, Recuerda el día del Shabat para santificarlo» (Ex 20:8).

El valor numérico de Zajor es 233. Vemos que ésta es también la suma de los dos Nombres Divinos YHVH y Eheié extendidos en Atsilut; es decir:

יוד הי ויו הי = 72
אלף הי יוד הי = 161
233

Ligamos, mediante la kavaná el concepto de Zajor, recuerdo, memoria, a su raíz espiritual y realizamos la unificación entrelazada de los Nombres:

יוד אלף הי הי ויו יוד הי הי

O incluso letra a letra:

יאולדףההייויוודההיי

Hemos realizado así una conjunción de Biná y Jojmá. Por otra parte, en el Séfer Yetsirá, las sefirot Jojmá y Biná son descritas como «profundidad del principio» y «profundidad del fin», es decir, como la dimensión temporal de las cosas, de las cuales Jojmá es el origen, atemporal y arquetípico –el pasado en el que se contienen las semillas del presente y del futuro en el orden del flujo temporal–. Vemos entonces la relación con Zajor, la memoria, el recuerdo, el retorno al origen.

Este yijud puede usarse para incrementar en nosotros esa cualidad de memoria; también para recordar sueños (particularmente si se hace antes de irse a dormir) o, trascendiendo la esfera temporal más allá de la vida presente, para recordar vidas pasadas.

12. Asuntos mentales en general

Un kamea de Hod con los Nombres de su jerarquía (Nombre Divino, Arcángel y Ángeles) a la derecha y tomando de los 72 Nombres los ocho correspondientes a la fila de Hod y los nueve de la columna de Hod como subsefirá.

13. Tener y conservar salud

Salud = Briut, בריאות = 619 + una unidad por la palabra = 620 = Kéter.

Esta construcción suma 620, además de representar la acción de Kéter, Jojmá y Biná.

אלף
אלף הי
אלף הי יוד
אלף הי יוד הי
יוד
יוד הי
אהיה

Los tres Nombres de los 72 tienen que ver con el estado de salud y bienestar pretendido.

14. Vida sexual sana y completa

Esta intención está escrita en el interior del hexagrama. En la parte superior aparece la cópula de YHVH y Adonay de las dos formas, es decir, de arriba abajo y viceversa. Seis Nombres de Dios de los 72 en los vértices.

(Cant. Cap. VIII)
Porque fuerte como la muerte es el amor
Sus brasas son brasas de fuego, llama de Yah
Las muchas aguas no podrán apagar el amor

כִּי־עַזָ הַמָּוֶת אַהֲבָה
רְשָׁפֶיהָ רִשְׁפֵּי אֵשׁ שַׁלְהֶבֶתְיָה:
מַיִם רַבִּים לֹא יוּכְלוּ לְכַבּוֹת אֶת־הָאַהֲבָה

15. Atraer bendiciones: Nombre KHT

המלטה פ׳רים, la salvación de Purim = 425 = כהת

כֹּל הַנְּשָׁמָה תְּהַלֵּל יָהּ הַלְלוּ־יָהּ
Halelú-Yah Yah tehalel haneshamáh Kol
Que toda neshamáh alabe a Yah. Alabad a Yah

כֹּה תְבָרְכוּ אֶת־בְּנֵי יִשְׂרָאֵל אָמוֹר לָהֶם

lahem amor Israel bené et tebarejú koh

Así bendecirás a los hijos de Israel diciéndoles:

יְבָרֶכְךָ יְהוָה וְיִשְׁמְרֶךָ׃

יָאֵר יְהוָה פָּנָיו אֵלֶיךָ וִיחֻנֶּךָּ׃

יִשָּׂא יְהוָה פָּנָיו אֵלֶיךָ וְיָשֵׂם לְךָ שָׁלוֹם׃

HaShem te bendiga, y te guarde; HaShem haga resplandecer su rostro sobre ti, y tenga de ti misericordia; HaShem alce sobre ti su rostro, y te conceda la paz.

Versículo del Nombre KHT

בֹּאוּ נִשְׁתַּחֲוֶה וְנִכְרָעָה נִבְרְכָה לִפְנֵי־יְהוָה עֹשֵׂנוּ

osénu Adonáy lifné nibrejá venijráa nishtajavé Bóu

Venid, nos inclinaremos y nos prosternaremos, nos arrodillaremos frente a HaShem nuestro hacedor.

16. Shalom Bait, Bendición del hogar

El hogar es nuestro Templo.

Ex 25:8

ועשו לי מקדש ושכנתי בתוכם

betojám veshajantí mikdash li veasú

en ellos /y yo moraré /un santuario /Y me harán

Que el que bendijo a nuestros padres Abraham, Isaac y Jacob, bendiga esta casa y a todos sus moradores. Que este lugar se llene de alegría, paz, amistad, satisfacción y éxito para todos.

Mi Sheberaj Abotenu, Abraham, Yitsjaq y Yaaqov, hu yebarej et habait haze veet kol toshaba. Mi yiten ha makon haze itmale beshimjá, shalom, yedidut, sipuk, vehatslajá lakol

17. Vida laboral. Encontrar trabajo

Apelamos a estos tres Nombres: מנד רדהע סיט

En el centro está escrita nuestra intención: «Quiero encontrar un buen trabajo» Aní Rotsé (Rotsá en femenino) Lemetsó Abodá Tobá.

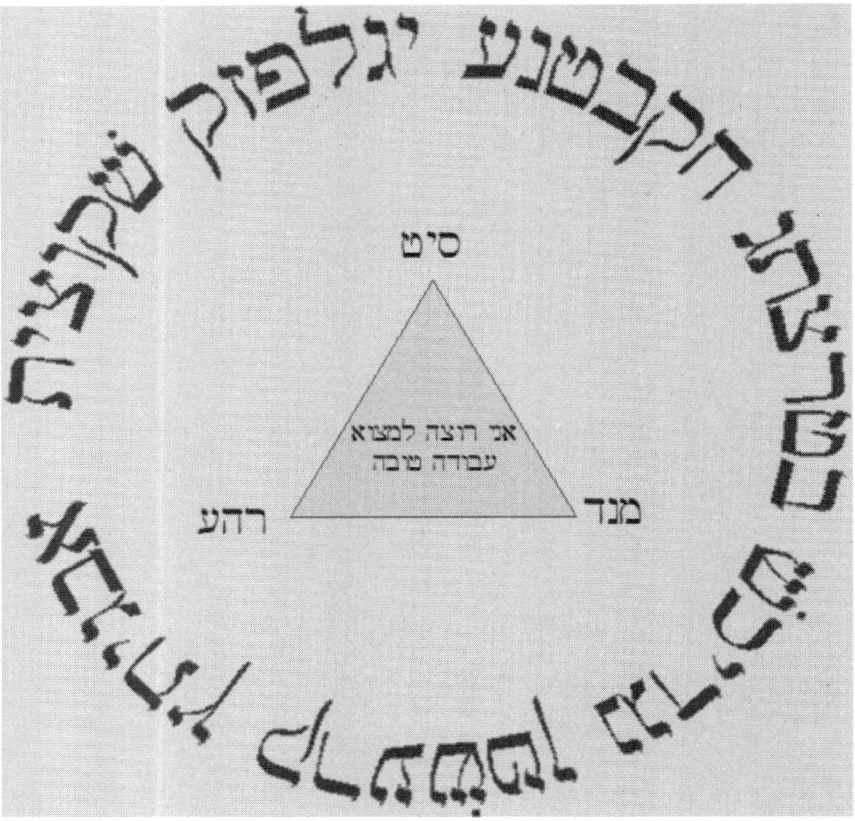

Versículos:

סיט

Salmos 91:2

אֹמַר לַיהוָה מַחְסִי וּמְצוּדָתִי אֱלֹהַי אֶבְטַח־בּוֹ

bo ebtáj Elohái umtsudatí majsí lAdonáy Omár

Diré yo a HaShem: mi refugio y mi fortaleza; mi Dios, en quien confiaré.

מנד

Salmos 26:8

יְהוָה אָהַבְתִּי מְעוֹן בֵּיתֶךָ וּמְקוֹם מִשְׁכַּן כְּבוֹדֶךָ׃

kebodéja mishkán umqóm betéja me`ón ahábti Adonáy

YHVH, la habitación de tu casa he amado, y el lugar de la morada de tu gloria.

רהע

Sal 30:11

שְׁמַע־יְהוָה וְחָנֵּנִי יְהוָה הֱיֵה־עֹזֵר לִי

li ozér héye Adonáy vejonéni Adonáy Shemá

Escúchame YHVH y concédeme gracia YHVH sé socorro para m

18. Relación padres hijos

Los Nombres son: כוק יהה עמם

Versículos:

יהה

Salmos 119:159 רְאֵה כִּי־פִקּוּדֶיךָ אָהָבְתִּי יְהוָה כְּחַסְדְּךָ חַיֵּנִי׃

jayéni kejasdejá Adonáy ahábti piqudéja ki Reé

Mira, ohHaShem, que amo tus mandamientos; vivifícame conforme a tu misericordia.

עמם

Salmos 7:18 אוֹדֶה יְהוָה כְּצִדְקוֹ וַאֲזַמְּרָה שֵׁם־יְהוָה עֶלְיוֹן׃

'elyón Adonai shem vaazamerá ketsidqó Adonai Odé

(el)-Altísimo al-nombre-de-YHVH y-cantaré-alabanzas conforme-a-su-justicia a-YHVH Agradeceré

כוק

Sal 116:1 אָהַבְתִּי כִּי־יִשְׁמַע יְהוָה אֶת־קוֹלִי תַּחֲנוּנָי׃

tajanunái qolí et Adonáy yishmá ki Ahábti

Amé que oirá YHVH mi voz mis rogativas

19. Feliz y completa relación de pareja

Recorrer cada Nombre en su sefirá, idealmente juntos.

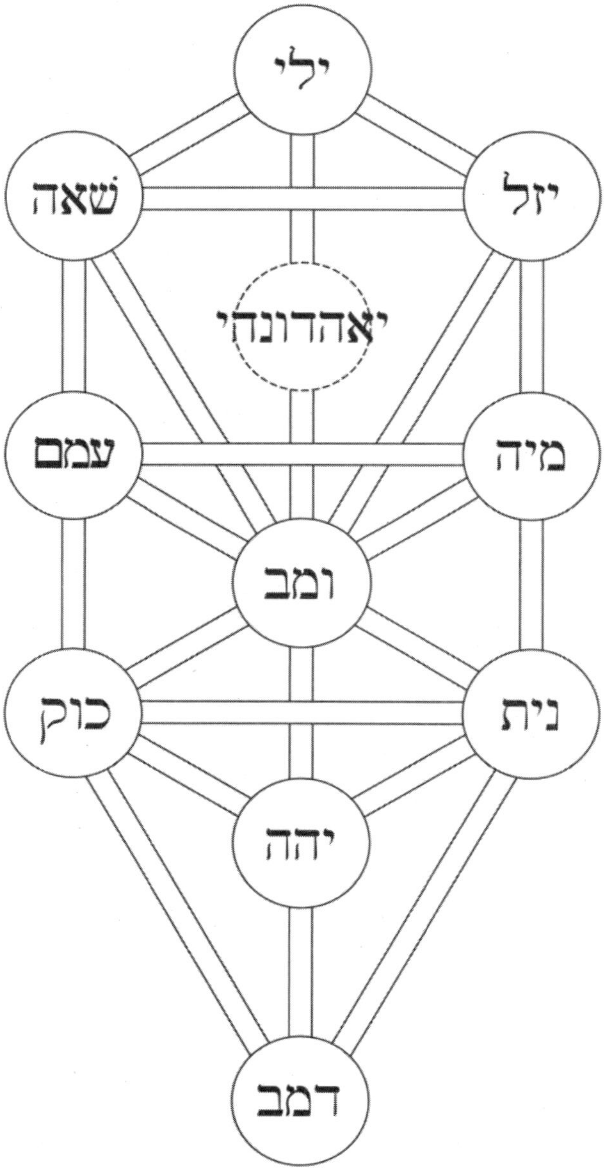

20. Para sanación emocional

מבה

Siendo Nétsaj de Jojmá, apelamos al Nombre MBH (n.º 14) para curarnos de todo tipo de heridas emocionales y sufrimientos afectivos, para liberarnos de las cadenas amorosas del pasado que nos mantienen aún prisioneros, de situaciones de dependencia de relaciones rotas pero que todavía nos atan, de falsas ilusiones y expectativas, y también de una incapacidad por nuestra parte de sentir y expresar emoción, de dar y recibir amor.

Lo que hacemos en este caso es entrelazar el Nombre con las letras del Tetragrama y rodearlo con su versículo de salmos de invocación.

(Sal 9:10) וִיהִי יְהוָה מִשְׂגָּב לַדָּךְ מִשְׂגָּב לְעִתּוֹת בַּצָּרָה

בַּצָּרָה	לְעִתּוֹת	מִשְׂגָּב	לַדָּךְ	מִשְׂגָּב	יְהוָה	וִיהִי
batsará	le'itót	misgáb	ladáj	misgáb	Adonai	Vihí
de-angustia	en-tiempos	ciudadela	para-el-oprimido	ciudadela	HaShem	Y-será

21. Protección: Pentagrama de fuego

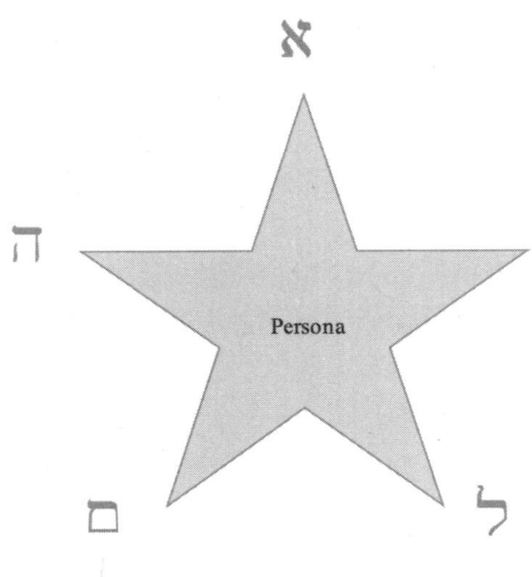

22. Talismán angélico para contrarrestar fuerzas negativas

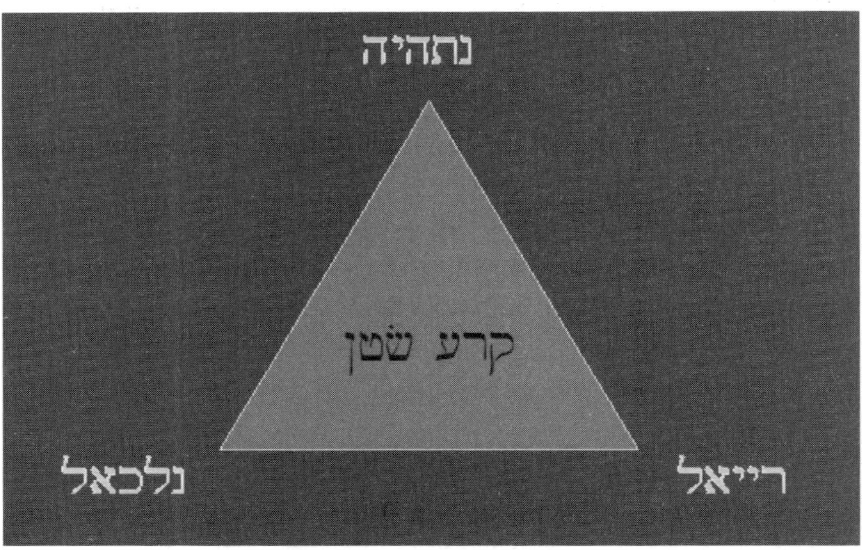

Ángeles en los vértices:

נתהיה Nithaiah

רייאל Reyayel

נלכאל Neljael

En el interior, Nombre Divino en Guevurá:

קרע שׂטן Querá Satán ¡Rompe al Satán! (2.º versículo del Nombre de 42 letras)

Versículos angélicos:

Sal 34:5 דָּרַשְׁתִּי אֶת־יְהֹוָה וְעָנָנִי וּמִכָּל־מְגוּרוֹתַי הִצִּילָנִי׃
hitsiláni megurotáy umikol veanáni Adonáy et Daráshti
He invocado a HaShem, y él me respondió, y me libró de todos mis temores.

Sal 54:6 הִנֵּה אֱלֹהִים עֹזֵר לִי אֲדֹנָי בְּסֹמְכֵי נַפְשִׁי׃
nafshí besomejé Adonáy li ozér Elohím hiné
He aquí que Elohím me socorre Adonáy está con los que apoyan mi vida

Sal 31:15 וַאֲנִי עָלֶיךָ בָטַחְתִּי יְהֹוָה אָמַרְתִּי אֱלֹהַי אָתָּה׃
atá Elohái amárti Adonáy batájti aléja Vaaní
Mas yo en Ti confié YHVH; dije mi Dios eres Tú

23. Protección contra todo ataque de la negatividad (embrujamiento, posesión, magia negra, etc.)

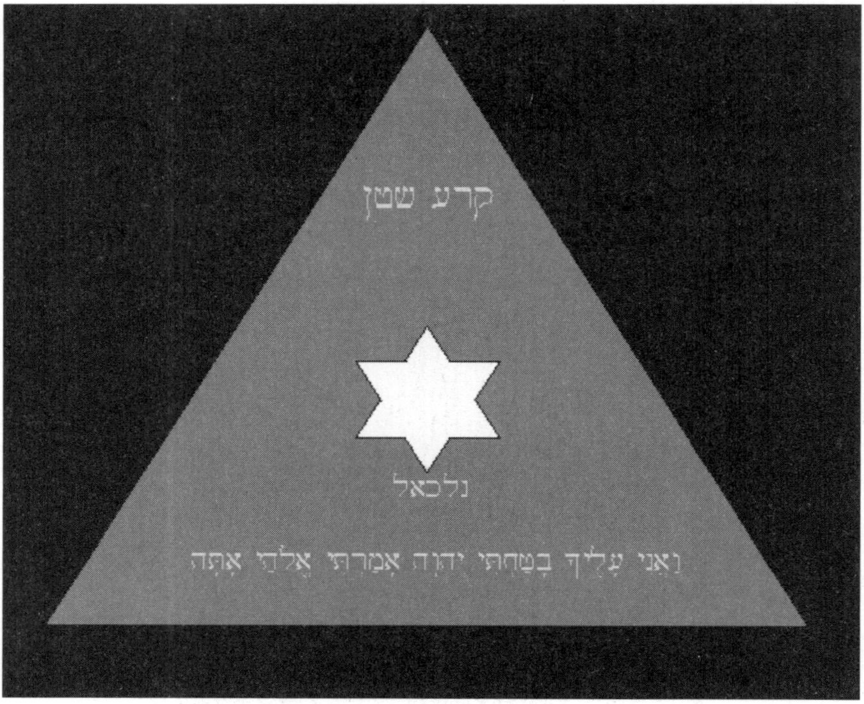

El Ángel invocado es NELJAEL, נלכאל. **Tiféret de Biná**

Su valor numérico es 131 (el mismo que el del ángel de la negatividad, Samael).

Sal 31:15

15 וַאֲנִי עָלֶיךָ בָטַחְתִּי יְהוָה אָמַרְתִּי אֱלֹהַי אָתָּה׃

Vaaní aléja batájti Adonay. Amárti Elohái atá.
Mas yo en ti confío, oh YHVH; digo: Tú eres mi Dios.

קרע שטן: 2.º versículo del Nombre de Dios de 42 letras, correspondiente a Guevurá. Significa: Querá Satán, ¡Rompe al Satán!

24. Protección completa I

Utilizamos esta estrella de 16 puntas con uno de los 72 Nombres en cada vértice.

En su interior escribimos el salmo 121 completo que expresa cómo Dios está siempre pendiente de nosotros y es nuestro guardián.

Debajo del salmo ponemos a la persona a la que queremos proteger si estamos en meditación, o el nombre de la persona para una acción talismánica.

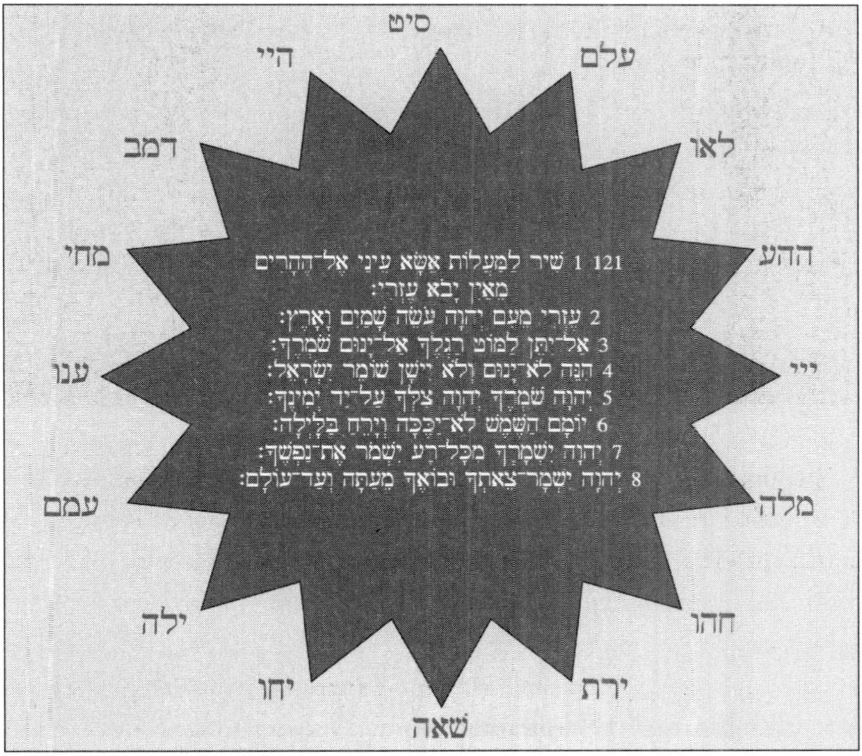

Salmo 121:

1 שִׁיר לַמַּעֲלוֹת אֶשָּׂא עֵינַי אֶל־הֶהָרִים מֵאַיִן יָבֹא עֶזְרִי׃
2 עֶזְרִי מֵעִם יְהוָה עֹשֵׂה שָׁמַיִם וָאָרֶץ׃
3 אַל־יִתֵּן לַמּוֹט רַגְלֶךָ אַל־יָנוּם שֹׁמְרֶךָ׃
4 הִנֵּה לֹא־יָנוּם וְלֹא יִישָׁן שׁוֹמֵר יִשְׂרָאֵל׃
5 יְהוָה שֹׁמְרֶךָ יְהוָה צִלְּךָ עַל־יַד יְמִינֶךָ׃
6 יוֹמָם הַשֶּׁמֶשׁ לֹא־יַכֶּכָּה וְיָרֵחַ בַּלָּיְלָה׃
7 יְהוָה יִשְׁמָרְךָ מִכָּל־רָע יִשְׁמֹר אֶת־נַפְשֶׁךָ׃
8 יְהוָה יִשְׁמָר־צֵאתְךָ וּבוֹאֶךָ מֵעַתָּה וְעַד־עוֹלָם׃

1. Shir lamaalót, esá enáy el heharím, meáyn yabó ezrí. 2. Ezrí meím Adonáy, osé shamáym vaárets. 3. Al ytén lamót ragléja, al yanúm shomeréja. 4. Hiné lo yanúm veló yshán, shomér Ysraél. 5. Adonáy shomeréja, Adonáy tsilejá al yád yeminéja. 6. Yomám hashémesh lo yakéka veyaréaj valáyla. 7. Adonáy yshmorjá mikol rá, yshmor et nafshéja. 8. Adonáy yshmor tsetejá uboéja, meatá vead olám.

1. Cántico de las subidas. Alzaré mis ojos a los montes; ¿De dónde vendrá mi socorro?
2. Mi socorro viene de YHVH, que hizo los cielos y la tierra.
3. No dará tu pie al resbaladero, ni se dormirá el que te guarda.
4. He aquí, no se adormecerá ni dormirá el que guarda a Israel.
5. YHVH es tu guardador; YHVH es tu sombra a tu mano derecha.
6. El sol no te fatigará de día, ni la luna de noche.
7. YHVH te guardará de todo mal; Él guardará tu alma.
8. YHVH guardará tu salida y tu entrada desde ahora y para siempre.

25. Protección completa II

Un extraordinario medio de protección es el salmo 91 (precedido de los cinco últimos versículos del salmo 90). Ya hemos hecho un estudio del mismo en el capítulo 5, al cual referimos. También hemos dado un conjunto de Nombres secretos escritos en un candelabro de siete brazos.

26. Desbloqueo de situaciones (inercias, hábitos, programaciones).

Principios:

1. Trabajamos internamente, en nosotros mismos.
2. Diagnóstico: Identificar el problema o patrón. Elementos del mismo. Decisión de cambiar, de liberarnos. Posibilidad de una lista de problemas, patrones, hábitos...
3. Uso del recurso meditativo: Nombre, Yijud, etc. Visualización en el firmamento.
4. Generamos y asumimos el problema o la pauta en nosotros. Quizá dándole una forma concreta que asumimos. Identificación completa. Somos el patrón.
5. Atraemos y nos llenamos de la luz del Nombre, dejando que nos transforme en luz y que transmute el problema. Estamos atentos a cualquier imagen, emoción, pensamiento o percepción corporal que pueda surgir en nosotros como consecuencia del proceso. Tomamos conciencia. No hacemos nada. Sólo enviamos luz. Dejamos que la Luz reformule toda la situación de una forma positiva. Tenemos la certeza de que efectivamente es así, visualizando la situación ya transmutada.
6. Irradiamos luz y sanamos la situación para cualquier ser que se encuentre con un problema similar.
7. Retornamos a nosotros mismos. Agradecemos, etc.
8. Comprobamos en la práctica.

Recursos (punto 3):

1. Del Árbol de la Vida:

Si el patrón es claramente la expresión negativa de una sefirá o sendero, utilizamos el Nombre de Dios de la sefirá o del sendero, o bien el Tetragrama con la vocalización de la sefirá, o los dos Tetragrammaton (quizá entrelazados) del sendero, es decir, de las sefirot origen y extremo.

Ejemplo: Supongamos que queremos superar el miedo a lo inconsciente, al psiquismo, al «más allá» en general. El sendero implicado es el 32, de Maljut a Yesod.

Consideramos los Nombres de Dios en ambos sefirot, ya sea el Tetragrama con su vocalización correspondiente o bien el Nombre sefirótico tradicional. En este caso:

Yesod: יוּהוּווּהוּ o שׁדי

Maljut: יהוה o אדני

Y así, el yijud a trabajar según los principios anteriores para el sendero Yesod-Maljut:, será uno de estos dos:

יוּיהוּווּהוּה o שׁאדדיני

2. Yejudim generales:

a) Para toda situación de desbloqueo de situaciones negativas podemos utilizar el primer triplete del versículo del **AnáBeJóaj** correspondiente a Guevurá, es decir:

קרע שׂטן, Kará satán = Rompe al satán.

Lo que hacemos es entrelazar este triplete con el Tetragrama:

יקהרועה

Utilizamos además los Nombres Divinos de las tres letras y sus ángeles (*véase* capítulo 6), con lo cual, además de la meditación en el entrelazado de los dos Nombres, podemos generar un Kamea para tener siempre presente la intención de superar el problema que estemos considerando y la energía para afrontarlo.

b) Mediante los 72 ángeles: Apelamos en particular a cuatro de ellos:

1. חעמיה, Ja´amiah; n.º 38. Canaliza Nétsaj de Guevurá

Salmos 91:9 כִּי־אַתָּה יְהוָה מַחְסִי עֶלְיוֹן שַׂמְתָּ מְעוֹנֶךָ׃

meonéja sámta Elión majsí Adonáy atá Ki

Porque has puesto a Adonáy, que es mi refugio, al Altísimo por tu habitación.

Notas sobre su significado:

Representa el poder y la fuerza de Guevurá expresándose mediante Nétsaj. Lo cual implica control o manejo de las emociones, de las fuerzas de la naturaleza y, en general, de las energías del plano astral. Esto significa que es un Nombre que limpia, purifica los sentimientos y emociones, poniendo en armonía el cuerpo de deseos con las leyes divinas; nos libera de ataduras, complejos y bloqueos energéticos causados por traumas; protege de las energías negativas proyectadas contra nosotros (conjuros, rituales negativos, elementales artificiales, etc.). Es un Nombre a invocar –o a su Ángel– en la angustia, en la desgracia, en los estados de ansiedad, trayendo paz y serenidad al alma. También es, ciertamente, un Nombre de magia.

2. עשליה, Asaliah; n.º 47. Canaliza Hod de Tiféret.

(Salmos 100:2) עִבְדוּ אֶת־יְהוָה בְּשִׂמְחָה בֹּאוּ לְפָנָיו בִּרְנָנָה׃

birnaná lefanáv bóu / besimjá Adonái et Ibdú

Servid a HaShem con alegría; venid ante su presencia con cánticos de júbilo.

יעהשולה

Notas sobre su significado:

Representa la Luz de la Verdad de Tiféret expresándose mediante el intelecto de Hod. El sentido general es de transformación global, empezando por la transformación personal, un movimiento que empieza por la toma de conciencia y el conocimiento de uno mismo. El sendero Hod-Tiféret corresponde a la letra Ayin, y a la carta del Tarot del diablo, que representa el conjunto de nuestras programaciones, hábitos, identificaciones, atavismos, dependencias, ídolos particulares ante los que nos inclinamos, etc., y que entonces deben ser vistos a la Luz de la Verdad que este Nombre canaliza, y después transformados en aras de un nuevo equilibrio, basado en una nueva visión, la visión superior, la visión divina.

3. הייאל Hayayel; 71. Canaliza Hod de Yesod.

(Salmos 121:5)

יְהוָה שֹׁמְרֶךָ יְהוָה צִלְּךָ עַל־יַד יְמִינֶךָ׃

yeminéja yad al tsilejá Adonáy shomeréja Adonáy

HaShem es tu guardador; HaShem es tu sombra a tu mano derecha.

יההיוה

Notas sobre su significado:

La luz de este Nombre otorga una gran lucidez en la toma de decisiones y también concede la libertad mental. Nos da la inteligencia y capacidad para reconocer los condicionamientos y programaciones negativas, así como cualquier forma de opresión y esclavitud, y nos libera de ellas. Nos da los instrumentos internos para el combate interior y la reestructuración de nuestra psique. Todas las terapias de corte cognitivo –del ajá y la reprogramación mental– son favorecidas por su influencia. La sensitividad mental que propugna hace que todo quede registrado en la memoria, que pone a nuestra disposición para la extracción de recursos para la tarea presente: memoria tanto personal como histórica.

En la pantalla mental puedo revivir cualquier experiencia pasada, por traumática que haya sido, y reformularla a la luz de mi situación presente. Y lo mismo respecto a mis hábitos y modos de conducta cristalizados, incluso fosilizados. Hayayel nos hará ver que los límites nos los ponemos nosotros mismos.

Hayayel propone un diálogo constante con nuestro subconsciente. El trabajo en meditación tiene gran parecido con la autohipnosis, con sus tres elementos básicos: consentimiento (voluntad de cambio), fijación (concentración) y sugestión (introducción del pensamiento positivo). הי״ es también un Nombre de profecía, no en el sentido de que el futuro está escrito y basta con leerlo, sino que somos capaces de crearlo y recrearlo a cada instante. Podemos percibir las numerosas líneas de tiempo entrelazadas o superpuestas en cada instante y elegir con libertad. Conecta la dimensión del tiempo con el plano atemporal arquetípico de la Mente Divina.

4. הההעיה, Hahaiah 12. Canaliza Guevurá de Jojmá.

(Salmos 6:5) שׁוּבָה יְהוָה חַלְּצָה נַפְשִׁי הוֹשִׁיעֵנִי לְמַעַן חַסְדֶּךָ

jasdéja lemaán hoshiéni nafshí jaletsá Adonáy Shubá

Vuélvete, oh HaShem, libra mi alma; sálvame por tu misericordia.

Notas sobre su significado:

Guevurá de Jojmá es el poder de la sabiduría. Conexión con la carta de la Torre. Este Nombre, que actúa con la energía del rayo y del relámpago, canaliza una potente luz de liberación de todas las ataduras –ataduras que en esencia son mentales, que surgen de la ignorancia de nuestra propia naturaleza, de nuestro apego a nuestras propias concepciones, programaciones, condicionamientos, hábitos– que tomamos como si fueran nuestro verdadero ser. Y nos libera no mediante la batalla, sino con la luz de la sabiduría. La sabiduría nace del desapego. Su poder brota de la conciencia –iluminación pura que penetra hasta los más insignificantes resquicios del vasto universo– Todo lo que somos es un contenido de la conciencia. Es la conciencia la que ha creado nuestro mundo. Y todos los mundos. Percibimos cómo esa conciencia subsiste en todos los estados de la mente. La Sabiduría es el modo de ser de la conciencia pura.

27. Contra el miedo

Temor en hebreo es Pájad, guematria 92, פחד

יהוה אלהיך = YHVH tu Dios, suma también 92.

Meditar en este Nombre transmuta nuestro miedo y nos ayuda a superarlo.

1) יהוה אלהיך

Podemos añadir una unidad más por el Kolel y obtenemos el número 93.

Sal 84:12

כִּי שֶׁמֶשׁ וּמָגֵן יְהוָה אֱלֹהִים

Porque sol y escudo es YHVH Dios

Maguén, escudo, suma 93, que es tres veces el Nombre de Dios El (= 31). Por otra parte, sus tres letras, Mem Guimel Nun, מגן, son las iniciales de los nombres de tres poderosos arcángeles: Mijael, Gabriel y Nuriel (otra denominación de Uriel).

2) Podemos disponer todos estos resultados en un maguén David, de la siguiente manera:

Visualizarnos en el interior de este hexagrama de luz dorada o blanca, con el Nombre יהוה אלהיך en el centro Tiferético del corazón.

Pedir ser liberado de todo temor salvo el temor (Yirá, יראה) de Dios que es el principio de la sabiduría: Reshit Jojmá Yirat YHVH

28. Eliminar negatividad

Para eliminar negatividad y protegernos en general de las fuerzas negativas, es útil el siguiente Yijud: Meditar en dos veces el Nombre Elohim אלהים אלהים y entrelazar sus letras con la siguiente vocalización

אאללההייםם

La explicación se puede encontrar en el libro de Arieh Kaplan: Meditación y Cábala.

29. Meditación sobre cada uno de los 72 Nombres en sí mismo y para una intención particular

Por su accesibilidad así como por el enorme rango de posibilidades que ofrece, retomamos el argumentario del capítulo 6 sobre el uso de los 72 Nombres para intenciones concretas.

La metodología sigue el protocolo general descrito en ese capítulo. Por su importancia, nuevamente repetimos las fases de la meditación:

1. Relajación.
2. Creación del marco meditativo (Ensueño creativo).
3. Repetición como un mantra del versículo de salmos correspondiente.
4. Construcción del Nombre (Visualización en el firmamento. En letras de fuego blanco, irradiando Luz blanca o de algún color sefirótico adecuado. En este caso se puede visualizar el Nombre en el color de la subsefirá sobre un fondo de color de la sefirá de la cual forma parte).

5. Concentración completa en las letras.
6. Atracción de la Luz y canalización hasta la plenitud. Esto puede hacerse por varios procedimientos (por ejemplo haciendo recorrer la Luz por los centros sefiróticos personales). Armonización de la Luz con la propia energía. Contemplación.
7. Proyección al entorno. Fase de compartir.
8. Intención específica. La intención preside la meditación desde el principio, pero en este punto se reformula, concreta y proyecta.
9. Agradecimiento. Retorno. Cierre.

Ejemplo: Nombre Mem He Shin. Tiféret de Kéter.

Lo primero es el estudio del Nombre. En el capítulo 6 se ha dado una breve reseña del marco de actuación de cada uno de los 72 Nombres que puede tomarse como punto de partida. Es evidente que la interpretación puede expandirse enormemente. Recomendamos al lector que consulte otras fuentes aunque tengan una aproximación diferente. Estamos hablando de Nombres de Dios y como tales son infinitos.

A continuación ampliamos lo dicho en el capítulo 6 sobre el Nombre que nos ocupa. La información –de éste y de los demás Nombres– puede encontrarse en mi página web: www.lacabaladelaluz.com

Tiféret de Kéter

מהש

Vocalización: Mehash (Moshé Cordovéro); Me/He/Shi (Abulafia)
Valor numérico: 345

Ángel portador del Nombre: מהשיה Mahashiah. Valor numérico: 360.

Cualidades:

Paz interior y exterior.

Curación por el espíritu.
Chispa Divina.
El poder del Nombre de Dios.
El maestro interior.
El Shadai = 345

Podemos pues meditar sobre el Nombre enfatizando como intención alguno de los aspectos anteriores (u otros en relación con el Nombre), por ejemplo para conseguir un estado de paz tanto interior como exterior, para curación personal o de otros, para conectar con nuestra Chispa Divina, para salir de nuestro estado de fragmentación interna y alcanzar un nivel de integración y unificación en nuestro verdadero centro, para desarrollar la intuición espiritual, etc.

Una posibilidad podría ser visualizar la palabra que concreta nuestra intención en el interior de un triángulo en cuyos vértices están las tres letras del Nombre. Por ejemplo, Shalom, Paz:

Toda esta configuración, como siempre, en fuego blanco irradiando luz blanca.

El versículo de salmos de este Nombre, que repetiremos como mantra, es:

(Salmos 34:5) דרשתי את־יהוה ועני ומכל־מגורותי הצילני׃

hitsiláni megurotáy umikol ve'anáni Adonai et Daráshti

Busqué a HaShem y me respondió y de todos mis temores me libró

En la visualización del Nombre en el firmamento de luz (fase 3) podemos entrelazarlo con el Tetragrama alcanzando un estado de potenciación superior. Así:

ימההושה

Después se sigue con el protocolo habitual.

30. Para sueños arquetípicos, proféticos, iluminadores, adivinatorios

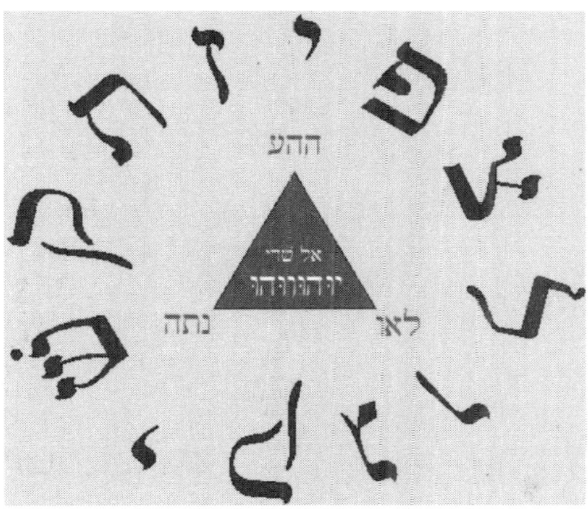

En el círculo exterior están entrelazados los versículos correspondientes a Yesod y Maljút del Aná BeJóaj:

Yesod y Luna: יגל פזק

Maljút y Saturno (sendero Yesod-Maljut; también conexion con Biná): שקו צית

Entrelazados: ש י ק ג ו ל צ פ י ז ת ק

En los vértices, tres de los 72 Nombres relevantes para el soñar.

En el interior, los Nombres Divinos de Yesod, la esfera de los sueños.

31. Adquirir sabiduría

En el centro, el Nombre de Dios en Jojmá.

La palabra HaJojmá, la Sabiduría, suma 78. Responden al mismo valor numérico מזלא, la influencia de las estrellas y לחם, pan. Lo mismo que tres Tetragramaton que aparecen en el triángulo hacia arriba.

YHVH tres veces es el Nombre de doce letras que, como hemos establecido en otros lugares, trasciende la dimensión temporal y es la fuente de la bendición.

Los seis Nombres de los 72 que se muestran en los vértices son dadores de sabiduría de un modo u otro.

32. Versículos bíblicos para múltiples intenciones

Si la Torá es la expresión directa de la Sabiduría Divina, si los distintos textos, como los Salmos, han sido redactados bajo el Ruaj HaKódesh, si las letras hebreas en Lashón Hakódesh, la lengua sagrada, son arquetipos, vasijas metafísicas que contienen y canalizan la Luz Divina –y lo mismo cabe decir de sus combinaciones, palabras y frases– es lógico que desde siempre se haya apelado a su poder inherente de iluminación, de curación, de actualización energética encaminada a la realización de objetivos en el marco del Plan Divino.

Ya hemos comentado en el capítulo 5 a propósito de los salmos, cómo sus versículos y todo el texto en conjunto, constituyen fórmulas energéticas, matrices no sólo de significados, sino de poder espiritual, conteniendo y trasmitiendo raudales de energía, de gracia y de bendición, para la iluminación, la realización personal y, por supuesto, para el servicio a los demás.

Es en este sentido como los hemos incluido en los recursos propuestos a lo largo de toda la obra, tanto en meditación como en talismanes, invocaciones, mantras, etc.

Y hemos afirmado que su potencia espiritual no reside sólo en lo que significan conceptualmente las palabras –capaces de movilizar la mente y las emociones– sino principalmente en sus letras y combinaciones, y en los Nombre Divinos que contienen, tanto los formulados explícitamente como los implícitos y los derivados por los distintos procedimientos cabalísticos (que dicho sea de paso nunca lograremos desentrañar completamente).

Proponemos a continuación una serie de versículos que son tradicionales para alcanzar determinados objetivos. Es necesario recalcar que esta lista es muy incompleta, no sólo porque es imposible una lista siquiera mínima de todas las necesidades y situaciones, sino porque incluso para las mismas intenciones propuestas hay muchas otras posibilidades que las que aquí se dan.

Por eso instamos al lector a que tome lo que sigue como una hipótesis inicial de trabajo, pero que busque y encuentre sus propios recursos, porque esos son los que van a funcionar para él. Ya el sólo hecho de realizar una investigación individual pone en movimiento las energías de los planos internos y ellas mismas buscarán actualizarse de una forma positiva.

¿Cómo trabajar un versículo?

A lo largo de la historia se han utilizado prácticamente todas las formas posibles de intentar sacar a la luz las fuerzas ocultas inherentes a los versículos bíblicos: la simple recitación, la repetición mántrica (muy recomendable), la confección de figuras talismánicas o mandalas de meditación, el uso de diversas formas de los Nombres Divinos implicados (deducidos por guematria, acrósticos, sustituciones, etc.). U operaciones de corte más mágico: Las palabras pueden ser «susurradas» o vibradas sobre una copa, o escritas en tinta comestible y disueltas en un líquido que luego se bebe, o proyectadas sobre un alimento que luego se consume, etc. No hay límites a la creatividad siempre que se mantenga la actitud adecuada.

Nosotros hemos utilizado y recomendado varios procedimientos a lo largo de toda la obra que son también de aplicación aquí. Tan sólo comentaremos que la visualización y sonorización (cuando sea posible y relevante) son elementos importantes. En particular proponemos una formulación en círculo más que en escritura lineal, porque, además de que enfatiza la estructura vibratoria del movimiento circular, ello pone en una relación individual a cada letra con las demás.

Por ejemplo, el versículo de Gen 37:1 es utilizado con la intención de promover la felicidad en el hogar:

וַיֵּשֶׁב יַעֲקֹב בְּאֶרֶץ מְגוּרֵי אָבִיו בְּאֶרֶץ כְּנָעַן׃

Vayéseb Yaaqob beérets meguré abib beérets Kenaan.
Y habitó Jacob en la tierra donde peregrinó su padre, en la tierra de Canaán.

Lo escribimos en forma circular y en el centro podemos escribir la intención:

Beit saméaj, בית שמח, Hogar feliz.

Aunque conservamos la separación entre palabras en aras de la legibilidad, podemos ver que cada letra se encuentra frente a las demás y en sus diversos movimientos genera Nombres, palabras, fórmulas energéticas.

Así, podemos observar que aparecen en distinto número trece letras distintas y que consideradas en ternarios pueden construir quince de los 72 Nombres de Dios. Son los siguientes: יבמ איע ייי מנק ושר ענו ומב מצר ננא ערי מיכ אני כוק אום רייי

Por supuesto, no es necesario tener esto en cuenta en la utilización práctica del versículo. Ni tampoco las muchas otras posibilidades que obtendríamos de su análisis.

Una forma de operar podría ser la siguiente: Primero recitamos, visualizamos y nos focalizamos en la intención. Luego ponemos en movimiento giratorio el versículo, cada vez más rápido, hasta que se convierte en un gran anillo de luz (esto actualiza sus distintas posibilidades energéticas). La luz se extiende en ondas por todo el universo y asciende por los distintos planos, llegando hasta el propio Trono de Dios. En respuesta desciende como respuesta cósmica la energía y los medios para que se realice la intención. La visualizamos y experimentamos realizada explayándonos positivamente en los detalles.

Lista de versículos

Para sueños ADIVINATORIOS Y/O proféticos

Deuteronomy 29:29 Las cosas secretas pertenecen á YHVH nuestro Dios: mas las reveladas son para nosotros y para nuestros hijos por siempre, para que cumplamos todas las palabras de esta ley

הַנִּסְתָּרֹת לַיהוָה אֱלֹהֵינוּ וְהַנִּגְלֹת לָנוּ וּלְבָנֵינוּ עַד־עוֹלָם
לַעֲשׂוֹת אֶת־כָּל־דִּבְרֵי הַתּוֹרָה הַזֹּאת׃

Cant. 1:7 Hazme saber, oh tú a quien ama mi alma, dónde apacientas, dónde haces recostar el rebaño al mediodía: Pues, ¿por qué había yo de estar como errante junto a los rebaños de tus compañeros?

הַגִּידָה לִּי שֶׁאָהֲבָה נַפְשִׁי אֵיכָה תִרְעֶה אֵיכָה תַּרְבִּיץ בַּצָּהֳרָיִם
שַׁלָּמָה אֶהְיֶה כְּעֹטְיָה עַל עֶדְרֵי חֲבֵרֶיךָ׃

Ayuda en el parto

Genesis 21:1 Y visitó YHVH á Sara, como había dicho, e hizo YHVH con Sara como había hablado.

וַיהוָה פָּקַד אֶת־שָׂרָה כַּאֲשֶׁר אָמָר וַיַּעַשׂ יְהוָה לְשָׂרָה כַּאֲשֶׁר
דִּבֵּר׃

Contra las preocupaciones

Salmos 37:1 De David. No te impacientes á causa de los malignos, ni tengas envidia de los que hacen iniquidad.

לְדָוִד אַל־תִּתְחַר בַּמְּרֵעִים אַל־תְּקַנֵּא בְּעֹשֵׂי עַוְלָה׃

Contra la obsesión. Para disipar un espejismo o una alucinación

Exodo 15:16 Caiga sobre ellos temblor y espanto; a la grandeza de tu brazo enmudezcan como una piedra; hasta que haya pasado tu pueblo, oh YHVH, hasta que haya pasado este pueblo que tú rescataste.

תִּפֹּל עֲלֵיהֶם אֵימָתָה וָפַחַד בִּגְדֹל זְרוֹעֲךָ יִדְּמוּ כָּאָבֶן עַד־
יַעֲבֹר עַמְּךָ יְהוָה עַד־יַעֲבֹר עַם־זוּ קָנִיתָ׃

Transformar la depresión en felicidad

Salmos 30:11 Has tornado mi endecha en baile; Desataste mi saco, y ceñísteme de alegría.

הָפַכְתָּ מִסְפְּדִי לְמָחוֹל לִי פִּתַּחְתָּ שַׂקִּי וַתְּאַזְּרֵנִי שִׂמְחָה

Para la memoria

Proverbios 16:1 Del hombre son las disposiciones del corazón: Mas de YHVH la respuesta de la lengua.

לְאָדָם מַעַרְכֵי־לֵב וּמֵיְהוָה מַעֲנֵה לָשׁוֹן׃

Isaías 26:1 En aquel día cantarán este cantar en tierra de Judá: Fuerte ciudad tenemos: salud puso Dios por muros y antemuro.

בַּיּוֹם הַהוּא יוּשַׁר הַשִּׁיר־הַזֶּה בְּאֶרֶץ יְהוּדָה עִיר עָז־לָנוּ יְשׁוּעָה

Para adquirir inteligencia

Deuteronomio 33:3-4 Sí, Él amó al pueblo; todos sus santos están en tu mano; y ellos se sientan a tus pies cada uno recibirá de tus palabras. Una ley nos mandó Moisés, la heredad de la congregación de Jacob.

3 אַף חֹבֵב עַמִּים כָּל־קְדֹשָׁיו בְּיָדֶךָ וְהֵם תֻּכּוּ לְרַגְלֶךָ יִשָּׂא
מִדַּבְּרֹתֶיךָ׃
4 תּוֹרָה צִוָּה־לָנוּ מֹשֶׁה מוֹרָשָׁה קְהִלַּת יַעֲקֹב׃

Ayudar a la escritura

Salmos 45:3 Cíñete tu espada sobre el muslo, oh valiente, Con tu gloria y con tu majestad.

חֲגוֹר־חַרְבְּךָ עַל־יָרֵךְ גִּבּוֹר הוֹדְךָ וַהֲדָרֶךָ׃

Tener buena voz para cantar

Exodo 15:1 Entonces cantó Moisés y los hijos de Israel este cántico a YHVH, y dijeron: Cantaré yo á YHVH, porque se ha magnificado grandemente, echando en la mar al caballo y al que en él subía.

אָז יָשִׁיר־מֹשֶׁה וּבְנֵי יִשְׂרָאֵל אֶת־הַשִּׁירָה הַזֹּאת לַיהוָה וַיֹּאמְרוּ
לֵאמֹר אָשִׁירָה לַיהוָה כִּי־גָאֹה גָּאָה סוּס וְרֹכְבוֹ רָמָה בַיָּם׃

Para ayudar en el estudio

Salmos 119:49 ZAYIN. Acuérdate de la palabra dada a tu siervo, en la cual me has hecho esperar.

זְכֹר־דָּבָר לְעַבְדֶּךָ עַל אֲשֶׁר יִחַלְתָּנִי׃

Elocuencia o argumentar en discusiones

Deuteronomio 32:11 Como el águila despierta su nidada, revolotea sobre sus pollos, Extiende sus alas, los toma, los lleva sobre sus plumas:

כְּנֶשֶׁר יָעִיר קִנּוֹ עַל־גּוֹזָלָיו יְרַחֵף יִפְרֹשׂ כְּנָפָיו יִקָּחֵהוּ
יִשָּׂאֵהוּ עַל־אֶבְרָתוֹ׃

Deuteronomio 32:12 YHVH solo le guió, Que no hubo con él dios ajeno.

יְהוָה בָּדָד יַנְחֶנּוּ וְאֵין עִמּוֹ אֵל נֵכָר׃

Protección en los viajes

Números 10:35-36 Y fué, que en moviendo el arca, Moisés decía: Levántate, YHVH, sean disipados tus enemigos, y huyan de tu presencia los que te aborrecen.

Y cuando ella asentaba, decía: Vuelve, YHVH, a los millares de millares de Israel

וַיְהִי בִּנְסֹעַ הָאָרֹן וַיֹּאמֶר מֹשֶׁה קוּמָה יְהוָה וְיָפֻצוּ אֹיְבֶיךָ
וְיָנֻסוּ מְשַׂנְאֶיךָ מִפָּנֶיךָ׃
וּבְנֻחֹה יֹאמַר שׁוּבָה יְהוָה רִבְבוֹת אַלְפֵי יִשְׂרָאֵל׃

Ex. 15:13 Condujiste en tu misericordia a este pueblo, al cual salvaste; lo llevaste con tu fortaleza a la habitación de tu santuario.

נָחִיתָ בְחַסְדְּךָ עַם־זוּ גָּאָלְתָּ נֵהַלְתָּ בְעָזְּךָ אֶל־נְוֵה קָדְשֶׁךָ

Vencer a los mentirosos, desenmascarar la mentira

Salmos 34:13 Guarda tu lengua de mal, Y tus labios de hablar engaño.

נְצֹר לְשׁוֹנְךָ מֵרָע וּשְׂפָתֶיךָ מִדַּבֵּר מִרְמָה׃

Erudición. Acumular conocimiento

Ezekiel 3:3 Y díjome: Hijo del hombre, haz a tu vientre que coma, e hinche tus entrañas de este rollo que yo te doy. Y comílo, y fué en mi boca dulce como miel.

וַיֹּאמֶר אֵלַי בֶּן־אָדָם בִּטְנְךָ תַאֲכֵל וּמֵעֶיךָ תְמַלֵּא אֵת הַמְּגִלָּה
הַזֹּאת אֲשֶׁר אֲנִי נֹתֵן אֵלֶיךָ וָאֹכְלָה וַתְּהִי בְּפִי כִּדְבַשׁ לְמָתוֹק

Contra la calumnia

Ex. 15:7 Y con la grandeza de tu poder has derribado a los que se levantaron contra ti: Enviaste tu furor; los consumió como a hojarasca.

וּבְרֹב גְּאוֹנְךָ תַּהֲרֹס קָמֶיךָ תְּשַׁלַּח חֲרֹנְךָ יֹאכְלֵמוֹ כַּקַּשׁ׃

Contra los ladrones

Ex. 15:15 Entonces los príncipes de Edom se turbarán; temor sobrecogerá a los valientes de Moab: Se abatirán todos los moradores de Canaán.

אָז נִבְהֲלוּ אַלּוּפֵי אֱדוֹם אֵילֵי מוֹאָב יֹאחֲזֵמוֹ רָעַד נָמֹגוּ כֹּל יֹשְׁבֵי כְנָעַן׃

Deut. 11:25 Nadie se sostendrá delante de vosotros; miedo y temor de vosotros pondrá Jehová vuestro Dios sobre la faz de toda la tierra que hollareis, como Él os ha dicho.

לֹא־יִתְיַצֵּב אִישׁ בִּפְנֵיכֶם פַּחְדְּכֶם וּמוֹרַאֲכֶם יִתֵּן יְהוָה אֱלֹהֵיכֶם
עַל־פְּנֵי כָל־הָאָרֶץ אֲשֶׁר תִּדְרְכוּ־בָהּ כַּאֲשֶׁר דִּבֶּר לָכֶם׃

Cant. 2: 15 Cazadnos las zorras, las zorras pequeñas, que echan a perder las viñas; porque nuestras viñas están en cierne.

אֶחֱזוּ־לָנוּ שׁוּעָלִים שׁוּעָלִים קְטַנִּים מְחַבְּלִים כְּרָמִים וּכְרָמֵינוּ סְמָדַר׃

Gen. 32:2-3 Y dijo Jacob cuando los vio: El campamento de Dios es éste; y llamó el nombre de aquel lugar Mahanaim.

Y envió Jacob mensajeros delante de sí a Esaú su hermano, a la tierra de Seir, campo de Edom.

וַיֹּאמֶר יַעֲקֹב כַּאֲשֶׁר רָאָם מַחֲנֵה אֱלֹהִים זֶה וַיִּקְרָא שֵׁם־הַמָּקוֹם
הַהוּא מַחֲנָיִם׃
וַיִּשְׁלַח יַעֲקֹב מַלְאָכִים לְפָנָיו אֶל־עֵשָׂו אָחִיו אַרְצָה שֵׂעִיר שְׂדֵה
אֱדוֹם׃

Éxito en un conflicto

Éxodo 15:9 El enemigo dijo: Perseguiré, prenderé, repartiré despojos; Mi alma se henchirá de ellos; Sacaré mi espada, destruirlos ha mi mano.

אָמַר אוֹיֵב אֶרְדֹּף אַשִּׂיג אֲחַלֵּק שָׁלָל תִּמְלָאֵמוֹ נַפְשִׁי אָרִיק חַרְבִּי
תּוֹרִישֵׁמוֹ יָדִי׃

Exodo 15:7 Y con la grandeza de tu poder has trastornado a los que se levantaron contra ti: enviaste tu furor; los tragó como a hojarasca.

בְרֹב גְּאוֹנְךָ תַּהֲרֹס קָמֶיךָ תְּשַׁלַּח חֲרֹנְךָ יֹאכְלֵמוֹ כַּקַּשׁ׃

Ataque psíquico

Exodo 23:22 Pero si en verdad oyeres su voz, e hicieres todo lo que yo te dijere, seré enemigo de tus enemigos, y afligiré a los que te afligieren.

כִּי אִם־שָׁמֹעַ תִּשְׁמַע בְּקֹלוֹ וְעָשִׂיתָ כֹּל אֲשֶׁר אֲדַבֵּר וְאָיַבְתִּי
אֶת־אֹיְבֶיךָ וְצַרְתִּי אֶת־צֹרְרֶיךָ׃

Para que rebote un ataque psíquico

Psalm 34:22 Matará al malo la maldad; Y los que aborrecen al justo serán asolados.

תְּמוֹתֵת רָשָׁע רָעָה וְשֹׂנְאֵי צַדִּיק יֶאְשָׁמוּ׃

Causar miedo a enemigos

Exodo 15:15 Entonces los príncipes de Edom se turbarán; Á los robustos de Moab los ocupará temblor; Abatirse han todos los moradores de Canaán.

אָז נִבְהֲלוּ אַלּוּפֵי אֱדוֹם אֵילֵי מוֹאָב יֹאחֲזֵמוֹ רָעַד נָמֹגוּ כֹּל יֹשְׁבֵי כְנָעַן׃

Protección contra robo

Salmo 97:2 Nube y oscuridad alrededor de él: Justicia y juicio son el asiento de su trono.

עָנָן וַעֲרָפֶל סְבִיבָיו צֶדֶק וּמִשְׁפָּט מְכוֹן כִּסְאוֹ׃

Protección durante la noche:

Gen 49:18

Tu salvación esperé, YHVH.

לִישׁוּעָתְךָ קִוִּיתִי יְהוָה׃

Protección en general:

Salmos 16:1 Mijtam de David. Guárdame, oh Dios, porque en ti he confiado.

מִכְתָּם לְדָוִד שָׁמְרֵנִי אֵל כִּי־חָסִיתִי בָךְ׃

Contra el mal de ojo:

Nu. 21:17-20

Entonces cantó Israel esta canción: Sube, oh pozo; a él cantad: Pozo, el cual cavaron los señores; lo cavaron los príncipes del pueblo, y el legislador, con sus báculos. Y del desierto *se fueron* a Mataná, y de Mataná a Nahaliel; y de Nahaliel a Bamot; y de Bamot al valle que está en los campos de Moab, y a la cumbre de Pisga, que mira a Jesimón.

אָז יָשִׁיר יִשְׂרָאֵל אֶת־הַשִּׁירָה הַזֹּאת עֲלִי בְאֵר עֱנוּ־לָהּ׃
בְּאֵר חֲפָרוּהָ שָׂרִים כָּרוּהָ נְדִיבֵי הָעָם בִּמְחֹקֵק בְּמִשְׁעֲנֹתָם
וּמִמִּדְבָּר מַתָּנָה׃
וּמִמַּתָּנָה נַחֲלִיאֵל וּמִנַּחֲלִיאֵל בָּמוֹת׃
וּמִבָּמוֹת הַגַּיְא אֲשֶׁר בִּשְׂדֵה מוֹאָב רֹאשׁ הַפִּסְגָּה וְנִשְׁקָפָה
עַל־פְּנֵי הַיְשִׁימֹן׃

Contra los enemigos

Ex. 15:5

Los abismos los cubrieron; Como piedra descendieron a los profundos.

תְּהֹמֹת יְכַסְיֻמוּ יָרְדוּ בִמְצוֹלֹת כְּמוֹ־אָבֶן׃

Ex 15:6

Tu diestra, oh YHVH, ha sido magnificada en fortaleza; Tu diestra, oh YHVH, ha quebrantado al enemigo.

יְמִינְךָ יְהוָה נֶאְדָּרִי בַּכֹּחַ יְמִינְךָ יְהוָה תִּרְעַץ אוֹיֵב׃

Ex 15:9

El enemigo dijo: Perseguiré, prenderé, repartiré despojos; mi alma se saciará de ellos; sacaré mi espada, los destruirá mi mano.

אָמַר אוֹיֵב אֶרְדֹּף אַשִּׂיג אֲחַלֵּק שָׁלָל תִּמְלָאֵמוֹ נַפְשִׁי אָרִיק חַרְבִּי
תּוֹרִישֵׁמוֹ יָדִי׃

Ex 15:19

Porque Faraón entró cabalgando con sus carros y su gente de a caballo en el mar, y YHVH hizo volver las aguas del mar sobre ellos; mas los hijos de Israel pasaron en seco por medio del mar.

כִּי בָא סוּס פַּרְעֹה בְּרִכְבּוֹ וּבְפָרָשָׁיו בַּיָּם וַיָּשֶׁב יְהוָה עֲלֵהֶם
אֶת־מֵי הַיָּם וּבְנֵי יִשְׂרָאֵל הָלְכוּ בַיַּבָּשָׁה בְּתוֹךְ הַיָּם׃

Deut. 22:6

Si encontrares en el camino algún nido de ave en cualquier árbol, o sobre la tierra, con pollos o huevos, y estuviere la madre echada sobre los pollos o sobre los huevos, no tomarás la madre con los hijos;

כִּי יִקָּרֵא קַן־צִפּוֹר לְפָנֶיךָ בַּדֶּרֶךְ בְּכָל־עֵץ אוֹ עַל־הָאָרֶץ אֶפְרֹחִים
אוֹ בֵיצִים וְהָאֵם רֹבֶצֶת עַל־הָאֶפְרֹחִים אוֹ עַל־הַבֵּיצִים לֹא־תִקַּח הָאֵם
עַל־הַבָּנִים׃

Is. 10:14

Y halló mi mano como nido las riquezas de los pueblos; y como se recogen los huevos abandonados, así me apoderé yo de toda la tierra; y no hubo quien moviese ala, o abriese boca y graznase.

וַתִּמְצָא כַקֵּן יָדִי לְחֵיל הָעַמִּים וְכֶאֱסֹף בֵּיצִים עֲזֻבוֹת כָּל־
הָאָרֶץ אֲנִי אָסָפְתִּי וְלֹא הָיָה נֹדֵד כָּנָף וּפֹצֶה פֶה וּמְצַפְצֵף׃

Prov. 1:17

Porque en vano se tenderá la red ante los ojos de toda ave;

כִּי־חִנָּם מְזֹרָה הָרָשֶׁת בְּעֵינֵי כָּל־בַּעַל כָּנָף׃

Para ser salvado/a de un peligro inminente

Ex. 6:6-7

Por tanto dirás a los hijos de Israel: Yo soy YHVH y yo os sacaré de debajo de las cargas de Egipto, y os libraré de su servidumbre, y os redimiré con brazo extendido, y con juicios grandes: Y os tomaré por mi pueblo y seré vuestro Dios: y vosotros sabréis que yo soy YHVH vuestro Dios, que os saco de debajo de las cargas de Egipto:

לָכֵן אֱמֹר לִבְנֵי־יִשְׂרָאֵל אֲנִי יְהוָה וְהוֹצֵאתִי אֶתְכֶם מִתַּחַת סִבְלֹת
מִצְרַיִם וְהִצַּלְתִּי אֶתְכֶם מֵעֲבֹדָתָם וְגָאַלְתִּי אֶתְכֶם בִּזְרוֹעַ נְטוּיָה
וּבִשְׁפָטִים גְּדֹלִים׃
וְלָקַחְתִּי אֶתְכֶם לִי לְעָם וְהָיִיתִי לָכֶם לֵאלֹהִים וִידַעְתֶּם כִּי אֲנִי
יְהוָה אֱלֹהֵיכֶם הַמּוֹצִיא אֶתְכֶם מִתַּחַת סִבְלוֹת מִצְרָיִם׃

En tiempo de dificultades

Cant. 2:14

Paloma mía, que estás en los agujeros de la peña, en lo escondido de escarpados parajes, muéstrame tu rostro, hazme oír tu voz; porque dulce es tu voz, y hermoso tu aspecto.

יוֹנָתִי בְּחַגְוֵי הַסֶּלַע בְּסֵתֶר הַמַּדְרֵגָה הַרְאִינִי אֶת־מַרְאַיִךְ
הַשְׁמִיעִינִי אֶת־קוֹלֵךְ כִּי־קוֹלֵךְ עָרֵב וּמַרְאֵיךְ נָאוֶה׃ ס

Cant 5:2

Yo dormía, pero mi corazón velaba: La voz de mi amado que llamaba: Ábreme, hermana mía, amada mía, paloma mía, perfecta mía; porque mi cabeza está llena de rocío, mis cabellos de las gotas de la noche.

אֲנִי יְשֵׁנָה וְלִבִּי עֵר קוֹל דּוֹדִי דוֹפֵק פִּתְחִי־לִי אֲחֹתִי רַעְיָתִי
יוֹנָתִי תַמָּתִי שֶׁרֹּאשִׁי נִמְלָא־טָל קְוֻּצּוֹתַי רְסִיסֵי לָיְלָה׃

Para expulsar demonios y espíritus malignos

Num 6:24-27 (bendición sacerdotal)

YHVH te bendiga, y te guarde:
Haga resplandecer YHVH su rostro sobre ti, y tenga de ti misericordia:
YHVH alce sobre ti su rostro, y ponga en ti paz.
Y pondrán mi nombre sobre los hijos de Israel, y yo los bendeciré.

יְבָרֶכְךָ יְהוָה וְיִשְׁמְרֶךָ׃
יָאֵר יְהוָה פָּנָיו אֵלֶיךָ וִיחֻנֶּךָּ׃
יִשָּׂא יְהוָה פָּנָיו אֵלֶיךָ וְיָשֵׂם לְךָ שָׁלוֹם׃
וְשָׂמוּ אֶת־שְׁמִי עַל־בְּנֵי יִשְׂרָאֵל וַאֲנִי אֲבָרְכֵם׃

Deut. 32:10-12

Lo encontró en tierra desierta, en la horrenda soledad de un desierto; lo rodeó, cuidó de él, lo guardó como a la niña de sus ojos.

Como un águila que despierta su nidada, que revolotea sobre sus polluelos, extendió sus alas y los tomó, los llevó sobre su plumaje.

YHVH solo lo guió, y con él no hubo dios extranjero.

יִמְצָאֵהוּ בְּאֶרֶץ מִדְבָּר וּבְתֹהוּ יְלֵל יְשִׁמֹן יְסֹבְבֶנְהוּ יְבוֹנְנֵהוּ
יִצְּרֶנְהוּ כְּאִישׁוֹן עֵינוֹ׃
כְּנֶשֶׁר יָעִיר קִנּוֹ עַל־גּוֹזָלָיו יְרַחֵף יִפְרֹשׂ כְּנָפָיו יִקָּחֵהוּ
יִשָּׂאֵהוּ עַל־אֶבְרָתוֹ׃
יְהוָה בָּדָד יַנְחֶנּוּ וְאֵין עִמּוֹ אֵל נֵכָר׃

Contra la brujería

Numeros 11:12 ¿Concebí yo a todo este pueblo? ¿Engendrelo yo, para que me digas: Llévalo en tu seno, como lleva la que cría al que mama, a la tierra de la cual juraste á sus padres?

הֶאָנֹכִי הָרִיתִי אֵת כָּל־הָעָם הַזֶּה אִם־אָנֹכִי יְלִדְתִּיהוּ כִּי־תֹאמַר
אֵלַי שָׂאֵהוּ בְחֵיקֶךָ כַּאֲשֶׁר יִשָּׂא הָאֹמֵן אֶת־הַיֹּנֵק עַל הָאֲדָמָה אֲשֶׁר
נִשְׁבַּעְתָּ לַאֲבֹתָיו׃

Isaías 41:24 He aquí que vosotros sois de nada, y vuestras obras de vanidad; abominación el que os escogió.

הֵן־אַתֶּם מֵאַיִן וּפָעָלְכֶם מֵאָפַע תּוֹעֵבָה יִבְחַר בָּכֶם׃

Exodo 33:23 Después apartaré mi mano, y verás mis espaldas; mas no se verá mi rostro.

וַהֲסִרֹתִי אֶת־כַּפִּי וְרָאִיתָ אֶת־אֲחֹרָי וּפָנַי לֹא יֵרָאוּ׃

Para contrarrestar magia

Ex. 22:18

No dejarás que viva la hechicera

מְכַשֵּׁפָה לֹא תְחַיֶּה׃

Is. 41:24

He aquí que vosotros sois nada, y vuestras obras de vanidad; abominación el que os escogió.

הֵן־אַתֶּם מֵאַיִן וּפָעָלְכֶם מֵאָפַע תּוֹעֵבָה יִבְחַר בָּכֶם׃

Lev 1:1

Y llamó YHVH a Moisés, y habló con él desde el tabernáculo de la congregación, diciendo:

וַיִּקְרָא אֶל־מֹשֶׁה וַיְדַבֵּר יְהוָה אֵלָיו מֵאֹהֶל מוֹעֵד לֵאמֹר׃

Nu 23:21-23

No ha notado iniquidad en Jacob, ni ha visto perversidad en Israel: YHVH su Dios está con él, y júbilo de rey hay en ellos.

Dios los ha sacado de Egipto; tiene fuerzas como de unicornio. Porque en Jacob no hay agüero, ni adivinación en Israel: Como ahora, será dicho de Jacob y de Israel: ¡Lo que ha hecho Dios!

לֹא־הִבִּיט אָוֶן בְּיַעֲקֹב וְלֹא־רָאָה עָמָל בְּיִשְׂרָאֵל יְהוָה אֱלֹהָיו
עִמּוֹ וּתְרוּעַת מֶלֶךְ בּוֹ׃
אֵל מוֹצִיאָם מִמִּצְרָיִם כְּתוֹעֲפֹת רְאֵם לוֹ׃
כִּי לֹא־נַחַשׁ בְּיַעֲקֹב וְלֹא־קֶסֶם בְּיִשְׂרָאֵל כָּעֵת יֵאָמֵר לְיַעֲקֹב
וּלְיִשְׂרָאֵל מַה־פָּעַל אֵל׃

Al empezar una nueva obra

Ex. 36:8

Y todos los sabios de corazón entre los que hacían la obra, hicieron el tabernáculo de diez cortinas, de lino torcido, y de azul, y de púrpura y carmesí; las cuales hicieron de obra de arte, con querubines.

וַיַּעֲשׂוּ כָל־חֲכַם־לֵב בְּעֹשֵׂי הַמְּלָאכָה אֶת־הַמִּשְׁכָּן עֶשֶׂר יְרִיעֹת
שֵׁשׁ מָשְׁזָר וּתְכֵלֶת וְאַרְגָּמָן וְתוֹלַעַת שָׁנִי כְּרֻבִים מַעֲשֵׂה חֹשֵׁב
עָשָׂה אֹתָם׃

Al entrar en una nueva casa. Hogar feliz

Gen. 37:1

Y habitó Jacob en la tierra donde peregrinó su padre, en la tierra de Canaán.

וַיֵּשֶׁב יַעֲקֹב בְּאֶרֶץ מְגוּרֵי אָבִיו בְּאֶרֶץ כְּנָעַן׃

Gen 47:27

Así habitó Israel en la tierra de Egipto, en la tierra de Gosén; y tuvieron posesiones en ella, y crecieron y se multiplicaron en gran manera.

וַיֵּשֶׁב יִשְׂרָאֵל בְּאֶרֶץ מִצְרַיִם בְּאֶרֶץ גֹּשֶׁן וַיֵּאָחֲזוּ בָהּ
וַיִּפְרוּ וַיִּרְבּוּ מְאֹד׃

Ex. 40:2

En el primer día del mes primero harás levantar el tabernáculo, el tabernáculo de la congregación:

בְּיוֹם־הַחֹדֶשׁ הָרִאשׁוֹן בְּאֶחָד לַחֹדֶשׁ תָּקִים אֶת־מִשְׁכַּן אֹהֶל מוֹעֵד

Mejorar la comprensión intelectual

Jos 1:4 Desde el desierto éste del Líbano hasta el gran río Éufrates, toda la tierra de los heteos hasta la gran mar del poniente del sol, será vuestro término.

מֵהַמִּדְבָּר וְהַלְּבָנוֹן הַזֶּה וְעַד־הַנָּהָר הַגָּדוֹל נְהַר־פְּרָת כֹּל
אֶרֶץ הַחִתִּים וְעַד־הַיָּם הַגָּדוֹל מְבוֹא הַשָּׁמֶשׁ יִהְיֶה גְּבוּלְכֶם׃

Éxito en general

Gen 39:2 Mas YHVH fué con José, y fué varón prosperado: y estaba en la casa de su señor el Egipcio.

וַיְהִי יְהוָה אֶת־יוֹסֵף וַיְהִי אִישׁ מַצְלִיחַ וַיְהִי בְּבֵית אֲדֹנָיו
הַמִּצְרִי׃

Num 26:46 Y el nombre de la hija de Aser fué Sera.

וְשֵׁם בַּת־אָשֵׁר שָׂרַח.

Ex. 15:11

¿Quién como tú, YHVH, entre los dioses? ¿Quién como tú, magnífico en santidad, terrible en loores, hacedor de maravillas?

מִי־כָמֹכָה בָּאֵלִם יְהוָה מִי כָּמֹכָה נֶאְדָּר בַּקֹּדֶשׁ נוֹרָא תְהִלֹּת
עֹשֵׂה פֶלֶא׃

Transformar la derrota en victoria

Gen 41:14

Entonces el faraón hizo llamar a José, y lo trajeron apresuradamente de la prisión, no sin cortarle el cabello y mudarle sus ropas, tras lo cual fue llevado a la presencia del faraón.

וַיִּשְׁלַח פַּרְעֹה וַיִּקְרָא אֶת־יוֹסֵף וַיְרִיצֻהוּ מִן־הַבּוֹר וַיְגַלַּח
וַיְחַלֵּף שִׂמְלֹתָיו וַיָּבֹא אֶל־פַּרְעֹה׃

Éxito en los negocios

Gen 31:42 Si el Dios de mi padre, el Dios de Abraham, y el temor de Isaac, no fuera conmigo, de cierto me enviarías ahora vacío: vió Dios mi aflicción y el trabajo de mis manos, y reprendióte anoche.

לוּלֵי אֱלֹהֵי אָבִי אֱלֹהֵי אַבְרָהָם וּפַחַד יִצְחָק הָיָה לִי כִּי עַתָּה
רֵיקָם שִׁלַּחְתָּנִי אֶת־עָנְיִי וְאֶת־יְגִיעַ כַּפַּי רָאָה אֱלֹהִים וַיּוֹכַח
אָמֶשׁ׃

Gen 44:1-2

Y mandó José al mayordomo de su casa, diciendo: Llena de alimento los costales de estos varones, cuanto pudieren llevar, y pon el dinero de cada uno en la boca de su costal: Y pondrás mi copa, la copa de plata, en la boca del costal del menor, con el dinero de su trigo. Y él hizo como dijo José.

וַיְצַו אֶת־אֲשֶׁר עַל־בֵּיתוֹ לֵאמֹר מַלֵּא אֶת־אַמְתְּחֹת הָאֲנָשִׁים אֹכֶל
כַּאֲשֶׁר יוּכְלוּן שְׂאֵת וְשִׂים כֶּסֶף־אִישׁ בְּפִי אַמְתַּחְתּוֹ׃
וְאֶת־גְּבִיעִי גְּבִיעַ הַכֶּסֶף תָּשִׂים בְּפִי אַמְתַּחַת הַקָּטֹן וְאֵת כֶּסֶף
שִׁבְרוֹ וַיַּעַשׂ כִּדְבַר יוֹסֵף אֲשֶׁר דִּבֵּר׃

Paz entre enemigos

Sal 46:9 Que hace cesar las guerras hasta los fines de la tierra: Que quiebra el arco, corta la lanza, Y quema los carros en el fuego

מַשְׁבִּית מִלְחָמוֹת עַד־קְצֵה הָאָרֶץ קֶשֶׁת יְשַׁבֵּר וְקִצֵּץ חֲנִית עֲגָלוֹת
יִשְׂרֹף בָּאֵשׁ׃

Para curación

Num 12:13 (ya visto) Entonces Moisés clamó á YHVH, diciendo: Ruégote, oh
Dios, que la sanes ahora.

וַיִּצְעַק מֹשֶׁה אֶל־יְהוָה לֵאמֹר אֵל נָא רְפָא נָא לָהּ׃

Contra la esterilidad

Deut 7:12 Y será que, por haber oído estos derechos, y guardado y puéstolos por obra, YHVH tu Dios guardará contigo el pacto y la misericordia que juró a tus padres;

וְהָיָה עֵקֶב תִּשְׁמְעוּן אֵת הַמִּשְׁפָּטִים הָאֵלֶּה וּשְׁמַרְתֶּם וַעֲשִׂיתֶם
אֹתָם וְשָׁמַר יְהוָה אֱלֹהֶיךָ לְךָ אֶת־הַבְּרִית וְאֶת־הַחֶסֶד אֲשֶׁר נִשְׁבַּע
לַאֲבֹתֶיךָ׃

Detener el flujo menstrual

Lev. 15:28

Y cuando fuere libre de su flujo, se ha de contar siete días, y después será limpia.

וְאִם־טָהֲרָה מִזּוֹבָהּ וְסָפְרָה לָּהּ שִׁבְעַת יָמִים וְאַחַר תִּטְהָר׃

Para que las oraciones sean respondidas

Ex. 34:6-7 (las trece midot)

Y pasando YHVH por delante de él, proclamó: YHVH, YHVH, fuerte, misericordioso, y piadoso; tardo para la ira, y grande en benignidad y verdad; que guarda la misericordia en millares, que perdona la iniquidad, la rebelión, y el pecado, y que de ningún modo dará por inocente al culpable; que visita la iniquidad de los padres sobre los hijos y sobre los hijos de los hijos, hasta la tercera, y cuarta generación.

וַיַּעֲבֹר יְהוָה עַל־פָּנָיו וַיִּקְרָא יְהוָה יְהוָה אֵל רַחוּם וְחַנּוּן אֶרֶךְ
אַפַּיִם וְרַב־חֶסֶד וֶאֱמֶת׃
נֹצֵר חֶסֶד לָאֲלָפִים נֹשֵׂא עָוֹן וָפֶשַׁע וְחַטָּאָה וְנַקֵּה לֹא יְנַקֶּה
פֹּקֵד עֲוֹן אָבוֹת עַל־בָּנִים וְעַל־בְּנֵי בָנִים עַל־שִׁלֵּשִׁים וְעַל־רִבֵּעִים

Ex. 15:2

YHVH es mi fortaleza y mi canción, y Él ha sido mi salvación: Éste es mi Dios, y le prepararé morada; Dios de mi padre, le exaltaré.

עָזִּי וְזִמְרָת יָהּ וַיְהִי־לִי לִישׁוּעָה זֶה אֵלִי וְאַנְוֵהוּ אֱלֹהֵי אָבִי
וַאֲרֹמְמֶנְהוּ׃

Para ganar una buena reputación:

Cant. 1:15-16

He aquí que tú eres hermosa, amada mía; he aquí que eres bella; tus ojos son como de paloma.

He aquí que tú *eres* hermoso, amado mío, y dulce; nuestro lecho también florido.

Cant 1:15-16

הִנָּךְ יָפָה רַעְיָתִי הִנָּךְ יָפָה עֵינַיִךְ יוֹנִים׃
הִנְּךָ יָפֶה דוֹדִי אַף נָעִים אַף־עַרְשֵׂנוּ רַעֲנָנָה׃

Encontrar compañero de vida

Gen 2:22-23 Y de la costilla que YHVH Dios tomó del hombre, hizo una mujer, y trájola al hombre. Y dijo Adam: Esto es ahora hueso de mis huesos, y carne de mi carne: ésta será llamada Varona, porque del varón fué tomada.

וַיִּבֶן יְהוָה אֱלֹהִים אֶת־הַצֵּלָע אֲשֶׁר־לָקַח מִן־הָאָדָם לְאִשָּׁה
וַיְבִאֶהָ אֶל־הָאָדָם׃
וַיֹּאמֶר הָאָדָם זֹאת הַפַּעַם עֶצֶם מֵעֲצָמַי וּבָשָׂר מִבְּשָׂרִי לְזֹאת
יִקָּרֵא אִשָּׁה כִּי מֵאִישׁ לֻקֳחָה־זֹּאת׃

Genesis 24:40 Entonces él me respondió: YHVH, en cuya presencia he andado, enviará su ángel contigo, y prosperará tu camino; y tomarás mujer para mi hijo de mi linaje y de la casa de mi padre

וַיֹּאמֶר אֵלָי יְהוָה אֲשֶׁר־הִתְהַלַּכְתִּי לְפָנָיו יִשְׁלַח מַלְאָכוֹ אִתָּךְ
וְהִצְלִיחַ דַּרְכֶּךָ וְלָקַחְתָּ אִשָּׁה לִבְנִי מִמִּשְׁפַּחְתִּי וּמִבֵּית
אָבִי׃

Felicidad entre conyuges

Gen 2:24-25 Por tanto, dejará el hombre á su padre y á su madre, y allegarse ha a su mujer, y serán una sola carne. Y estaban ambos desnudos, Adam y su mujer, y no se avergonzaban.

עַל־כֵּן יַעֲזָב־אִישׁ אֶת־אָבִיו וְאֶת־אִמּוֹ וְדָבַק בְּאִשְׁתּוֹ וְהָיוּ
לְבָשָׂר אֶחָד׃
וַיִּהְיוּ שְׁנֵיהֶם עֲרוּמִּים הָאָדָם וְאִשְׁתּוֹ וְלֹא יִתְבֹּשָׁשׁוּ׃

Para una pareja de recién casados

Gen. 27:28

Dios, pues, te dé del rocío del cielo, y de las grosuras de la tierra, y abundancia de trigo y de mosto.

וְיִתֶּן־לְךָ הָאֱלֹהִים מִטַּל הַשָּׁמַיִם וּמִשְׁמַנֵּי הָאָרֶץ וְרֹב דָּגָן
וְתִירֹשׁ׃

Num 24:5-7

¡Cuán hermosas son tus tiendas, oh Jacob, tus habitaciones, oh Israel!

Como arroyos están extendidas, como huertos junto al río, como áloes plantados por YHVH, como cedros junto a las aguas.

De sus manos destilarán aguas, y su simiente será en muchas aguas; y se enaltecerá su rey más que Agag, y su reino será engrandecido.

מַה־טֹּבוּ אֹהָלֶיךָ יַעֲקֹב מִשְׁכְּנֹתֶיךָ יִשְׂרָאֵל׃
כִּנְחָלִים נִטָּיוּ כְּגַנֹּת עֲלֵי נָהָר כַּאֲהָלִים נָטַע יְהוָה כַּאֲרָזִים
עֲלֵי־מָיִם׃
יִזַּל־מַיִם מִדָּלְיָו וְזַרְעוֹ בְּמַיִם רַבִּים וְיָרֹם מֵאֲגַג מַלְכּוֹ
וְתִנַּשֵּׂא מַלְכֻתוֹ׃

Cant 3:9-11

El rey Salomón se hizo un carruaje de madera del Líbano. Sus columnas hizo de plata, su respaldo de oro, su asiento de grana, su interior tapizado de amor, por las doncellas de Jerusalén.

Salid, oh doncellas de Sión, y ved al rey Salomón con la corona con que le coronó su madre el día de su desposorio, y el día del gozo de su corazón.

אַפִּרְיוֹן עָשָׂה לוֹ הַמֶּלֶךְ שְׁלֹמֹה מֵעֲצֵי הַלְּבָנוֹן׃
עַמּוּדָיו עָשָׂה כֶסֶף רְפִידָתוֹ זָהָב מֶרְכָּבוֹ אַרְגָּמָן תּוֹכוֹ רָצוּף
אַהֲבָה מִבְּנוֹת יְרוּשָׁלִָם׃
צְאֶינָה וּרְאֶינָה בְּנוֹת צִיּוֹן בַּמֶּלֶךְ שְׁלֹמֹה בָּעֲטָרָה שֶׁעִטְּרָה־
לּוֹ אִמּוֹ בְּיוֹם חֲתֻנָּתוֹ וּבְיוֹם שִׂמְחַת לִבּוֹ׃

33. Sintonía con las energías del mes

En el capítulo 7 se han dado las correspondencias de las letras hebreas con los meses y signos del zodíaco así como con los planetas.

Es importante estar en sintonía con las determinaciones y energías constantes del macrocosmos. Establecemos así una base sobre la que fundamentar de forma positiva cualquier trabajo mágico o espiritual y también nuestra vida cotidiana en general.

Y lo hacemos mediante las letras. Recordamos que según el Séfer Yetsirá –la sabiduría del patriarca Abraham– el Creador va dando sucesivamente una Corona a cada una de las letras y con ellas crea los sucesivos elementos astrológicos (así como los tiempos de estaciones, meses y días, y los distintos órganos del Néfesh humano).

Abraham había salido de Ur Kasdim, la luz de los caldeos (Ur tiene exactamente las mismas letras que Or, luz). Hay una tradición que afirma que Abraham era astrólogo (conocimiento caldeo) y sabía por las estrellas que no podía tener hijos: «¿Qué me darás si yo ando sin hijo…?» (Gen 15:2). «Y le sacó (Dios) afuera y le dijo: Mira ahora a los cielos y cuenta las estrellas…» La pregunta es: ¿Tuvo Dios que sacarle de su tienda para un conocimiento tan trivial como que las estrellas del cielo son muchas? ¿De dónde le sacó exactamente? La respuesta lógica es que le sacó afuera de la bóveda celeste para contemplar las estrellas desde arriba. Es decir, le sacó de la influencia de la necesidad, de la ley natural representada por las influencias astrales para anunciarle algo imposible según ellas: su descendencia.

Y el instrumento de Abraham era el conocimiento de la lengua única –plasmada en las letras hebreas– antes de la dispersión y confusión de lenguas de la Torre de Babel. Lo cual queda plasmado en los principios fundamentales del Séfer Yetsirá.

El tema es muy complejo y extenso y merece un libro aparte. Baste ahora de una forma simple aprender a poner nuestro reloj vital en hora con el tiempo astrológico. No se trata de controlar sino de navegar por las mareas cósmicas, aprovecharse de su energía y disipar cualquier forma de negatividad que puedan proyectar sobre nosotros. El resultado será eliminar parcelas de caos en nuestras vidas y construir sobre cimientos firmes.

El trabajo propuesto debe hacerse siempre en la cabeza del mes (Rosh Jódesh del calendario judío) que es justo después de la luna nueva, uno o dos días después, cuando ya se divisa en los cielos la fina cinta luminosa del creciente lunar. (Hoy en día es muy fácil saber cuándo es exactamente Rosh Jódesh. Basta mirar en Internet).

Alternativamente, puede hacerse también el día de la entrada en cada signo del zodíaco.

Y por supuesto puede continuarse durante todo el mes lunar (o solar) como una meditación diaria (e ir siguiendo, por ejemplo las distintas fases de la luna en relación con algún proyecto que queramos ajustar al flujo lunar, plantar una semilla, desarrollar un trabajo espiritual, etc. Como decimos el tema es muy rico y complejo y, si Dios quiere será desarrollado en otro lugar).

Empezamos el trabajo con una berajá:

«Barúj atá YHVH (Adonáy) Elohénu mélej haolám osé maasé bereshít»

Bendito eres Tú, Eterno nuestro Dios, Rey del Mundo, Hacedor de la obra de la Creación.

ברוך אתה יהוה אלהינו מלך העולם עושה מעשה בראשית

Este es el texto tradicional. Lo que hacemos es sustituir en la berajá el Tetragrama por la permutación correspondiente al mes o signo.

Luego, en la meditación, visualizamos la permutación con la vocalización del planeta regente. Añadimos además una meditación en las letras del signo zodiacal y del planeta regente (*véase* tablas cap. 7). Las meditaciones según los procedimientos habituales con letras y Nombres.

Por ejemplo, supongamos que es Rosh Jódes Iyar, que es Tauro. Su letra es Vav. El planeta regente es Venus, letra Dalet. La permutación de Iyar-Tauro con la vocalización de Venus-Nétsaj es: יִהִהִוִ

יִהִהִוִ

↓

וד

↓

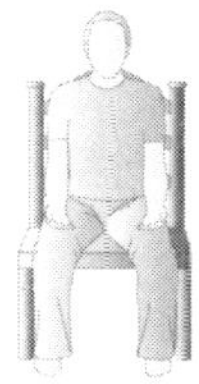

La meditación en las dos letras, para los que conozcan el método de Tseruf, puede hacerse según el sistema de las 231 puertas

וֹדֹ וֹדָ וֹדֵ וֹדִ וֹדֶ

וָדֹ וָדָ וָדֵ וָדִ וָדֶ

וֵדֹ וֵדָ וֵדֵ וֵדִ וֵדֶ

וִדֹ וִדָ וִדֵ וִדִ וִדֶ

וֶדֹ וֶדָ וֶדֵ וֶדִ וֶדֶ

דֹוֹ דֹוָ דֹוֵ דֹוִ דֹוֶ

דָוֹ דָוָ דָוֵ דָוִ דָוֶ

דֵוֹ דֵוָ דֵוֵ דֵוִ דֵוֶ

דִוֹ דִוָ דִוֵ דִוִ דִוֶ

דֶוֹ דֶוָ דֶוֵ דֶוִ דֶוֶ

34. Meditación diaria

En consonancia con la propuesta anterior, presentamos ahora una meditación para cada día de la semana combinando Nombres sefiróticos, del Aná Bejóaj y de los 72 Nombres. Debe ir a continuación de la meditación anterior. Los seis elementos de cada día se pueden organizar en forma de un hexagrama o maguen David, con nosotros en el centro. Llenos de su energía, proyectamos el día.

<table>
<tr><td></td><td>DOMINGO: Sol[2]/Jésed[3]
יהוה אלוה ודעת
יֹהֹוֹהֹ ----[4]
----[5] ----[6]
אבגיתץ[7]</td><td></td></tr>
<tr><td>VIERNES: Venus/Yesod
יהוה צבאות
יִהִוִהִ ----
---- ----
יגלפזק</td><td rowspan="2">SÁBADO:
Saturno/Maljút/Biná
יהוה אלהים
יֻהֻוֻהֻ ----
---- ----
שקוצית</td><td>LUNES: Luna/Guevurá
שדי אל חי
יוּהוּוּהוּ ----
---- ----
קרעשטן</td></tr>
<tr><td>JUEVES: Júpiter/Hod
אל
יֶהֶוֶהֶ ----
---- ----
חקבטנע</td><td>MARTES: Marte/Tiféret
אלהים גבור
יְהְוְהְ ----
---- ----
נגדיכש</td></tr>
<tr><td></td><td>MIÉRCOLES:
Mercurio/Nétsaj
אלהים צבאות
יֻהֻוֻהֻ ----
---- ----
בטרצתג</td><td></td></tr>
</table>

2. Correspondencia según el sistema occidental aceptado.
3. Correspondencia según la tradición judía
4. Permutación zodiacal del mes con la vocalización del planeta regente (*véase* antes)
5. Nombre de 72 del grado donde se encuentra el Sol (*véase* capítulo 6)
6. Nombre de 72 del quinario en el que se encuentra el Sol (*véase* capítulo 6)
7. Versículo del Aná Bejóaj según la tradición judía (*véase* capítulo 6)

CAPÍTULO 10

La carta natal. Reprogramación

La carta natal, el mapa sintético de las posiciones planetarias en el instante de nacimiento, es un gran instrumento para el desarrollo personal y la resolución de problemas.

Por supuesto, la astrología es un inmenso campo de saber, con una tradición de milenios. Este capítulo no es un tratado sobre el tema. Su conocimiento básico, se supone sabido, o en todo caso debe buscarse en otro lugar, existiendo magníficos tratados sobre el tema. Nuestro objetivo aquí es poner de manifiesto, desde el punto de vista del Árbol de la Vida, algunos recursos que permitan utilizar la carta natal en el sentido que hemos dicho antes: como una herramienta para el desarrollo personal, la transformación y la vida cotidiana.

Así, los mecanismos que vamos a utilizar se basan en:

- Las correspondencias de los elementos astrológicos con el Árbol de la Vida: letras hebreas, sefirot, senderos, triángulos.
- Las correspondencias zodiacales de los 72 Nombres. Estas últimas –quinarios y grados– ya se han dado en el capítulo 6. Veremos cómo utilizarlas en la práctica de la carta natal para los fines que nos hemos propuesto.

Antes, para ponernos en contexto, conviene enunciar algunos principios fundamentales:

1. El alma superior en su descenso por los planos a su encarnación presente nace en un instante y en un lugar concreto, con unas circunstancias que le vienen dadas. La filosofía cabalística afirma que todo ello no es fortuito, sino que ha sido elegido por la propia alma en consonancia con la Sabiduría Superior, en aras del tikún y para la realización de su propósito vital. El universo –en particular el universo local, zodiacal y planetario– le ofrece una serie de posibilidades energéticas para el desarrollo de su aprendizaje y de su pauta de destino. Todo lo cual queda reflejado en su carta natal.

2. Ésta es un compendio de información multidimensional que es necesario desentrañar y que puede ser leída a varios niveles. Hay que decir que no hay una interpretación única. Eso sería como cosificar al sujeto, someterle a un patrón que sería para él como una camisa de fuerza.

Un individuo siempre es infinitamente más que cualquier relato que se construya sobre él. Lo cual no implica que no sea útil hacerlo, ya que en cualquier camino complejo siempre es conveniente tener a mano el mapa (o el manual de instrucciones).

3. Queda claro que la visión que el individuo extrae de su carta natal –la información que obtiene– varía con el tiempo. Siempre se descubre algo nuevo o se ve lo viejo desde una nueva perspectiva, según la persona va evolucionando. La carta es una superposición de posibilidades más que una norma fija. Además, la interpretación no depende sólo de uno mismo, sino también de la persona, si la hubiere, que le está haciendo la lectura. La relación es dialógica. La información que desciende es de mucha mayor calidad y relevancia cuando se da una interacción creativa con otro individuo.

4. Desde el punto de vista del Árbol, la carta natal, como matriz de energías y significados que son la llave para desentrañar la pauta de vida del individuo, está ubicada en el Dáat de Yetsirá. Sabemos que este punto es el espejo de la conciencia espiritual (Yesod de Briá). En él se refleja la estructura arquetípica del individuo y se da el impulso para el tránsito involutivo al mundo formativo de Yetsirá, y posteriormente –siempre de una forma más limitada o contractiva– a su actua-

lización en el mundo de Asiá. Por otro lado, nos proporciona un mapa evolutivo en el sentido de las lecciones que ha venido a aprender el alma en esta vida y por qué medios alcanzar la completitud de su ser briático. En ese sentido, en el Yesod briático se construye el fundamento para tener plena presencia en ese mundo y el alma no necesita reencarnarse más.

5. Porque podemos servirnos del Mazal, «la influencia de las estrellas», en vez de estar a su servicio. Aprendemos eso del patriarca Abraham.

La sabiduría de Abraham era la ciencia de las letras hebreas, tal como se explica en el Séfer Yetsirá, del cual según la Tradición es el autor. En él se explica que la esencia arquetípica de las letras hebreas queda plasmada en el tiempo y sus divisiones cualitativas, en los elementos astronómicos (planetas y signos que son así las letras cósmicas) y en las componentes de la néfesh del ser humano. Es el conocimiento y sabia manipulación de todos estos factores lo que nos lleva a la iluminación y a la liberación en suma.

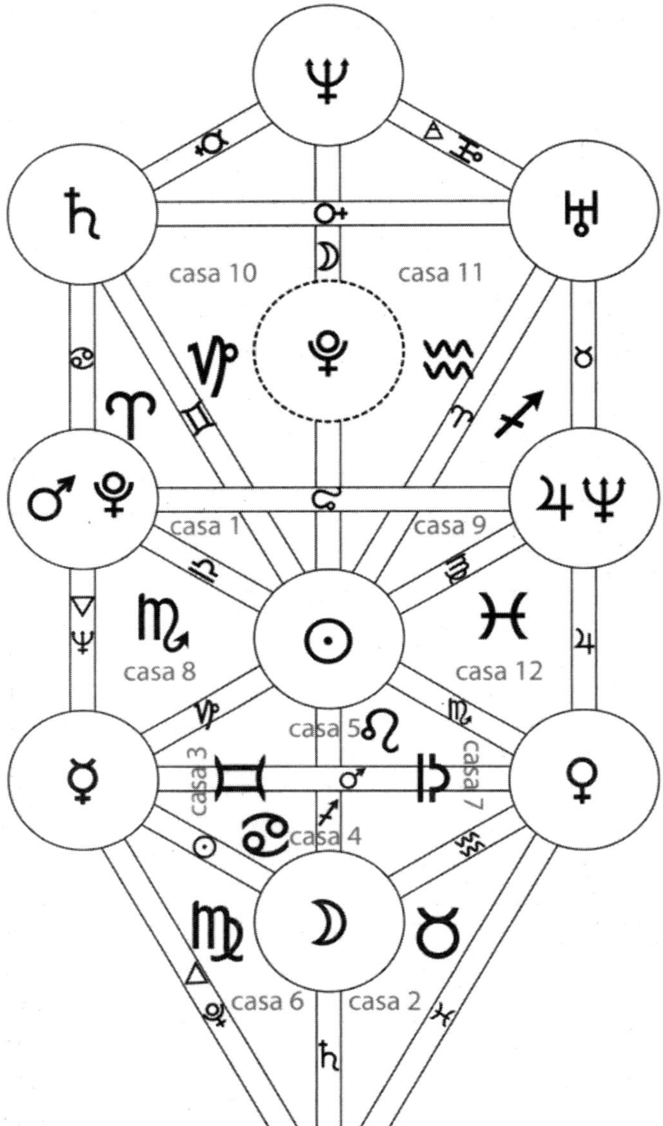

Fig. Árbol astrológico

Correspondencias astrológicas en relación con los senderos del Árbol de la Vida:

Árbol de la Vida Sendero	**Astrología**	**Tarot**	**Letra hebrea**
Kéter - Jojmá	Aire, Urano	Loco	א, Alef
Kéter - Biná	Mercurio	Mago	ב, Bet
Kéter - Tiféret	Luna	Suma Sacerdotisa	ג, Guimel
Jojmá - Biná	Venus	Emperatriz	ד, Dalet
Jojmá - Tiféret	Aries	Emperador	ה, He
Jojmá - Jésed	Tauro	Hierofante	ו, Vav
Biná - Tiféret	Geminis	Amantes	ז, Zayin
Biná - Guevurá	Cáncer	Carro	ח, Jet
Jésed - Guevurá	Leo	Fuerza	ט, Tet
Jésed - Tiféret	Virgo	Ermitaño	י, Yod
Jésed - Nétsaj	Júpiter	Rueda de la Fortuna	כ*, ך (final) Kaf, Jaf
Guevurá - Tiféret	Libra	Justicia	ל, Lamed
Guevurá - Hod	Agua, Neptuno	Colgado	מ, ם (final) Mem
Tiféret - Nétsaj	Escorpio	Muerte	נ, ן (final) Nun
Tiféret - Yesod	Sagitario	Templanza	ס, Samej
Tiféret - Hod	Capricornio	Diablo	ע Ayin
Nétsaj - Hod	Marte	Torre golpeada por el Rayo	פ*, ף (final) Pe, Fe
Nétsaj - Yesod	Acuario	Estrella	צ, ץ (final) Tsadi
Nétsaj - Maljút	Piscis	Luna	ק, Kof
Hod - Yesod	Sol	Sol	ר, Resh
Hod - Maljút	Fuego, Plutón	Juicio Final	שׂ, שׁ, Sin, Shin
Yesod - Maljút	Saturno	Mundo	ת, Tav

Las correspondencias básicas de esta tabla –letra hebrea, elemento astral y arcano mayor del Tarot– están detalladas en mi CURSO BÁSICO DE CÁBALA, lección 14, disponible libremente en la web: www.lacabaladelaluz.com

Las correspondencias planetarias de las sefirot se exponen en la lección 11 del mismo CURSO BÁSICO.

Queda por explicar la relación de los signos con los triángulos del Árbol, así como su manejo, el cual va a ser determinante en el modo en que establezcamos la interpretación:

Los signos se corresponden con los triángulos externos (10) más dos internos (animal y vegetal) por Leo y Cáncer. Un triángulo externo es una agrupación de tres sefirot con un vértice en una esfera de uno de los pilares y los otros dos en sefirot del pilar del medio. Llamamos triángulos internos a aquellos con un vértice en el pilar central y los otros dos en cada uno de los pilares laterales.

La atribución de los signos a los triángulos se hace según las correspondencias planetarias de las sefirot (*véase* Fig. anterior) y la regencias zodiacales de los planetas. Así, por ejemplo, Venus que corresponde a Nétsaj es el regente de Tauro y Libra. De los dos triángulos externos que se apoyan en Nétsaj ubicamos Libra (signo de aire) en la tríada Tiféret-Nétsaj-Yesod y Tauro (signo de tierra) en el triángulo Nétsaj-Yesod-Maljut. Y así sucesivamente con los 10 triángulos externos.

Por otro lado, Cáncer es regido por Luna-Yesod y le corresponde la llamada tríada vegetal (Netsaj-Hod-Yesod). A Leo, regido por el Sol-tiferet, le corresponde la tríada animal (Tiféret-Nétsaj-Hod).

Un triángulo tiene tres lados y un signo del zodíaco tres decanatos (conjunto de 10.º). Hacemos entonces corresponder un lado de cada triángulo con un decanato del signo de regencia. El procedimiento es el siguiente:

Hemos visto que un triángulo une tres sefirot. Las ordenamos numéricamente de mayor a menor. Por ejemplo: Sagitario, 2 - 4 - 6, Jojmá, Jésed y Tiféret.

El primer decanato (0º a 9º 59′ de Sagitario) va de la primera sefirá a la segunda: Sendero Jojmá-Jésed.

El segundo decanato (10º a 19º 59′) de la primera sefirá a la tercera: Sendero Jojmá-Tiféret.

El tercer decanato (20º a 29º 59′) de la segunda sefirá a la tercera: Sendero Jésed-Tiféret.

Se miran por decanatos las posiciones planetarias del Sol a Plutón. Se miran también el ascendente y el medio cielo.

Se marcan en el Árbol los senderos correspondientes a esos decanatos.

Se analiza la figura resultante: Si hay sefirot descolgados, qué sefirot o senderos faltan o qué está sobrecargado…; lo que sea relevante y se haga claramente presente en la conciencia.

La interpretación gira en torno al karma, las lecciones a aprender o la tarea en esta vida… etc.

Se trata de una visión general que se lee siempre en relación con la carta natal, complementando y arrojando luz, y quizá dando un hilo conductor a la interpretación más convencional.

Porque la lectura astrológica que propugnamos es complementaria con la interpretación usual. No pretendemos desarrollar un sistema descriptivo nuevo sino extraer significados relevantes en relación con la evolución del sujeto y el enfoque resolutivo a los problemas que se le pudieran estar planteando (*véase* antes, puntos 4 y 5).

Veamos un ejemplo ficticio: Supongamos una carta calculada para el momento en el que se escribe este capítulo.[1] Sería para el día 20/8/2019 en Mahón (Baleares) a las 11h 53m hora local (hora de España).

La carta sería (según el programa Astroworld):

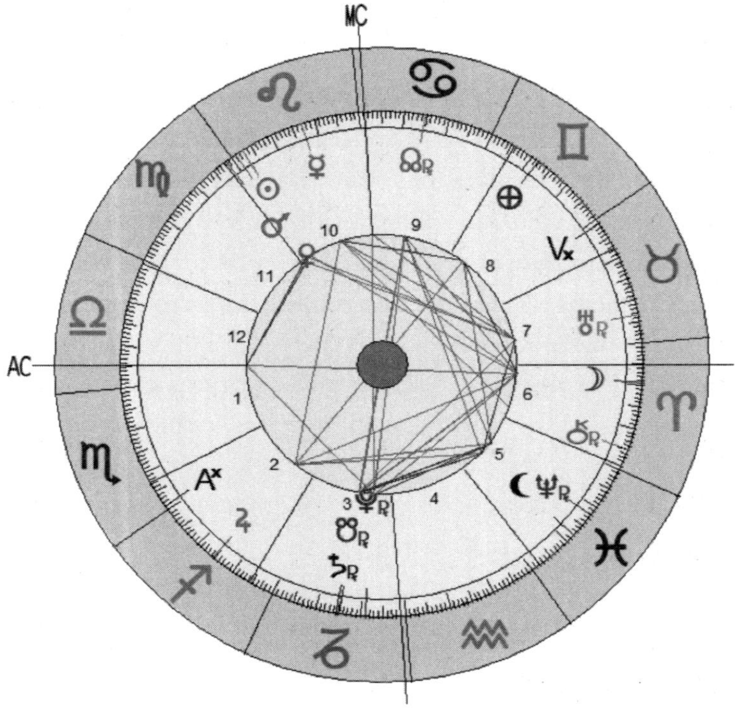

Que corresponde a los siguientes datos:

(Nota: Aunque no vamos a utilizarlos aquí en la carta aparecen otros elementos además de los estrictamente planetarios, como son: Kirón, Luna Negra, Parte de la Fortuna, Vertex y Antivertex).

---

1. Evito así comentar un caso preparado de antemano.

Planetas en Signos y Casas

SOL	27°06'20"	LEO (3.er decanato)	Casa 10
LUNA	20°34'11"	ARIES (3.er decanato)	Casa 6
MERCURIO	12°49'27"	LEO (2.º decanato)	Casa 10
VENUS	28°48'10"	LEO (3.er decanato)	Casa 10
MARTE	01°23'31"	VIRGO (1.er decanato)	Casa 10
JÚPITER	14°37'30"	SAGITARIO (2.º decanato)	Casa 2
SATURNO **K**	14°34'08"	CAPRICORNIO(2.º decanato)	Casa 3
URANO **K**	06°35'12"	TAURO (1.er decanato)	Casa 7
NEPTUNO **K**	17°52'11"	PISCIS (2.º decanato)	Casa 5
PLUTÓN **K**	21°04'13"	CAPRICORNIO(3.er decanato)	Casa 3
QUIRÓN	05°12'03"	ARIES	Casa 6
LUNA NEGRA	12°06'26"	PISCIS	Casa 5
NODO NORTE	15°18'48"	CÁNCER	Casa 9
NODO SUR	15°18'48"	CAPRICORNIO	Casa 3
FORTUNA	18°08'27"	GEMINIS	Casa 8
ASCENDENTE	24°40'36"	LIBRA (3.er decanato)	Casa 1
MEDIO CIELO	28°49'00"	CÁNCER (3.er decanato)	Casa 10
VÉRTEX 2	8°50'27"	TAURO	Casa 8
ANTIVÉRTEX	28°50'27"	ESCORPIO	Casa 2

Aspectos (relaciones angulares entre planetas y otros elementos)

SOL TRÍGONO LUNA	06°32'08"	126°32'08"	Separativo
SOL CONJUNCIÓN VENUS	01°41'49"	01°41'49"	Separativo
SOL CONJUNCIÓN MARTE	04°17'10"	04°17'10"	Separativo
SOL SEXTILO ASCENDENTE	-2°25'44"	57°34'15"	Aplicativo
LUNA TRÍGONO MERCURIO	-7°44'43"	112°15'16"	Aplicativo
LUNA TRÍGONO JÚPITER	5°56'41"	125°56'41"	Separativo
LUNA CUADRATURA SATURNO	06°00'03"	96°00'03"	Separativo
LUNA CUADRATURA PLUTÓN	00°30'02"	89°29'57"	Aplicativo
LUNA CUADRATURA NODO NORTE	-5°15'23"	84°44'36"	Aplicativo
LUNA CUADRATURA NODO SUR	05°15'23"	95°15'23"	Separativo
LUNA SEXTILO FORTUNA	-2°25'44"	57°34'15"	Aplicativo
LUNA OPOSICIÓN ASCENDENTE	-4°06'24"	175°53'35"	Aplicativo
MERCURIO TRÍGONO JÚPITER	01°48'02"	121°48'02"	Separativo
MERCURIO QUINCUNCIO SATURNO	01°44'40"	151°44'40"	Separativo
MERCURIO CUADRATURA URANO	06°14'15"	96°14'15"	Separativo
MERCURIO TRÍGONO QUIRÓN	07°37'24"	127°37'24"	Separativo
MERCURIO QUINCUNCIO LUNA N	00°43'00"	150°43'00"	Separativo
MERCURIO QUINCUNCIO NODO SUR	02°29'20"	152°29'20"	Separativo
MERCURIO SEXTILO FORTUNA	-5°18'59"	54°41'00"	Aplicativo
VENUS CONJUNCIÓN MARTE	02°35'20"	02°35'20"	Separativo
VENUS TRÍGONO URANO	-7°47'02"	112°12'57"	Aplicativo
VENUS SEXTILO ASCENDENTE	-4°07'34"	55°52'25"	Aplicativo
MARTE TRÍGONO URANO	-5°11'41"	114°48'18"	Aplicativo
JÚPITER CUADRATURA NEPTUNO	03°14'41"	93°14'41"	Separativo
JÚPITER CUADRATURA LUNA N	-2°31'03"	87°28'56"	Aplicativo
JÚPITER QUINCUNCIO NODO NORTE	00°41'17"	149°18'42"	Aplicativo
JÚPITER OPOSICIÓN FORTUNA	-3°30'56"	176°29'03"	Aplicativo
SATURNO TRÍGONO URANO	-7°58'55"	112°01'04"	Aplicativo
SATURNO SEXTILO NEPTUNO	03°18'03"	63°18'03"	Separativo
SATURNO CONJUNCIÓN PLUTÓN	06°30'05"	06°30'05"	Separativo

SATURNO SEXTILO LUNA NEGRA	-2°27’41”	57°32’18”	Aplicativo
SATURNO OPOSICIÓN NODO NORTE	00°44’39”	179°15’20”	Aplicativo
SATURNO CONJUNCIÓN NODO SUR	00°44’39”	00°44’39”	Separativo
URANO SEXTILO LUNA NEGRA	-5°31’14”	54°28’45”	Aplicativo
URANO CUADRATURA MEDIO CIELO	-7°46’12”	82°13’47”	Aplicativo
NEPTUNO SEXTILO PLUTÓN	-3°12’01”	56°47’58”	Aplicativo
NEPTUNO CONJUNCIÓN LUNA N	05°45’44”	05°45’44”	Separativo
NEPTUNO TRÍGONO NODO NORTE	-2°33’23”	117°26’36”	Aplicativo
NEPTUNO SEXTILO NODO SUR	02°33’23”	62°33’23”	Separativo
NEPTUNO CUADRATURA FORTUNA	00°16’15”	90°16’15”	Separativo
PLUTÓN OPOSICIÓN NODO NORTE	-5°45’25”	174°14’34”	Aplicativo
PLUTÓN CONJUNCIÓN NODO SUR	05°45’25”	05°45’25”	Separativo
PLUTÓN CUADRATURA ASC	-3°36’22”	86°23’37”	Aplicativo
PLUTÓN OPOSICIÓN MEDIO CIELO	-7°44’46”	172°15’13”	Aplicativo
LUNA NEGRA TRÍGONO NODO N	03°12’21”	123°12’21”	Separativo
LUNA NEGRA SEXTILO NODO SUR	-3°12’21”	56°47’38”	Aplicativo
NODO NORTE OPOSICIÓN NODO SUR	00°00’00”	179°59’59”	Aplicativo

Es conveniente tener previamente una visión general de la carta:

La forma geométrica general es la llamada «locomotora», de la cual Júpiter es la locomotora y Marte el vagón de cola. Es una configuración en general dinámica. En este caso nos señala al sendero Jésed-Guevurá.

Distribución

Por cuadruplicidades y triplicidades (elementos):

Cardinal: Asc MC ☽ ♄ ♇
Fijo: ☉ ☿ ♀ ♅
Mutable: ♂ ♃ ♆
Si bien hay equilibrio relativo entre cardinal y fijo, predomina la cuadriplicidad cardinal

Fuego: ☉ ☿ ♀ ☽ ♃
Tierra: ♂ ♄ ♅ ♇
Aire: Asc
Agua: MC ♆
Hay poca agua, pero, sobre todo, falta de aire. Es interesante que el ascendente sea Libra, aire cardinal, lo cual va a indicar el camino del individuo (dharma).
Predomina fuego. Junto con la cardinalidad, nos da un trasfondo de signo Aries, signo en el que está la Luna en el Descendente.

Masculino: ☉ ☿ ♀ ☽ ♃ Asc
Femenino: ♂ ♄ ♅ ♆ ♇ MC
Equilibrio. Cierto predominio de lo masculino por los planetas personales implicados.

Por casas:

Angulares: ☉ ☿ ♀ ♂ ♅
Sucedentes: ♃ ♆
Cadentes: ☽ ♄ ♇
Refuerza la cardinalidad frente a la fijeza.

Sol, Júpiter, Saturno y Neptuno están en su propio signo (son fuertes).

Leo y Acuario están interceptados. Quiere decir que el regente de la casa 10 (que contiene al Sol, Mercurio, Venus y Marte) es la Luna.

Hay tres configuraciones múltiples de aspectos:

- Stellium Sol, Venus y Marte.
- Gran Trígono en Fuego: Luna, Mercurio-Venus, Júpiter.
- Cruz en T: Luna, Nodo Norte, Saturno-Plutón-Nodo Sur.

La Luna es un planeta angular, en conjunción con el Descendente.

Por todo ello, parece claro que el significador de la carta es la Luna.

Señalando los senderos que corresponden a los decanatos ocupados obtenemos la siguiente figura:

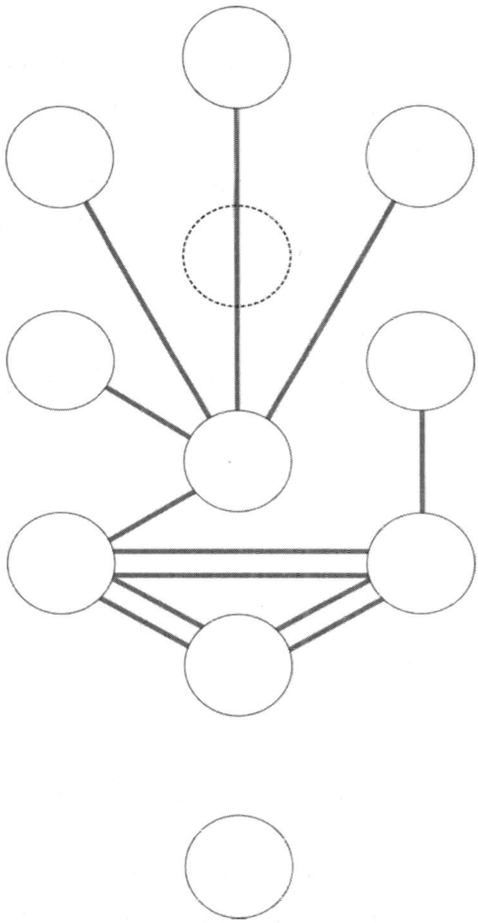

Algo que salta a la vista de inmediato es que no hay conexión con Maljut. Tarea de aprendizaje en esta vida será llevar a tierra, trabajar el vínculo con lo físico. Por otra parte está doblemente marcada la tríada vegetal (Nétsaj/Hod/Yesod) de la néfesh o cuerpo vital, con lo que se enfatiza la integración con el propio cuerpo y lo corpóreo en general. Todo el mundo psíquico de la persona debe «hacer cuerpo» e integrarse en una unidad psicofísica armónica.

Completando con las posiciones planetarias:

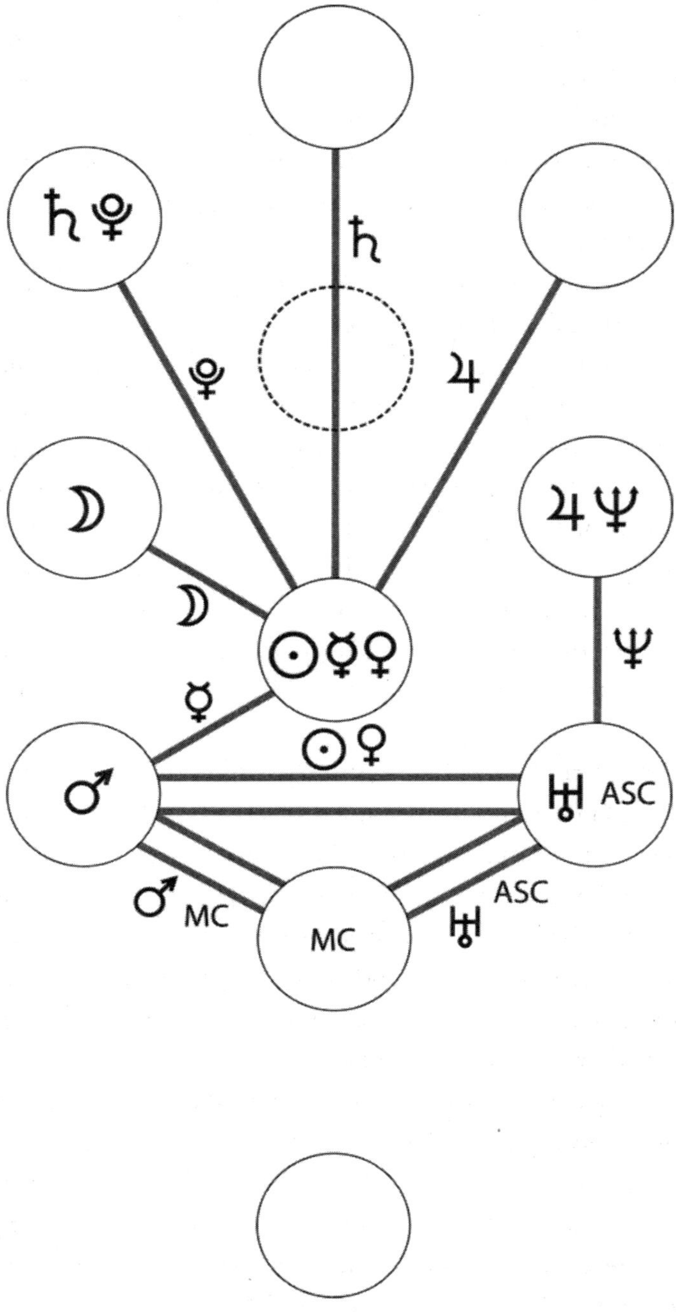

Hemos comentado que la Luna es el significador de la carta. Miramos en el Árbol de la Vida los factores que resuenan con la Luna:

Yesod, Fundamento, que no alberga planetas. En él se ubica el Medio Cielo, vértice superior del eje vertical de la carta, con el significado general de cuál es la dirección el sujeto: hacia dónde va (de dónde viene está representado por el punto opuesto, es decir, el Fondo del Cielo). Esto es un movimiento vital, del cual el individuo no es siempre consciente.

Interesante que este Medio Cielo esté en Cáncer, regido por la Luna. Forma parte de la tarea de la persona que se focalice en la construcción del Fundamento que le lleve al necesario anclaje en Maljut.

Vemos en la carta una fuerte casa 10, que tiene que ver con la carrera y el estatus social, con el Sol, Mercurio, Venus y, en última instancia, Marte. Esto puede indicar que el nativo busque su identidad (los planetas personales en Tiféret en el Árbol de la Vida) y su conexión con la tierra (compensar la falta de Maljut) volcándose hacia el exterior y el logro social. Esta fórmula de éxito está apoyada por los trígonos lunares, solares, de Júpiter y Mercurio. De hecho estos dos últimos planetas junto con la luna están formando un gran trígono en fuego.

De todas formas, a pesar de estos apoyos, el sujeto no lo tiene fácil. Vemos la cuadratura Luna-Saturno/Plutón, ambos en Capricornio. Este aspecto es fuente de obstáculos. Por un lado la Luna no es un planeta que invite a un esfuerzo sostenido, necesario para tratar adecuadamente y con éxito a Saturno. Recordamos que Saturno rige arquetípicamente el sendero Yesod-Maljut. Quiere decir que aunque el individuo pueda tener grandes e innovadoras ideas, incluso pioneras (Urano y Marte en los senderos que van a Yesod), le costará mucho concretarlas y llevarlas a tierra. Al fin y al cabo esa una de las grandes tareas prescritas para esta vida.

Saturno y Plutón están en Biná y además en conjunción con el Nodo Sur de la Luna (la cola del dragón). Posiblemente esto indica que esta es una encarnación kármica para el sujeto. Posiblemente –esto es pura especulación que, como todo, debe ser dilucidado en una sesión de lectura– el individuo tuviera una mala relación con lo físico por razones de índole religiosa y en esta encarnación deba implicarse plenamente en la materia. Vemos que Saturno está en el sendero Tiféret-Kéter (que es arquetípicamente el correspondiente a la Luna) con lo que la conciencia mística parece también problemática. También Plutón está en el sendero Tiféret-Biná, sendero de Géminis que rige la casa 9, en donde se ubica el Nodo Norte lugar (que, por otra parte está en Cáncer).

Posiblemente ese vínculo kármico venga a través de la madre que aparece como una figura fuerte, contundente en Biná y ubicada en Guevurá, la esfera de la severidad. La Luna está además en el sendero Guevurá-Tiféret, de la justicia y el ajuste kármico. Posiblemente la madre haya sido una figura controladora y represora, dejando poco espacio a la individualidad. En cualquier caso hablamos de una fuerte dependencia anima/animus (según el género del sujeto; reforzado por el Sol y Venus en el sendero Hod-Nétsaj) muy determinante en la forma de establecer relaciones estrechas (Descendente). Seguramente el individuo tenderá a establecer relaciones maternales (asumir el papel de madre respecto de los demás). Nos fijamos que la Luna está de hecho en la casa sexta.

Es probable además que con esa configuración en Biná el individuo esté firmemente apegado a las creencias y tradiciones. Puede haber recibido una rígida educación religiosa (Saturno en el sendero Tiféret-Kéter). Es posible que sienta un miedo profundo a transgredir las leyes.

No vamos a hacer una interpretación completa de la carta natal, un trabajo extenso y complejo del cual sólo damos algunas pinceladas aquí. Recordamos que este es un caso ficticio, de un recién nacido en el momento de este escrito, que sin embargo estamos tratando como un adulto. Nuestra intención es pedagógica.

El campo es infinito y es necesaria –al menos en este tipo de lectura– la presencia de la persona implicada. Insistimos en este punto. Incluso todos los indicadores utilizados hasta ahora podrían ser interpretados de otro modo. No se trata de adivinar sino –como el propio título del libro indica– generar recursos para el crecimiento personal y la resolución de problemas.

Nos centramos en cómo gestionar los puntos problemáticos, en este caso, por ejemplo, la cuadratura Luna-Saturno/Plutón. Normalmente la cuadratura Luna-Saturno es precursora de bloqueos emocionales que tienden a limitar severamente el potencial de la expresión creativa, y en general de las relaciones estrechas que el nativo busque establecer en el futuro, estando en juego el miedo al rechazo, por un lado, y las luchas de poder (Plutón, Aries) por otro. Posiblemente el nativo busque compensación con un gran desarrollo de lo mental, en lo cual es además penetrante e incisivo (Marte en Hod y sendero Hod-Yesod junto con el Medio Cielo; Mercurio en sendero Hod-Tiféret).

Es posible que estando la Luna en la sexta casa los vaivenes emocionales tengan una repercusión en la salud. Que el individuo somatice le ayudará a desarrollar el sendero Nétsaj-Maljut, una de las formas de trabajar el vínculo con Maljut.

Con Urano en Netsaj las emociones tenderán a ser repentinas y excesivas, posiblemente incontrolables. Marte está en Hod. Puede que el nativo reaccione con agresividad verbal. En cualquier caso su mente es brillante, aguda, incisiva. Está al servicio de sus objetivos y ambiciones (está en casa 10).

También el ascendente está en Nétsaj. Siendo Libra tenderá a buscar el equilibrio. Hay que tener en cuenta la conjunción Sol-Venus-Marte. Sol y Venus están en el sendero Nétsaj-Hod, que une razón y emoción, propugnando este equilibrio. En general todo ello es compatible con un temperamento artístico en el que despliega la originalidad uraniana.

No serían extrañas tendencias a la homosexualidad.

La figura paterna parece más bien benevolente (o ausente) con Júpiter en el sendero Tiféret-Jojmá y posición en Jésed. Con Neptuno también en Jésed parece que la persona lo espera todo de las figuras de autoridad, con la que se encuentra en buenas relaciones. El aspecto negativo puede ser la autoindulgencia y con Neptuno en el sendero

Jésed-Nétsaj, el intento de literalmente beberse la realidad, en un escapismo de alcohol y drogas.

El aspecto positivo de esta configuración Júpiter-Neptuno puede ser la vía del altruismo y del dar en general, aunque hay que tener cuidado con no caer en un mesianismo fácil.

Evidentemente todo esto es susceptible de ampliación y finura en los detalles, pero ello debe ser tratado en un contexto terapéutico ya que, repetimos, tal como la entendemos la astrología debe ser una práctica dialógica, en la que el astrólogo debe hacer de espejo para el diálogo del individuo con su propio Yo Superior.

Sobre todo es importante concentrarse en las lecciones a aprender en esta vida.

Evidentemente un ser completo es el que actualiza en sí mismo todo el Árbol. Cada uno de sus elementos es como una asignatura que hemos de aprobar en el examen de la vida. Posiblemente necesitemos varias encarnaciones para superar el grado.

Para que sirva como guía, damos a continuación una lista muy sintética con las lecciones relativas a los senderos del Árbol en un nivel vital. Bien entendido que esta lista es tentativa, ya que cada elemento es susceptible de ampliación en muchos sentidos.

Estamos hablando de lecciones de vida. Quiere decir que la vida, las circunstancias, nosotros mismos como agentes causales, nos vamos a ver en situaciones problemáticas en las que hemos de desarrollar y ejercitar la cualidad o cualidades correspondientes.

No todo se presentará de golpe, sino que se organizará seguramente en una serie de paquetes agrupados según las prioridades dictadas por nuestro Yo Superior, de modo que cuando hayamos superado suficientemente uno se nos presentará el siguiente conjunto. Podemos también estar trabajando simultáneamente en varias direcciones que no interfieran entre sí. Puede que en algún caso necesitemos más de una vida, repitiéndose una pauta en varias encarnaciones, según las necesidades de nuestra alma.

Lecciones de cada sendero

א: Alef: 1: Sendero **Kéter - Jojmá:** Aire (elemento), ♅ Urano.
Unificar, curar fragmentación y disociación. Cuando uno se encuentra desgarrado entre fuerzas opuestas. Trascender opuestos.
Empezar cualquier proyecto, actividad, relación.
Espontaneidad, confianza, lanzarse.
El poder del ahora.
Tomar conciencia de nuestra divinidad inherente.

ב: Bet: 2: Sendero **Kéter - Biná:** ☿, Mercurio.
Bendecir. Crear. Conseguir sabiduría. Entendimiento de la trama de la creación. Manejo de la dimensión temporal. Superación del miedo.
Capacidad mental. Imaginación. Interiorización.
Casa (cuerpo, templo, familia). Construir hogar. Armonía. Recibir bendición.

ג: Guimel: 3: Sendero **Kéter - Tiféret:** ☽, la Luna.
Peticiones a lo alto. Abrirse a la Providencia. La Gracia Divina. Nutrición.
Apertura, salida, canal, incremento, trasmisión, movimiento orgánico.
La noche oscura del alma. Desarrollar el cuerpo de luz.
Unión con Dios. Entrar en la Luz. Inmortalidad.

ד: Dalet: 4: Sendero **Jojmá - Biná:** ♀, Venus.
Ejercer resistencia. Estabilidad. Anclaje en lo material. Concretar. Capacidad de producir. Arte.
El poder de lo femenino.
Polaridad, atracción sexual. Tantra.
Hacer bitul, anonadamiento, autoanulación, vaciarse de uno mismo.
El paso por el Jashmal, la voz del silencio, el silencio hablante.

ה: He: 5: Sendero **Jojmá - Tiféret: ♈**, Aries.
Pérdida de alma. Recobrar el alma, la esencia de las cosas. Cuando uno se siente en un estado disminuido de ser (por ejemplo, en depresión, vacío, desierto).
El aliento divino. La respiración. El éter vital. Manejo de los elementos mediante el Espíritu.
Conexión con la raíz de alma. Profecía.
La energía de la creación.

ו: Vav: 6: Sendero **Jojmá - Jésed: ♉**, Tauro.
Self. Actuar desde el centro. Identidad. Yo soy. Unir cosas separadas.
El acto de unir, de enlazar.
Unión del cielo con la tierra. Los Poderes sagrados. Canal de luz y bendición. El axis mundi. La columna vertebral.
Enseñanza espiritual. Transmisión de la sabiduría.
Superación del orgullo.

ז: Zayin: 7: Sendero **Biná - Tiféret: ♊**, Géminis
Recibir inspiración. Tener intuición. Espíritu Santo.
Separar. Dividir. Elevación de lo físico.
Septenarios: chakras, planetas, las siete sefirot de la forma, los días de la semana.
Recordar, poder de la memoria, trabajo con los archivos akásicos. Poder de teshuvá (retorno y transmutación de situaciones negativas).
Integración masculino-femenino en la psique.

ח: Jet: 8: Sendero **Biná - Guevurá: ♋**, Cáncer.
Vitalidad. La fuerza de la vida. Regeneración a través de «células madre» y reprogramación genética.
Establecer muros de protección.
El camino del guerrero. Superación de pruebas, obstáculos. Desarrollo de la verdadera voluntad. Desafíos. Empujar los límites.
El depósito de lo inconsciente.
El ascenso por los planos.

ט: Tet: 9: Sendero **Jésed - Guevurá:** ♌, Leo.
Concebir. Gestar.
Rodear, lo envolvente.
Tener fuerza interior. El poder de lo femenino.
La energía psíquica. Kundalini.
Autoexpresión. Acción. Poder personal. Realización.

י: Yod: 10: Sendero **Jésed - Tiféret:** ♍, Virgo.
Energía de la luz. Proyección de luz. Intervención activa de lo divino.
La Mano de Dios. Poder espiritual. Poner una semilla y energizarla.
Fecundación.
Energía del dar. Tsedaká.
Actitud positiva. Perdón.
Conexión con la esfera de maestros y tsadikim.

כ: Kaf: 20: Sendero **Jésed - Nétsaj:** ♃, Júpiter .
Ser receptivo. La acción de recibir. Energía de la vasija.
Moldear. Formular. Dar forma. Crear condiciones. Contextos. El contenedor de algo.
La rueda de la vida.
El cuerpo de deseos. Transmutación del deseo de recibir en deseo de dar.
Manejo de la energía de la abundancia. Desapego del resultado de las acciones.

ל: Lamed: 30: Sendero **Guevurá - Tiféret:** ♎, Libra.
Aspiración. Energía del corazón. Compasión.
Expansión. Extensión. Búsqueda del equilibrio.
Justicia. Karma. Retribución. Lo que es ganado es dado.
Aprender. Estudiar. Enseñar.
Dirigir.

מ: Mem: 40: Sendero **Guevurá - Hod:** Agua: ♆, Neptuno.
Energía de la madre.
Relajación. Dulcificar situaciones. Misericordia.
Limpieza. Purificación.
Matriz espacio temporal. Obtener la visión global.
Meditación. Aceptación. Desapego. Impermanencia de las cosas.
Sacrificio.
El ojo del huracán inmóvil en el fragor del flujo de los fenómenos.

נ: Nun: 50: Sendero **Tiféret - Nétsaj:** ♏, Escorpio.
Individuación de nuestros arquetipos, particularmente la sombra.
Separarse de lo que no es nuestra verdadera esencia. Cambio radical.
Cambio de vida.
Terminar con una situación. Cortar.
Trasmutación. Regeneración. Renacimiento.
Liberación.

ס: Samej: 60: Sendero **Tiféret - Yesod:** ♐, Sagitario,.
Equilibrio, armonía, contacto con nuestro ser interno. Nuestro ángel.
El trabajo interior. Honestidad con uno mismo. Asumir la propia responsabilidad.
Confianza. La Divinidad nos sostiene. Estamos siendo dirigidos. Estado de Gracia.
Círculo. Ciclos. Romper los ciclos repetitivos de nuestra vida. Atreverse. Ser uno mismo. El niño interior.
Paciencia. Espera. Esperanza.
Los milagros existen.

ע: Ayin: 70: Sendero **Tiféret - Hod:** ♑ , Capricornio.
Ser conscientes. La fuente interna de la conciencia.
Ver las probabilidades y/o posibilidades. Ser creativos.
Sabiduría de la experiencia.
Búsqueda de la verdad. Liberarse de hábitos nocivos, programaciones, ideas inconscientes limitantes sobre uno mismo y la realidad. Todos los filtros de la conciencia.
Visión divina. El tercer ojo.

פ: Pe: 80: Sendero **Nétsaj - Hod:** ♂ , Marte.
Liberación de bloqueos emocionales. Energía psíquica. Líbido.
Equilibrio razón-emoción.
Triunfo sobre la cólera, la frustración, la envidia. En general, sobre las emociones negativas.
Proyección positiva de la personalidad hacia el entorno.
Energía de la palabra. La palabra creativa.

צ: Tsadi: 90: Sendero **Nétsaj - Yesod:** ♒, Acuario.
Estructurar, integrar, desarrollar, crecer.
Canalizar. Unir lo alto y lo bajo, la inmanencia y la trascendencia.
Energía del Tsadiq. Integración de las polaridades.
Influir positivamente en el entorno. Aconsejar, guiar. El terapeuta. La sanación.
Conexión con el cosmos. Conexión con los Poderes.

ק: Qof: 100: Sendero **Nétsaj - Maljut:** ♓ , Piscis.
Contactar con el inconsciente.
La luz brillando en la oscuridad. La Chispa Divina oculta en todas las cosas.
Energía del cuerpo. Aceptación del propio cuerpo.
Armadura de carácter. Las estructuras emocionales congeladas y/o cristalizadas en el cuerpo.
Psiquismo. Ilusión. Sueños.
El absoluto de la Naturaleza. El absoluto emocional.

ר: Resh: 200: Sendero **Hod - Yesod:** ☉, El Sol.
Razón. Discriminación. Voluntad. Intelecto.
Fortalecimiento del ego. Autoestima. Autoafirmación.
Energía del arquetipo «Persona». La Máscara. El rol social. Grupos de referencia.
Plenitud vital. Salud.
Realización personal. Consecución de objetivos.

שׁ: Shin : 300 : Sendero **Hod - Maljut:** Fuego: ♇. Plutón.
Energía. Fuego. Equilibrio energético. Sintonía con la energía cósmica en sus escalas y manifestaciones.
Ciencia. Tecnología. La razón aplicada al conocimiento de la realidad.
Artesanías de la materia.
Comunicación, relaciones, abrirse al mundo.
Adaptarse. Afrontar situaciones. Solucionar problemas. La realidad es siempre cambiante.

ת: Tav: 400: Sendero **Yesod - Maljut:** ♄ Saturno.
Completar, conseguir, terminar, materializar.
Encontrar el propio lugar en el universo. Dar sentido a las experiencias.
Abrirse al mundo interno. Superar la ilusión de lo físico. Sentido de lo trascendente.
Tikún. La vida es la escuela de experiencias. Asumirla y evolucionar.
Yo soy yo y mis circunstancias. No estoy solo en el mundo.
El cuerpo físico. El planeta Tierra.

Todos hemos de trabajar y desarrollar en un momento u otro las cualidades especificadas.

Para definir un orden en el ejemplo que estamos considerando podemos tomar como base de nuevo el Árbol de decanatos y empezar por los senderos que aparecen vacíos. Bien entendido que esta es una hipótesis de trabajo. Como puede haberse visto en lo anterior no consideramos la carta natal y sus derivados como algo fijo e inamovible, sino como una estructura dinámica de contornos borrosos que utilizamos como herramienta para dialogar con nosotros mismos. Creemos que lo importante es la toma de conciencia seguida de los elementos de reprogramación y transformación.

Así, considerando los senderos sin planeta tendríamos los siguientes aprendizajes:

Sendero Maljut Yesod: Implicarse en el mundo material. Ya hemos hablado sobre ello ya que consideramos que es la primera tarea a asumir por el sujeto.

Sendero Maljut Nétsaj: Aceptar y asumir el propio cuerpo. Cuidar la salud sin comportamientos neuróticos.

Sendero Maljut Hod: Relaciones fluidas de comunicación. Escuchar a los demás. No aislarse en sí mismo.

Sendero Yesod Tiféret: Ser uno mismo. Mostrarse en la propia verdad. El niño interior.

Sendero Hod Guevurá: Meditación, aceptación, conservar la calma, no perder el centro.

Sendero Nétsaj Tiféret: Saber romper, cortar, cambios de vida, incluso radicales.

Sendero Tiféret Jésed: Aprender el perdón. Aprender a dar. Amor. Actitud positiva.

Sendero Guevurá Jésed (este sendero está vacío para todos): Autoexpresión, realización, acción, poder personal.

Sendero Guevurá Biná: Es el camino del guerrero. Superación de pruebas. Vencer obstáculos.

Sendero Jésed Jojmá: Aprender y enseñar. Oratoria. Palabra creativa.

Sendero Biná Jojmá (este sendero está vacío para todos): Polaridad. Sexualidad. Arte.

Sendero Biná Kéter: Superación del miedo. Búsqueda de conocimiento.

Sendero Jojmá Kéter: Espontaneidad. Confianza. Lanzarse, El poder del ahora.

Todo ello a ser debidamente formulado y analizado en un largo período de tiempo.

Antes de entrar en cuestiones de tratamiento necesitamos una información más. Se trata del Nombre del conjunto de los 72 y su ángel, correspondientes a cada uno de los elementos astrológicos que vayamos a considerar. En el capítulo VI (Vol. 1) se expone la teoría relativa a estas atribuciones.

Planeta	**Nombre Divino por quinario**	**Ángel correspondiente**	**Nombre Divino por grado**	**Ángel correspondiente**
Sol	אום	Omael	עלם	Elemiah
Luna	מהש	Mahashiah	נלך	Neljael
Mercurio	ירת	Yeratel	ומב	Umabiah
Venus	אום	Omael	מהש	Mahashiah
Marte	לכב	Lekabel	כהת	Kahetel
Júpiter	החש	Hejeshiah	רהע	Rehaiah
Saturno	נמם	Nemamiah	ראה	Rohel
Urano	כהת	Kahetel	אני	Aniel
Neptuno	יבמ	Yabamiah	מצר	Mitsrael
Plutón	הרח	Harajel	עלם	Elemiah
Ascendente	ההה	Hehahel	ומב	Umabel
Medio Cielo	חהו	Jehuiah	עשל	Ashaliah
Nodo Norte	ייי	Yeyayel	להח	Lehajiah
Nodo Sur	ייל	Yeyalel	יבמ	Yabamiah

Por otro lado, el ángel correspondiente al instante de nacimiento (no aparece en la tabla) es Hariel.

¿Cómo tratar, en general, una posición planetaria?

Por ejemplo, en el caso que estamos estudiando, el planeta Mercurio, que se encuentra en el 12°49'27" de LEO.

Además de su propia significación (su naturaleza y su posición en casa 10.ª: carrera estatus social), Mercurio es el regente de las casas 9.ª (de Géminis, que contiene el Nodo Norte lunar) y 11.ª (de Virgo, con Marte en conjunción con su cúspide), con lo que tiene que ver con las áreas de la vida que representan: la mente abstracta, los estudios profundos, la religión, la justicia, los viajes largos, etc., en el caso de la 9.ª y los grupos sociales de referencia, amistades, ideologías, ideales, etc. en el caso de la 11.ª.

Sus casas arquetípicas son la tercera por Géminis –casa en donde se encuentra la ya comentada e importante conjunción Saturno-Plutón-Nodo Sur– y la sexta por Virgo, que contiene a la Luna.

Mercurio es el planeta más elevado en la carta, y por tanto el vértice superior de ese Gran Trígono en Fuego que involucra además a la Luna y Júpiter en los otros dos vértices. Quiere decir que el nativo tiene una enorme cantidad de recursos mentales. El Mercurio metal ofrece una salida y un modo de descarga de la Cruz en T formada por la Luna, Saturno y Plutón, y la línea de los Nodos Lunares.

El aspecto problemático lo proporciona la cuadratura con Urano que, siendo mentalmente original, individualista y excéntrico, le sitúa en conflicto permanente con el orden establecido, lo cual hace difícil su adaptación a las normativas de cualquier índole. Sin embargo este aspecto se puede transmutar dando al individuo un liderazgo (Leo) y una creatividad y capacidad de producción notables.

Veamos, pues, posibles formas de proceder en la práctica:

Letra de Mercurio: Bet ב.

Primera meditación en la letra Bet.

Vocalización del Tetragrama (Hod): יֻהֻוֻהֻ.

Letra de Leo: ט. **Permutación del Tetragrama** en Leo: היוה.

La conjunción de ambas letras abre la puerta (de las 231): בט.

Segunda meditación: Meditar en el par directamente o trabajarlo mediante Tseruf.

Combinación Tetragramática de la permutación en Leo con la vocalización de Hod-Mercurio:

הֻוֻיֻהֻ

Tercera meditación: Conectar con la luz de esta combinación y canalizarla.
Nombre de Dios (de los 72) de Mercurio **por quinario** (tercer quinario de Leo): ירת. Ángel Yeratel.
Nombre de Dios (de los 72) de Mercurio **por grado:** ומב. Ángel Umabel.
Cuarta meditación en estos dos ángeles, juntos o por separado.

SÍNTESIS (Como mandala de meditación o como figura talismánica)

Se puede meditar directamente en esta figura para indagar la información para el sujeto relativa al planeta Mercurio no sólo en el plano físico sino en todos los planos.

¿Cómo tratar un aspecto planetario?

Queremos, por ejemplo dulcificar y transmutar a positivo el aspecto de cuadratura de Mercurio con Urano.

La permutación del Tetragrama con la vocalización de Urano (Jojmá) sería:

יַהַוַהַ

La permutación del Tetragrama con la vocalización de Mercurio hemos visto que era

הֻוֻיֻהֻ.

Podemos, por ejemplo, entrelazar los Nombres, de la siguiente manera:

יַהֻהַוֻהַיֻוַהֻ

También podemos hacer una correspondencia de los distintos tipos de aspecto con las Sefirot del Árbol de la Vida, de la siguiente manera:

Conjunción (0º): Kéter
Semicuadratura (45º): Biná
Cuadratura (90º): Guevurá
Sexquicuadratura (135º): Hod
Oposición (180º): Maljut
Trígono (120º): Nétsaj
Sextilo (60º): Jésed
Semisextilo (30º): Jojmá
Quincuncio (150º): Yesod
Quintilo (72º): Tiféret

Según esto, una cuadratura Mercurio-Urano generaría el siguiente Nombre de 12 letras:

יַהַוַהַיְהְוְהְהֻוֻיֻהֻ

Colocado así linealmente o en triángulo, con un Nombre en cada vértice.

Con la geometría adecuada también podemos trazar configuraciones de múltiples planetas.

En el caso de la cuadratura Luna Saturno, ampliamente comentada antes, primero trabajamos con Saturno (14°34'08" de CAPRICORNIO):

Letra de Saturno: ת

Letra de Capricornio: ע

El esquema de trabajo es:

Letras	**Permutación del Tetragrama**	**Nombre Divino por quinario**	**Nombre Divino por grado**
תע	היהו	נמם	ראה

Meditamos.

Luego hacemos lo mismo con la Luna:

Letra de la Luna: ג

Letra de Leo: ט

El esquema de trabajo es:

Letras	Permutación del Tetragrama	Nombre Divino por quinario	Nombre Divino por grado
גט	יוהווהו	מהש	נלך

Meditamos.

Luego trabajamos el aspecto de cuadratura ([ההוי]) para su transformación en positivo:

היהוהוהוייוהווהו

Aunque la triangulación nos ofrece una alternativa (como mandala de meditación, figura talismánica o trabajo ritual):

Hay que tener en cuenta que éste es un instrumento potente que debe realizarse con discriminación. El horóscopo es una paleta o una matrix de energías. **La clave está en conectar con ellas y ponerlas en relación con áreas o facetas de nuestras vidas.** Una fase de introspección y diagnóstico es imprescindible.

En ella necesariamente daremos un repaso retrospectivo a nuestras vidas, para ver cómo nos ha afectado o se ha manifestado determinado elemento astrológico. Luego es necesario tener muy claro qué queremos transmutar en relación con él. La energía va a ser la misma, pero la cualidad de la frecuencia depende de nosotros, nuestra actitud y nuestro trabajo personal.

Hay que ir procediendo sistemáticamente y poco a poco, por elementos, abarcando después totalidades cada vez más amplias.

Este sería el esquema completo a trabajar para la carta natal que estamos considerando:

Planeta	**Letras**	**Vocalización Tetragrama**	**Nombre Divino por quinario**	**Nombre Divino por grado**
Sol	בר	הֹוֹיֹהֹ	אום	עלם
Luna	גט	יוּהוּווּהוּ	מהש	נלך
Mercurio	בט	הֵוֵיֵהֵ	ירת	ומב
Venus	דט	הִוִיִהִ	אום	מהש
Marte	פי	הְהְוְיְ	לכב	כהת
Júpiter	כס	וֶיֶהֶהֶ	החש	רהע
Saturno	תע	הֵיֵהֵוֵ	נמם	ראה
Urano	או	יַהַהַוַ	כהת	אני
Neptuno	מק	הָהָיָוָ	יבמ	מצר
Plutón	שע	הוֹיוֹהוֹוו	הרח	עלם
Ascendente	דל	והיה	ההה	ומב
Medio Cielo	גח	הוהי	חהו	עשל
Nodo Norte	גח	הֶוִהֶיִ	ייי	להח
Nodo Sur	תע	הֵיְהֵוְ	ייל	יבמ

Ascendente y Medio Cielo, corresponden a Maljut, y la permutación del Tetragrama va, por tanto, sin vocalización. Además, el Ascendente y Medio Cielo, que dependen exactamente de la hora y lugar de nacimiento, añaden un Nombre más de los 72; el correspondiente a la hora local del día. En este ejemplo se trata de הרי (Ángel Hariel)

Las vocalizaciones del Tetragrama en los nodos lunares siguen las atribuciones clásicas de la Geomancia. El Nodo Norte corresponde a Júpiter y Venus (sus vocalizaciones se alternan). El nodo Sur es de la naturaleza de Marte y Saturno y también alternamos sus vocales correspondientes.

¿Cómo hacer una reprogramación completa?

La pauta zodiacal y planetaria constituye, por así decir, el ADN o código de información cósmico. Está dividido en tres anillos de fuerza (considerados los elementos activos en la antigüedad y modernamente representados por los tres planetas transaturninos), el septenario de planos y centros psicofísicos, representado por los siete planetas clásicos, y doce rayos que brillan desde el centro –los doce signos– cada uno subdividido a su vez en seis segmentos, dando lugar a los 72 poderes.

Nuestro ADN, tal como trabaja en la actualidad, es una versión restringida del total, lo que nos retrae a una conciencia muy limitada. Despertar en nosotros y consagrar los 22 factores nos pone en sintonía con la información y programación de la conciencia cósmica.

Por supuesto, los 22 elementos constituyen los senderos del Árbol de la Vida, focalizados por las 22 letras del alfabeto hebreo y las ya conocidas componentes de los diez planetas y los doce signos.

Podemos despertar en nosotros esa conciencia global. Nuestra carta natal es la llave que nos abre la puerta de la energética cósmica. Conectar con las energías a un nivel arquetípico tiene el efecto de una verdadera reprogramación y transformación en positivo de nuestra naturaleza.

Lo primero es sintonizarse plenamente con las energías de los signos del zodíaco (y sus subdivisiones, en este caso los quinarios) y de los planetas. Lo hacemos mediante los Nombres de Dios correspondientes. Nos tomamos el tiempo suficiente y vamos procediendo paso a paso, visualizando las letras como siempre en fuego blanco irradiando luz blanca, recitando, vibrando, meditando y llenándonos con su luz. Permitimos que esta realice su alquimia espiritual.

Empezamos por la pauta zodiacal (letra, permutación del Tetragrama, y sexteto de los 72 Nombres). Luego asumimos los diez planetas, con su letra y la vocalización de su sefirá correspondiente. Así:

Aries

ה

יהוה

1. והו 2. ילי 3. סיט 4. עלם 5. מהש 6. ללה

Tauro

ו

יההו

7. אכא 8. כהת 9. הזי 10. אלד 11. לאו 12. ההע

Geminis

ז

יוהה

13. יזל 14. מבה 15. הרי 16. הקם 17. לאו 18. כלי

Cáncer

ח

הוהי

19. לוו 20. פהל 21. נלך 22. ייי 23. מלה 24. חהו

Leo

ט

הויה

25. נתה 26. האא 27. ירת 28. שאה 29. ריי 30. אום

Virgo

י

ההוי

31. לכב 32. ושר 33. יחו 34. להח 35. כוק 36. מנד

Libra

ל

והיה

37. אני 38. חעם 39. רהע 40. ייז 41. ההה 42. מיכ

Escorpio

נ

וההי

43. וול 44. ילה 45. סאל 46. ערי 47. עשל 48. מיה

Sagitario

ס

ויהה

49. והו 50. דני 51. החש 52. מם 53. ננא 54. נית

Capricornio

היהו

55. מבה 56. פוי 57. נמם 58. ייל 59. הרח 60. מצר

Acuario

צ

היוה

61. ומב 62. יהה 63. ענו 64. מחי 65. דמב 66. מנק

Piscis

ק

ההיו

67. איע 68. חבו 69. ראה 70. יבמ 71. היי 72. מום

Luna

ג

יוהווהו

Mercurio

ב

יהֶוֶהֶ

Venus
ד
יִהִוִהִ

Sol
ר
יֹהֹוֹהֹ

Marte
פ
יְהְוְהְ

Júpiter
כ
יֶהֶוֶהֶ

Saturno
ת
יֵהֵוֵהֵ

Urano
א
יַהַוַהַ

Neptuno
מ
יָהָוָהָ

Plutón
ש
יוֹהוֹווֹהוֹ

Lo segundo es introducirse en la propia carta y hacer una lectura personal lo más completa posible, de modo que seamos capaces de relacionar verdaderamente cada factor con un aspecto de nuestra naturaleza.

Es necesario construirse un cuadro como el anterior del ejemplo estudiado aplicado a nuestro caso. **Después ir trabajando cada planeta como se ha explicado antes y según el procedimiento general de meditación con letras y Nombres.**

Para hacerlo todo de una vez es necesario un contexto de retiro. Si no, se puede trabajar un planeta o factor cada vez, pudiéndole dedicar varias sesiones de meditación a lo largo de varios días.

Es evidente que aquí sólo se han enunciado algunos procedimientos. Este campo es susceptible de una creatividad individual inmensa.

CAPÍTULO 11

Adivinación. El Tarot cabalístico

Generalidades sobre la adivinación

Estudiamos adivinación por su valor educativo, en el sentido del desarrollo de la intuición de la persona y en el de ser capaz de ver en las situaciones y en el flujo de los acontecimientos las pautas arquetípicas. Es desplegar un modo de pensamiento que es más bien simbólico y por tanto no exclusivamente analítico; que tenga también en cuenta el pensamiento inconsciente y la intuición.

También es un gran método de diagnóstico psicológico y vital y, por tanto, si se utiliza sabiamente en consulta, es un buen instrumento para guiar y ayudar a otras personas en momentos importantes de su vida.

Adivinar es sintonizar con la maquinaria del universo. Las «cosas» suceden en Yesod, en el éter, antes de que ocurran en Maljút, y están de alguna manera prefiguradas. Yesod, como receptáculo de todas las emanaciones, recibe de todos los planos causales y plasma las influencias en líneas de fuerza e imágenes que filtra y proyecta hacia Maljút. Es así la última sefirá que es causal antes de que ocurran las cosas.

Adivinar es leer en el éter la pauta de lo que está sucediendo y de las tendencias de lo que va a ocurrir.

Hay dos tipos fundamentales de sistemas de adivinación: sistemas de mareas y sistemas fijos.

El sistema de mareas depende del dinamismo y estado cambiante del éter. Al hablar de mareas nos referimos a las mareas etéricas.

Hacemos una pregunta y según el sistema que estemos utilizando construimos una figura que es un símbolo o un conjunto de símbolos arreglados de una manera determinada, y sobre esa figura leemos la respuesta de acuerdo con el sistema simbólico que estemos utilizando. La pregunta no tiene por qué ser respecto un futuro hipotético, sino más bien sobre «la situación actual» en todos los planos –material, psicológico, espiritual– que nos hablará de las tendencias presentes y quizá de los posibles futuros en un sentido amplio.

En los sistemas fijos la forma es algo está dada para siempre, por ejemplo una lectura o predicción basada en el horóscopo. Incluso aunque hagamos progresiones y tránsitos, la interpretación está basada en cómo inciden sobre la configuración planetaria en el momento del nacimiento. La astrología horaria es un sistema mixto: se hace una pregunta, y entonces se miran las posiciones planetarias de ese momento concreto y se hace la predicción.

La quiromancia es también un sistema fijo. Aunque la mano cambia, lo hace muy lentamente. Los sistemas basados en la numerología del nombre y/o de la fecha de nacimiento también son fijos.

Tarot, I Ching, Geomancia, etc., son sistemas de mareas. También lo es la Bibliomancia (el utilizar versículos del Tanáj o de los Salmos extraídos a «azar» en relación con una pregunta) o el uso de cartas de letras hebreas o procedimientos similares.

En el sistema de mareas el vínculo con el éter lo proporciona la persona que hace la pregunta, y quien la lee se vincula a través del consultante (ya hemos hablado sobre todo ello en capítulos anteriores). Hay que tener en cuenta que el sistema utilizado es un instrumento, una herramienta. Es fundamental la relación personal dialógica entre el consultante y el llamémosle consejero, asesor o acompañante para evitar el título peyorativo de adivino. El consejero hace de espejo y habla, idealmente, en nombre del Yo superior del consultante.

El que hace la echada, generalmente el consultante, es el que con los movimientos realizados y con el ritual de preparación en cada caso, quita el azar, porque por mucho que parezca lo contrario –de que las respuestas dependen del azar– el efecto del barajar, cortar, mover las piedras, arrojar las monedas, etc., es quitar el azar de la pregunta. Por eso es necesario que la persona esté en ese momento concentrada en lo que quiere saber de verdad, porque eso de alguna manera hace que lo que vaya a sacar tenga las cualidades de ese instante de tiempo que sean relevantes a la pregunta. La concentración y el contexto creado (usar el color de Yesod –violeta– para el mantel, el tener los instrumentos guardados en un recipiente especial, el que las monedas siempre sean las mismas, etc.), en fin, todo lo que contribuya a que la acción esté separada de una actividad profana, hace que desconectemos de la mente ordinaria y nos abramos a la mente intuitiva.

Hay que tener en cuenta que en la adivinación nos movemos en el terreno de la sincronicidad. Según esto, el tiempo es cualitativo. Cada instante presenta una cualidad esencial única y todo lo que sucede en ese instante está sincronizado entre sí y con esa cualidad, no necesariamente de una forma causal. Es el principio de no localidad, reconocido por la mecánica cuántica.

La vinculación no local se produce al nivel de la conciencia; no de la conciencia egoica, inmersa ella misma en el colapso de la función de onda cósmica, sino de la conciencia primordial, el agente causal del colapso, cuyo medio pleromático es un espacio de pura posibilidad o potencialidad, la cual elige entre todas las posibilidades ésta que llamamos el universo (y que se crea en cada instante, en sincronicidad con los sujetos/objetos, pues estos son el resultado del Dáat fragmentado). Así, todo objeto (o sistema, o acontecimiento, etc.) está vinculado con todos los demás en la conciencia a través de la no localidad.

Quiere decir que en las coincidencias significativas es el observador –la conciencia– el que da el significado. El papel de la persona es insoslayable. La propia interpretación fija y contribuye a llevar a tierra los acontecimientos. Siempre hay una retroalimentación, ya que las personas también forman parte de la ecuación del sistema. Por eso es fundamental interpretar las cosas de un modo positivo.

Hay que distinguir entre clarividencia y adivinación, aunque lo segundo puede llevar a lo primero (o ayudar a desarrollarlo). La clarividencia es visión directa. Por supuesto, hay personas que combinan la clarividencia con el sistema de adivinación, pero aquella no es adivinación en sí. La adivinación tiene una parte intuitiva y una parte deductiva; la clarividencia no tiene nada de lógica, es ver una cosa y punto, sin saber cómo, porque trabaja un aspecto distinto de la psique.

Todo el mundo puede usar un sistema de adivinación, porque todos tenemos esos niveles subconscientes de sabiduría intuitiva, que es de donde se extrae información. Todo usamos nuestro Yesod inconscientemente; se trata de adiestrarse para hacerlo conscientemente.

A pesar de la importancia de la intuición nunca hay que renunciar a la racionalidad. El arte de la adivinación consiste en combinar ambas. Lo primero es un conocimiento lo más completo posible del sistema que se va a utilizar: lo que significa cada elemento, aprender sus correspondencias, pero no olvidando que los símbolos son multiordinales, que las respuestas no son fijas. Es fundamental seguir un programa de meditación profunda sobre los símbolos del sistema para establecer el necesario puente activo con la mente subconsciente (y espiritual, a través de él).

Después, en la práctica adivinatoria, hay que soltarse y dejar vía libre a la intuición. Lo ideal es usar una dosis equilibrada de ambas cualidades. Cada cual ha de encontrar su propia vía interpretativa. Es la práctica sistemática lo que da la maestría.

Preguntar también es un arte; hay que preguntar lo que realmente queremos saber. La pregunta tiene que ser tiene que ser coherente, completa, y sobre todo honesta. Sin embargo puede ser conveniente en los primeros estadios ver el mismo problema con diferentes sistemas de adivinación, como ver diferentes caras.

Los sistemas de mareas normalmente se complementan. Con diferentes sistemas se ven distintos aspectos de la cuestión. Los sistemas no son exactamente iguales, la verdad es infinita. No hay que buscar correspondencias exactas entre los mismos.

No conviene usar siempre el mismo sistema, ya que uno acaba siendo afectado por él, generando un tipo de desequilibrio. No es aconsejable tener un sistema hiperactivado respecto de otros, sino más bien usarlos de forma equilibrada. Ni tampoco usar constantemente la adivinación para todo, ya que empezaríamos a desarrollar un tipo de pereza mental, dejando que el sistema tome todas las decisiones por nosotros, que nos resuelva todos los problemas. Empezamos entonces a perder voluntad e individualidad. La adivinación está para desarrollarnos; no para lo contrario.

Interpretar para uno mismo es complicado, porque es muy difícil liberarse de las propias proyecciones y de los propios deseos y miedos.

Una nota sobre el uso de imágenes:

Las personas sin un compromiso religioso específico que incluya la prohibición de imágenes, no tienen ningún problema en ese sentido. En caso contrario es necesario revisar la interpretación del segundo mandamiento del Sinaí que dice: «No te harás imagen o escultura de lo que hay arriba en el cielo y abajo en la tierra y en las aguas debajo de la tierra. No te postrarás ante ellas ni las servirás, etc.».

El mandamiento evidentemente se está refiriendo a un uso exotérico de las imágenes de forma idolátrica –como dioses– pero no parece aludir a lo que se encuentra «dentro» del ser humano, es decir, a los arquetipos del inconsciente. Nadie piensa que las imágenes del Tarot, por ejemplo, sean dioses, ni creo que nadie tenga intención de postrarse ante ellas y adorarlas. Se trata de instrumentos que sirven para reflejar estados internos.

Si se prohibiera el uso de mapas de conciencia, habría que prohibir también el Árbol de la Vida, por ejemplo. Lo que el mandamiento quiere decir, reformulado en términos positivos, es que la Sabiduría –se trata del segundo mandamiento correspondiente a Jojmá– es aformal y que el mapa no es el territorio. Debemos por tanto esforzarnos en no confundir los planos.

Hemos insistido en este punto ya que nos vamos a ceñir al uso del Tarot, siendo evidente que no podemos abarcar en un libro de estas características a todos los sistemas.

Elegimos el Tarot por su potencia evocativa y porque, sea cual sea su origen y génesis –un tema en el que no vamos a entrar aquí– en la modernidad ha confluido de una forma bastante unívoca con el sistema del Árbol de la Vida.

Algunos fundamentos teóricos del Tarot cabalístico

La baraja del Tarot consiste en una colección de 78 cartas: 22 arcanos mayores, 40 arcanos menores y 16 cartas reales, constituyendo tres tipos de representaciones diferenciadas entre sí.

Considerado en el contexto de la Cábala, posiblemente su suelo madre, vemos que se ajusta perfectamente a su estructura simbólica fundamental que es el Árbol de la Vida.

El Árbol de la Vida es un símbolo compuesto de diez esferas o sefirot y de veintidós canales intercomunicantes llamados senderos. Las sefirot corresponden a las diferentes esferas o planos de manifestación de lo real y las 22 letras del alfabeto hebreo a los senderos que las unen entre sí. Dicho de otro modo, las letras corresponden a las veintidós formas de articular las relaciones sefiróticas en el Árbol haciendo circular la energía por todos los planos de la realidad.

Para completar el esquema hay que considerar que la manifestación se despliega en cuatro mundos y que en cada uno de ellos hay un Árbol de la Vida (40 esferas). También se corresponden con los cuatro elementos en su forma más exaltada. Y fundamentalmente con las letras del Tetragrámaton, YHVH, el Nombre de Dios por excelencia, que es la metafórmula de la Manifestación. Y si bien cada letra corresponde a un mundo, en cada uno se despliega también el Nombre completo, lo que da lugar a un conjunto de 16 elementos.

Se tiene así una representación completa de los todos los factores que configuran la Realidad, 78 en total. De acuerdo con la numerología cabalística, 78 es el valor numérico de la palabra Mazla (MZLA) que significa (en arameo) destino, suerte, fortuna y también estrella. Según el Zohar, el principal texto de la Cábala (escrito en arameo),

Mazla es la influencia que desciende desde Kéter (la primera sefirá). El número 78 es también tres veces el valor del Tetragrámaton (YHVH = 26). La Tradición señala que esta estructura triple, YHVH YHVH YHVH, constituye en sí misma el Nombre de Dios de doce letras, con el que, según el Zohar de nuevo, el profeta Elías alcanzó la inmortalidad.

Así, la hipótesis fundamental es que cada lámina del Tarot representa, en lenguaje pictórico, uno de los elementos fundamentales de la Realidad. Hay así 40 sefirot (cuatro Árboles) distribuidos en cuatro conjuntos de diez (cuatro palos) que son los llamados arcanos menores. Por otro lado, los poderes vivientes de las letras del Tetragrámaton se despliegan en cuatro Rostros de manifestación (Padre, Madre, Hijo, Hija) que, considerados en los cuatro mundos, están representados por las 16 cartas reales.

Quedan, por último, los 22 arcanos mayores, cuya atribución resulta obvia: 22 senderos del Árbol de la Vida, 22 letras del alfabeto hebreo y, por último, 22 variables principales de la astrología: en la antigüedad tres elementos activos (fuego, agua y aire), siete planetas visibles y doce signos zodiacales; modernamente diez planetas[1] y doce signos.

Y son aplicables las palabras del Séfer Yetsirá (otro texto cabalístico fundamental) referentes a las letras hebreas:

«Veintidós letras fundamento. Las fijó en una rueda con doscientas treinta y una puertas[2] *y giró la rueda adelante y atrás.*

Una señal de esto la tenemos en que nada en Tov (Bien) es superior a Oneg (Ayin, Nun, Guimel: placer o coito) y nada en Ra (Mal) es inferior a Nega (Nun, Guimel, Ayin: plaga o leprosía).

¿Cómo las agrupó, pesó, intercambió?

---

1. A pesar de que los astrónomos han descatalogado a Plutón como planeta, esotéricamente seguimos considerándolo. Nos encontramos en un período de transición respecto a la comprensión de muchas cosas.
2. El número de combinaciones (grupos sin repetición y sin considerar el orden) de 22 elementos tomados de dos en dos. En Tarot, las agrupaciones por parejas de los arcanos. Si consideramos ternas, sin considerar el orden, tendríamos 1540 situaciones básicas.

Alef con todas y todas con Alef, Bet con todas y todas con Bet, y así sucesivamente resultan las doscientas treinta y una puertas. Toda la Creación es la consecuencia y toda la Revelación sale de un Nombre».

Lo cual puede afirmarse de todo el conjunto: Sopesar y meditar, agrupar y combinar, intercambiar y permutar, hasta que los símbolos se cargan de energía psíquica, se convierten en canales de la Energía, la ponen en movimiento, la hacen cristalizar en formas sutiles, y lo que empezó como un banal juego, quizá de adivinar el futuro, deviene en un valiosísimo instrumento para la solución del principal problema que tenemos planteado: conocernos a nosotros mismos y realizarnos en todos los planos del ser.

Los arcanos mayores del Tarot

Se echa de menos en la literatura sobre el tema un análisis exhaustivo de los Arcanos en relación con el Árbol de la Vida. Razón por la cual nos extendemos en este punto aportando una descripción de los mismos. Las correspondencias con los senderos del Árbol ya se han expuesto en el capítulo anterior.

סכל. SAJAL. EL LOCO

Nombre en hebreo: סכל, Sajal, el loco (סכלה, sejalá en femenino). Valor numérico = 110. También Kesil, כסיל (120), Feti, פתי (490) y Shoté, שוטה (320). No deja de ser curioso que el valor numérico de Kesil sea el mismo que el de la letra-palabra Samej, cuya raíz lingüística significa pilar, soporte, sostén; y también de Amud, pilar, columna (y también Masaj, cortina). Por otra parte, 490 es el número de Tamim, íntegro, perfecto, entero, así como de Pedut, que significa liberación. Tampoco deja de ser curioso que Séjel sea locura, mientras que Shéjel (con Shin en vez de con Sámej) signifique precisamente inteligencia.

Ángel: Jeyasiah, חיסיה = 93 = Maguén (escudo), méguen (defensor), magan (gratis, gratuitamente).

¡Conócete a ti mismo y conocerás el Universo y a los Dioses!, decía el oráculo de Delfos.

Para conocer la suprema identidad es necesario des-identificarse.

¿Quién soy yo?

Cualquier cosa que diga, ese no soy.

Si no soy mis pertenencias, los objetos a los que me aferro, incluido lo que pienso e imagino que es mi cuerpo…

Si no soy esa sensación de identidad que experimento cuando pronuncio mi nombre y apellidos, o cuando pienso la palabra yo

Si no soy nada de lo que las teorías que sostengo –científicas, filosóficas, místicas, etc.– afirman que soy , y no cabe una respuesta conceptual, intelectiva, a la pregunta ¿quién soy yo?…

Si tampoco soy esos seres queridos a los que me apego y en los que me reflejo…, ni ese sustrato emocional con el que estoy identificado y sin el cual parece que yo no sería yo.

Si nada de lo que imagine es más que eso, el fruto de mi imaginación , y ningún mito en última instancia va a redimirme

¿Quién soy yo?

Preguntémosle al LOCO:

¿Quién eres? Silencio.

¿De dónde vienes? Silencio.

¿A dónde vas? Silencio.

Y ya no está. Ha pasado.

«El viento sopla donde quiere, y oyes su voz, pero no sabes de dónde llega ni adónde lleva; así es todo el que ha nacido del espíritu».

Pero, podemos pensar, ¿por qué la imagen de un bufón errante?

Porque un bufón es un ser marginado esencialmente, pero que al mismo tiempo domina todos los roles sociales. Y es errante porque es libre. Tal como dice San Juan de la Cruz en la Subida al Monte Carmelo: «Ya por aquí no hay camino, que para el justo no hay ley».

En la obra citada de San Juan de la Cruz, se tiene la siguiente inscripción en la «senda estrecha de la perfección» que asciende recta al Monte: «nada nada nada nada nada». Y un poco más arriba está escrito: «Y en el Monte nada».

O como dice Rabí Dov Baer, el maestro jasídico, llamado el gran Maguid:

«Piensa en ti como nada y olvídate por completo de ti al orar. Ten sólo en mente que estás rezando por la Presencia Divina. Entonces podrás entrar en el Universo del Pensamiento, un estado que está más allá del tiempo. En ese dominio todo es lo mismo, la vida y la muerte, la tierra y el mar... Pero para poder entrar en el mundo del Pensamiento, en el que todo es lo mismo, debes renunciar a tu ego y olvidarte de todos tus problemas. No podrás llegar a ese nivel si te adhieres a cosas físicas mundanas. Porque así te adhieres a la división entre el bien y el mal, que está incluida en los siete días de la Creación. ¿Cómo podrás entonces aproximarte a un nivel por encima del tiempo, en el que reina la unidad absoluta? Además, si te consideras a ti mismo como «algo» y pides por tus propias necesidades, entonces Dios no puede vestirse a Sí mismo en ti. Dios es infinito y no hay vasija que pueda contenerle, excepto cuando un individuo se hace a sí mismo como Nada».

Se interpreta esencialmente este arcano como «espíritu», incondicionado, sin forma, aunque capaz de asumir todas las formas que son como sus vestiduras o disfraces (y que el personaje porta en el hatillo –sus posesiones– en el que guarda todas sus potencialidades, que es como decir el mundo fenoménico en su totalidad). Corresponde al sendero 11.º que une entre sí Kéter y Jojmá (Corona y Sabiduría) y es una representación pictórica de la letra Alef. Su energía astrológica se manifiesta mediante el elemento aire (una condensación del espíritu)[3] y modernamente mediante el chakra planetario de Urano.

3. Y ambos vienen representados por la misma palabra en hebreo: Rúaj.

En el Árbol de la Vida todo sendero es una vía de dos direcciones. Puede recorrerse en sentido descendente (involutivo) o ascendente (evolutivo). En el primer caso hablamos de la inmersión del espíritu en la manifestación. Este espíritu queda subyacente a todo como unidad, por lo cual la ausencia de número o la atribución del cero a este arcano queda justificada, porque ¿qué número le podríamos asignar a un estado anterior a cualquier tipo de forma? Así, la carta nos presenta la historia de un personaje que va recorriendo, por así decir, todos los arcanos, que sin tener número en sí mismo está detrás de todos los números. Como el Loco es el *uno-en-movimiento*, y no hay otra cosa más que la unidad, nuestro peregrino errante se pone sucesivamente las máscaras de los demás arcanos que representan los diferentes estadios que va atravesando ese *uno-en-movimiento* en el curso de la evolución. Por eso el sucesor del Loco en las barajas modernas[4] –el comodín o joker– puede sustituir a cualquier otra carta.

Queda entonces explicado el precipicio de algunas representaciones (T.W.)[5] como el salto cuántico (es decir, que se da de golpe –no se puede trepar este acantilado– inconmensurable entre lo inmanifestado y la manifestación.

¿Qué impulsa al espíritu a dar ese salto? O, ¿qué parece que impulsa al Loco (T.M.)[6] a moverse hacia delante? Es aquí donde interviene el simbolismo del animal: una fuerza inconsciente que se manifiesta como instinto. En realidad, el movimiento de este bufón errante es de izquierda a derecha (T.M.), que en simbolismo clásico representa de lo pasivo a lo activo, de lo potencial a lo actual, de lo inconsciente a lo consciente. Ese es el sentido de la evolución: hacia la conciencia (conciencia de sí o autoconciencia). El animal le ataca en la carne, no en las vestiduras.

Y en su camino en busca de experiencia se sirve de una vara o bastón como apoyo. Solo los personajes con poder usan este tipo de ins-

4. El único arcano que ha sobrevivido.
5. Tarot de Rider-Waite
6. Tarot de Marsella

trumento –vara, cayado, cetro, bastón, etc.– que, en general, es un símbolo de la voluntad. En este caso no se ve el extremo inferior del bastón del Loco (a diferencia del Ermitaño, arcano n.º 9): no se apoya en ningún sitio –no existe ningún lugar– no sigue ningún camino. Él es –su estado de conciencia– el camino. Como dice el poema de Machado: «Caminante, no hay camino; se hace camino al andar». Anda con libertad, aunque no con capricho (el perro siempre le acompaña). Su voluntad (la voluntad creadora del espíritu) y su libertad son una y la misma.

El Loco es el arquetipo del idiota sabio, un personaje que no sigue las normas: las transciende, está más allá de ellas. Sin embargo, destila esa sabiduría luminosa que también a veces podemos percibir en las personas absolutamente espontáneas e inocentes. Delante de él (T.M.) las plantas sin color se tornan verdes. Como dice el comentario al último grabado en la doma del toro (en el Zen, representando el estado último, más allá incluso de la iluminación): «Desnudo el pecho y descalzo, penetra en la plaza del mercado; Embadurnado de barro y cenizas, ¡qué amplia es su sonrisa! No es necesario el poder milagroso de los dioses, pues le basta tocar para que los árboles muertos florezcan en plenitud».[7]

חובר. JOBER. אט. ET. EL MAGO

חובר= 216 = 6^3 = גבורה, Guevurá = דביר, Debir, Santuario, el Santo de los Santos = האיר, Heir, iluminar, encender, explicar, esclarecer = הורה, Horá: madre, progenitora, concepción, embarazo; Horé: padre, progenitor.

Yijud: las 216 letras de los 72 Nombres de Dios.

אט = 10 = Yod, origen, punto de infinito.

Ángel: כקמזיאל = Kokamziel = 208 = חקק, jakek: grabar, tallar, legislar, constituir, prescribir, trazar, dibujar.

7. Citado de Zen flesh, Zen bones, Pelikan Books.

El Mago es el artífice de la ilusión cósmica, como el prestidigitador que crea una ilusión de existencia distrayendo la atención y manejando rápidamente sus instrumentos para que no se adivine «el truco» (la ausencia de existencia propia). En este caso los instrumentos son el poder del cuaternario: cuatro elementos, mundos, funciones psicológicas, etc., pero sobre todo las cuatro letras del Nombre que son su esencia: Toda la Creación brota de un Nombre (el Verbo, la Palabra), por la proyección y permutación (movimiento, transformación) de sus letras.

Si en mecánica cuántica la función de onda nos da toda la información de la partícula y, en particular, su probabilidad de presencia (existencia), se puede deducir que el sustrato básico del universo es la unidad de información, el bit, la opción si-no a una posibilidad (relación con la Bet). Todo es mente, el Todo es mental. Mercurio, mitológicamente, es el mensajero de los dioses, poniendo en comunicación los mundos (y en particular el campo unificado de la Mente Divina con su sustrato en el Ayin).

Meditación: Estructuración del campo de vacío. Wu = Mu = Ayin. Mi bará eleh (¿Quién ha creado estos?) Bará Elohim (Creó a Elohim). Reducción de la existencia a letras que emergen del infinito y retornan a él. El poder del Nombre. Tseruf, combinación, permutación. Parar la mente = Detener el mundo. Séfer Yetsirá: Diez Sefirot de la Nada y veintidós letras fundamento. El vacío fértil.

La mente es el principio de toda discriminación, pues a partir de este punto todo aparece en forma dual (figura-fondo, esencia-accidente, materia-forma, ser-devenir…).

Pero el sombrero del infinito que reposa sobre la cabeza del Mago demuestra que, por una parte, la dualidad pertenece a nuestra esfera mental y, por otra, que todos los opuestos forman una e indivisible realidad, una superficie de una sola cara, como una banda de Möebius, que es eso –infinita– porque carece de fin.

Sus instrumentos están representados por los cuatro objetos que hay sobre la mesa. En esencia, representan las cuatro letras del Nombre de Dios. La autoafirmación divina, representada simbólicamente por

Su Nombre, es la forma esencial, el modelo que diferencia y organiza la materia prima, que es el sustrato o la sustancia de la mente. El Nombre de Dios es la Palabra que da lugar a todo lo que existe. Toda la creación dimana de un único Nombre.

יהוה: Sus tres letras, Yod, He, Vav, en sus permutaciones sellan las dimensiones duales –el infinito de arriba y el infinito de abajo, el infinito del este y el infinito del oeste, el infinito del norte y el infinito del sur– determinando así un espacio interior como morada de la conciencia de Adam Qadmón (el Hombre Arquetípico), y los cuatro caracteres permutados, Yod, He, Vav, He, constituyen las doce diagonales del cubo que son los brazos del mundo (*véase* Séfer Yetsirá).

¿Qué son los cuatro elementos, cuyos símbolos se encuentran en la mesa de tres patas (T.M.) frente al Mago?

La cruz sobre la que Adam está extendido.

En clave psicológica:

Las cuatro funciones de la conciencia –sensación y sentimiento, pensamiento e intuición–. Mas teniendo en cuenta que a este nivel exaltado (Kéter-Biná) Self y Mundo no están aún separados;[8] al hablar de una función nos referimos tanto al sujeto cognoscente como al objeto conocido unidos en el acto de conocer, que es el ejercicio de esa función. Así, la sensación, la segunda He del Tetragrama, crea tanto en mundo de los objetos como la percepción de los mismos. Pues, ¿son acaso los objetos algo independiente de su percepción?

He aquí otra clave cuádruple que abarca el todo de la Manifestación: los cuatro mundos de los cabalistas:

Atsilut, el mundo emanativo, el plano de lo Divino, la raíz del Ser aunque Nada de lo que digamos de él es.

Briá, el mundo del Ser, el plano de las cualidades puras.

Yetsirá, el mundo de la Formación, el plano en el que esas cualidades se visten de formas diversas.

---

8. La separación tiene lugar tras la esfera de Dáat (Conocimiento).

Asiá, el mundo de la Acción, la concreción de esas formas en un continuo espacio-tiempo-sucesos.

Así pues:

Yod, punto de infinito, esencia luminosa única.

Yod He, la primera dualidad: conciencia-vida, sujeto-objeto, ser-devenir...

Yod He Vav, la trinidad de las fuerzas, activa-pasiva-equilibrante, representadas en el Séfer Yetsirá por las tres letras madres, Alef-Mem-Shin.

Y como este texto cabalístico expone: «Tres letras simples que encierran el secreto de las tres madres», que son: Yod-Fuego, He-Agua, Vav-Aire, elementos que respecto de la Tierra son activos. La Tierra es de naturaleza pasiva y por eso está simbolizada por la segunda He, lo que completa el Nombre.

Yod He Vav He: cuatro elementos-mundos-funciones de orientación-puntos cardinales: el Fuego-Luz energía del Pensamiento Divino (cuchillo); el Aire-Soplo de Vida única (vara); el Agua-continuo de Amor universal (copa); la Tierra-estructura de la Ley Cósmica (pentáculo).

«Yo soy YHVH: Tetragrama es mi Nombre». Y el Mago es el maestro del Nombre, la inteligencia que se piensa a sí misma, que proyecta una imagen de sí misma en un acto de entendimiento.

Y el subdividir, permutar, combinar... todo ello es el incesante «juego de manos» del Mago o Ilusionista. Quedamos tan fascinados por tan increíble juego que entramos de lleno en él, nos hipnotizamos con él (olvidando cómo despertar), nos creamos a nosotros mismos con él, somos su consecuencia.

כהנת גדולה. KOHÉNET GUEDOLÁ. LA SUMA SACERDOTISA

La Sacerdotisa, la Papisa. Representa los misterios internos detrás de toda religión, los misterios de la conciencia mística, unitiva, la Conciencia con mayúsculas. Es la Sabiduría como femenina, la Prajnaparamita, Sofía, la Torá celeste, el Dáat Elión o Ciencia del Altísimo, el sentido místico de la Torá. Sendero Keter-Tiferet: Vista desde abajo es la trasmisora de conocimiento (la Torá). Desde arriba es la consorte del Dios del Vacío

«Feliz el hombre que encontró la Sabiduría y el varón que ha adquirido la Inteligencia, porque vale más su adquisición que adquisición de plata y más que el oro puro su obtención. Más preciosa es que las perlas y todas las joyas no la igualan. Largueza de días hay en su diestra; en su izquierda riquezas y gloria. Sus caminos son caminos de delicias y todas sus sendas son apacibles. Es Árbol de Vida para quienes se asen a ella y los que la retienen son felices. YHVH fundó la Tierra en Sabiduría, afirmó los cielos con Inteligencia; por su Ciencia (Dáat) se hendieron las profundidades y las nubes destilan rocío [el rocío de la noche es la Luz de En Sof, la Luz Infinita]».

(Prov 3:13-20)

«A ésta amé y busqué desde mi juventud,
y pretendí llevármela como esposa,
y me enamoraré de su belleza».

(Sab 8:2)

«YHVH me creó al principio de su proceder, con anterioridad a sus obras, desde siempre. Desde la eternidad fui constituida, desde el comienzo, antes de los orígenes de la tierra.

...

Junto a Él estaba yo como artífice, y era sus delicias día a día, jugueteando con Él en todo instante, jugueteando en su globo terráqueo y teniendo mis delicias en los hijos de Adam».

(Prov 8:22-23, 30-31)

«Cuando tu mente se torne tan silenciosa como la niebla al ponerse el sol, la Divinidad te susurrará al oído su más profundo secreto: El Dios de este mundo se encuentra en tu interior y tú lo sabes. En esas silenciosas ocasiones en que la mente se aquieta, el cuerpo se relaja en el infinito y los sentimientos se expanden hasta fundirse con el mundo, en esos sorprendentes instantes, la verdadera naturaleza de todo lo manifestado se revela como una luminosidad sutil, una serenidad radiante y una resplandeciente transparencia que estalla, ahora igual que siempre, en un Resplandor compasivo ante el que retroceden todos los ídolos; un Amor tan apasionado que abraza por igual la luz y la oscuridad, el bien y el mal, el placer y el dolor porque «Yo hago que la Luz se derrame tanto sobre el bien como sobre el mal. Yo, el Señor, hago todas esas cosas», y un Calor tan intenso y ardiente que fundirá tus huesos y te arrojará al suelo sobrecogido, suplicante, reverente y entregado.

En el mismo instante en que te postras ante ese Resplandor, aplastado por una Fuerza que disgrega tu mente, tu cuerpo y tu ego y los convierte en polvo microscópico e insustancial, escucharás un murmullo apenas audible, como si una hermosa mujer susurrase tu nombre en mitad de una noche resplandeciente iluminada por la luna plateada. Entonces descubrirás que estás arrodillado ante ti mismo. ¿Realmente no recuerdas quién y qué eres? ¿No dijo acaso san Clemente que quien se conoce a sí mismo conoce a Dios?

Más profundo que la naturaleza, más profundo que el cuerpo, más profundo que la mente y más profundo aún que todos los pensamientos juntos, el resplandor luminoso y trémulo irradia del Corazón, se refleja en tu coronilla e ilumina el universo entero. El verdadero secreto de la Divinidad sutil es que la luz del sol, de las estrellas y de la naturaleza proviene directamente de tu mismo Corazón. En cierta ocasión, Wordsworth se refirió a esa luz diciendo «Una luz que procede de mi mente y que otorga un nuevo resplandor a la puesta de sol», algo que sólo podrás ver en esos momentos silenciosos en que dejas de mirar a las sombras de la caverna y diriges tu atención hacia la Luz resplandeciente que todo lo ilumina.

Las instrucciones para encontrar a Dios están grabadas en tu Corazón y son muy sencillas: relaja tu mente y tu cuerpo, contempla con reverencia y devoción el Corazón y siente el resplandor amoroso y luminoso que impregna tu cuerpo, tu mente, la naturaleza y todas las naciones. Una corriente de Compasión Luminosa crea y sostiene el reino ordinario y manifiesto, una Corriente a la que se conoce con nombres muy diversos

–Espíritu Santo, Sambhogakaya, saguna Brahman, Arwah (o luminosidad divina), Keter, cuerpo sutil– pero que, en todos los casos, no es más que el sonido del pulso de tu Corazón marcando el ritmo del latido del mundo.

No te comprometas solamente con lo que te guste, no selecciones ni elijas, no niegues que tú mismo eres el padre y la madre de todos y cada uno de los acontecimientos de este Kosmos que es el tuyo».

Ken Wilber
«La Pura Conciencia de Ser»

Y la Suma Sacerdotisa es la Diosa Lunar (Shejiná), no en el sentido yesódico de reflectora de la conciencia tiferética, sino en el del disco lunar, perfecta circunferencia de luz plateada brillando sola en la noche primordial. Como dice el Hokyo Zen Mai VII: «La medianoche es la verdadera luz, el alba no es suficientemente clara». Ella es la perla del rocío (... porque el rocío de las luces es tu rocío... Isa 26:19) pues esta blanca diosa es la Amada de la Noche, eternamente unida en éxtasis y abrazo perfecto con el Dios del Vacío, el Señor primordial.[9]

Ella tiene la llave de Dáat, el Conocimiento, ese agujero horadado en el Árbol de la Vida cuando el fruto fue dividido (Adam → Ish/Ishá). Y a quien quiere (sus amados, los que la aman) lo revela. Y a quien intenta forzarla proyectando la ilusión de su conciencia egoica, lo pierde entre sus velos de ilusión que fluyen y refluyen y nunca cesan. Allí le deja soñar sus sueños de conciencia cósmica, pues sólo suyo es el despertar eterno.

9. Adón, אדון, Señor en hebreo, tiene un valor numérico de 61, el mismo que Ain, la Nada, el Vacío. Por otra parte, Adón Olam, Señor del Mundo, es 207, mismo valor que En Sof, el Infinito.

כהנת גדולה = 523 = מורה דרך, Morá Dérej, guía, maestra del camino. Pero también 523 = תעה: Taas, errar, extraviarse, perderse; e הסתובב, Histobeb: girar, darse vueltas, vagar, vagabundear.

523 = דעת אל חי : Dáat El Jai, Conocimiento (del) Dios Vivo = צלם שדי אל חי : Tsélem Shadai El Jai, forma, imagen o semejanza de Shadai El Jai = Simán Shadai El Jai, siendo simán señal, huella, marca o signo.

523 = 522 + 1 = אשר אהיה (Quién Yo Soy) + Unidad.

523 = יוד הי יוד הי
יוד הא יוד הא
יוד הה יוד הה
יהוה אלוה

Ángel: כמיתיאל: Kamitiel = 511 = תקוה, Tikvá, esperanza = האשרה, Haashará, felicidad = השארה, Hasheará, inmortalidad.

מלכה. MALKA. LA EMPERATRIZ

מלכה = 95 = המים (las aguas) = מנה (con distintas vocalizaciones: porción, parte, contar, enumerar, nombrar, designar, destinar, fijar, establecer) = יפה (yafá: hermosa, linda, elegante) = מאדים (Maadim = ¡Marte!)

95 = כח בינה = Kóaj Biná, el poder de Biná.

95= לב יוד הי ואו הי. La expansión Sag del Tetragrama corresponde a Biná y al mundo de la Creación (Briá). Leb es corazón, pero también el número 32. El yijud nos conecta con los 32 senderos de sabiduría tal como aparecen en el acto creativo en las 32 veces del Nombre Elohim en el primer capítulo del Génesis.

95 = אל גדול אהיה, El Gadol Eheieh.

Ángel: אעטכיה, Aotejiá = 115 = חזק = Jazaq, fuerte = עליה = Aliá, ascensión.

La emperatriz es el gran arquetipo femenino como polaridad y creación. En el proceso de individuación se le atribuye la función del sentimiento, la emoción. Representa el poder de atracción para crear. A la Sacerdotisa la podemos considerar virgen, de hecho hay una correlación entre la virginidad y las diosas lunares si miramos en la mitología. Un buen ejemplo de ello lo encontramos en Artemisa. Virginidad en el sentido de que no se puede «manchar» con nada, está intocada. La Sacerdotisa es creación en el sentido de conciencia. La Emperatriz es un poder horizontal. Está situada en el Sendero Jojmá-Biná y le corresponde la letra Dalet, el poder de la materialización, la concreción, la formalización. Para algunos intérpretes, la figura representada está embarazada.

En el Tarot de Waite el símbolo relativo al crecimiento aparece en las espigas de trigo. Asimismo encontramos el símbolo de Venus en el corazón, representando la atracción, la belleza, la polaridad. El vestido de la figura está lleno de granadas (recordamos a la Sacerdotisa) y vemos un río con agua que corre por detrás. También tiene connotaciones con la Mujer del Apocalipsis, coronada de estrellas, porque la Emperatriz no representa tanto a la naturaleza en el sentido del «alma de la naturaleza» (véase la carta de la Estrella, vertiendo las dos urnas de agua), sino que la Emperatriz es una figura celeste y relacionada con Biná.

El río de agua, además del agua de las emociones, representa también la Sabiduría. Es el río de la Sabiduría, el río del Edén y sus cuatro brazos (Dalet valor 4). Y también el río, como agua que corre, representa al Tiempo en su transcurrir.

El águila que lleva en el escudo en el Tarot de Marsella puede simbolizar que, aunque estamos hablando del poder de la concreción y la materialización, no es algo anclado a la tierra, sino que al mismo tiempo es el espíritu volátil. No perdamos de vista que estamos estudiando la carta desde una perspectiva espiritual, celeste. Observamos que La Emperatriz descansa sobre un almohadón naranja (R.W.), es decir sobre Hod, que a su vez respalda sobre otro tipo de almohada sobre tela roja en referencia a Guevurá. Por tanto la Emperatriz se expresa perfectamente por medio de sus poderes mentales. No hay un descontrol emocional.

El poder del cetro: a diferencia del Emperador que lo sujeta con la mano en un gesto inequívoco de «yo tengo el poder», La Emperatriz lo tiene cogido de tal manera que está apuntando al vientre, en referencia a que el poder proviene de su capacidad de gestar, de concebir, de crear.

«Valle, espíritu, inmortal;
se llama la hembra misteriosa.
El umbral de la hembra misteriosa es la raíz del Cielo y de la Tierra.
Sin interrupción,
parece existir siempre,
su eficiencia nunca se agota»

(Tao-Te-King, VI)

בְּרֵאשִׁית בָּרָא אֱלֹהִים אֵת הַשָּׁמַיִם וְאֵת הָאָרֶץ׃

HaÁrets	VeEt	HaShamaim	Et	Elohim	Bará	BeReshit
la-Tierra	y-()	los-Cielos	()	Elohim	creó	En-principio

¿Quién es Elohim? אלֹהִים = 86 =הַטֶּבַע HaTéba, la Naturaleza.

Es la Physis, la Gran Madre, la Inteligencia Divina creativa, el principio Yin del Universo, el poder de Biná.

La Cábala lee el primer versículo del Génesis de la siguiente manera: En o con Reshit –el principio, el punto primordial, la Sabiduría, Jojmá– el Misterio de los Misterios (Kéter, que no aparece explícitamente) creó a Elohim (que pasa a ser objeto directo en vez de sujeto de la frase), los Cielos (Tiferet y, en particular las seis sefirot de Jésed a Yesod –4.ª a 9.ª–) y la Tierra (Maljut, la 10.ª sefirá).

Y el Zohar interpreta, a propósito del versículo de Isaías (40:26): «Elevad vuestros ojos hacia la altura y mirad: ¿Quién ha creado estos?»

ברא אלהים → מי ברא אלה

estos ha creado Quién

«Cuando el Misterio de los Misterios (Mi = מִי = ¿Quién?, el verdadero sujeto) quiso manifestarse..., se revistió con una túnica preciosa y resplandeciente y creó Eleh, (אלה, las cosas). Eleh añadido a Mi invertido (Im) formó Elohim (אלהים)». (Zohar, Comentarios a la Gran Asamblea).

Es decir, el principio vacío y trascendente de la conciencia (Mi = ¿Quién?) es dado a luz por la Madre en el mundo fenoménico, pero se sumerge hasta el fondo (invertido), de modo que todo lo creado está animado por una chispa de luz y el movimiento evolutivo resultante será de la inconsciencia a la conciencia.

Y en la culminación del acto creativo dijo Elohim (Gen 1:26): «Hagamos un Adam a nuestra imagen y a nuestra semejanza» Hagamos. ¿Quiénes? Tú y yo. Jojmá y Biná, los dos principios, Yang y Yin, Abba e Imma (Padre y Madre), Sabiduría y Entendimiento, eternamente unidos en Dáat (Conocimiento) por encima del Abismo, creando un cosmos de deleite como expresión de su amor y una réplica de sí mismos para celebrar el gozo de la reunión.

«Y creó Elohim al Adam a su propia imagen. A imagen de Elohim le creó. Macho y hembra les creó. Y les bendijo Elohim y les dijo Elohim: פְּרוּ וּרְבוּ, Pru URbú. Fructificad y multiplicaos (o aumentad)».

פְּרוּ וּרְבוּ = 500. La letra He = 5 encarna el poder de la vida, la letra Nun = 50 el poder de la vida individualizada y la Kaf final = 500 el poder de la vida exaltada cósmicamente, trascendida, llevada al máximo de su potencialidad. Ese es primer mandato del Génesis. Dios crea al Adam –el humano– a su imagen, como andrógino y le pide que engendre en sí mismo una conciencia que abarque la totalidad («y llenad la Tierra y sojuzgadla y dominad sobre los peces del mar, las aves del cielo y todo animal que repta sobre la Tierra» –es decir, sobre todas sus potencias internas–).

«Y vió Elohim todo lo que había hecho y he aquí que era muy bueno».

«Ahora escuchad las palabras de la Gran Madre, que desde antiguo fue llamada por los hombres Artemisa, Astarté, Atenea, Dione, Melusina, Afrodita, Cerridwen, Dana, Arianrhot, Isis, Esposa y otros muchos nombres…

...Mío es el éxtasis del espíritu y mío también el gozo sobre la Tierra, porque mi ley es amar a todos los seres... Mía es la copa del vino de la vida y el caldero de Cerridwen que es el Santo Grial de la inmortalidad. Pues yo soy la Diosa llena de gracia, que otorga el don de la alegría en el corazón del hombre. Sobre la tierra doy el conocimiento del espíritu eterno, y más allá de la muerte doy paz y libertad, y reunión con los que fueron antes. Y no exijo sacrificio, pues mirad, soy madre de todos los vivientes y mi amor se vierte sobre la Tierra... Yo soy la hermosura de la tierra verde y la blanca luna entre los astros, y el deseo en el corazón del hombre. ¡Llamo a tu alma, levántate y ven a mí! Pues yo soy el alma de la Naturaleza que da vida al universo. De mí proceden todas las cosas, a mí deben todas volver y ante mi rostro, amado por los dioses y por los hombres, deja que tu ser divino más profundo se despliegue en el éxtasis del infinito...»

(De la Encomienda de las brujas. Tomado del libro «Lo que hacen las brujas» de Stewart Farrar).

מלך. MÉLEJ. EL EMPERADOR

יהוה מלך יהוה מלך יהוה ימלך לעלם ועד

Vaed	LeOlam	Yimlój	Adonai	Maláj	Adonai	Mélej	Adonai
jamás	por siempre	reinará	Adonai	reinó	Adonai	rey (es)	Adonai

מלך: Notarikón de Kabed (hígado), Leb (corazón) y Móaj (cerebro), centros psicofísicos de las tres almas: néfesh, rúaj y neshamá.

Ángel: מאכיאל, Maajiel = 102 = בן האדם (Hijo del Hombre). También 102 = אמונה (fe) y בעל (Baal, señor)

Letra He: La raíz ה indica esencia y existencia (verbo «ser», artículo determinado). La palabra He significa ventana: He es la ventana de Dios abierta al mundo. Esta ventana es el Alma. Hay cinco niveles del alma (en consonancia con el valor numérico de la letra = 5): tres niveles individuales (los tres trazos en la escritura de la letra) –néfesh, rúaj, neshamá– y dos supraindividuales y supraconscientes –Jaiá y Yejidá–. Como sendero Tiferet-Jojmá, He es revelación al alma de su raíz divina, manifestación de la Divinidad a través de la individualidad. He es letra de Biná. El sendero expresa la manifestación de la Jaiá, llamada el Hijo de Dios, al Rúaj, llamado el Hijo del Hombre, mediante la Neshamá. He es una letra aspirada que representa el hálito divino, la fuerza de la vida.

Cuando el Hijo (Ben = בן) que es llamado el Hombre (Adam = אדם) elevó los ojos a lo alto, hacia su Jaiá, la manifestación de su Chispa Divina (Ben Elohim = בן אלהים = Hijo de Dios) se le apareció su Esencia hablándole con la Voz de la profecía:

«Y me dijo: ¡Oh hijo de Hombre, בן אדם!, ponte en pie y hablaré contigo. Y cuando me habló me invadió el Espíritu, ה (letra del sendero), que me puso en pie y escuché a quien me hablaba». (Ez 2:1)

יחידה (Chispa Divina) = 37 = אדם (18, contando el valor ordinal de las letras) + חוה (Javá, Eva, 19, contando el valor cardinal de las letras).

También 19 (Eva) + 26 (YHVH) = 45 (Adam).

Cuando en los versículos 26-27 del 1.er capítulo del Génesis Adam es creado, lo es como Zajar UNequebah, macho y hembra. Esta expresión suma 390, lo mismo que Shamaim, Cielos (a su vez integrador de una dualidad: Esh-Fuego y Maim-Agua). Pero Adam es creado de la Adamah, es decir, la Tierra. De hecho la traducción más literal de la palabra Adam sería Terráqueo. Adam es entonces un ser celeste en la tierra.

Por otra parte, אדם = 45 = יוד הא ואו הא, Yod He Vav He, la expansión del Tetragrama en Yetsirá, el Mundo de la Formación.

También, יוד הה וו הה la expansión del Tetragrama en Asiá, el Mundo de la Acción, suma 52, lo mismo que בן, Hijo.

Lo cual confirma la interpretación anterior. Más aún, podemos decir, y ese es el punto de vista del Zohar, que Adam es Tetragrámaton encarnado en la Tierra. Todo Adam –el arquetipo– y, por tanto, cada Adam –la versión individual del arquetipo–.

Y cuando Ezequiel tiene su experiencia, ve (Ez 1:26) «sobre el firmamento que estaba encima de sus cabezas algo así como un trono... y sobre esa apariencia de trono una apariencia de la semejanza de un Hombre (Adam) que estaba sobre él».

El principio Adam se halla extendido en todos los mundos, en todos los planos. El ser humano posee psicológicamente un triple principio: personalidad, individualidad y mónada. El plano de la personalidad, la psique ordinaria, es el del ego. En el Árbol de la Vida integra las sefirot Nétsaj, Hod y Yesod, profundamente ancladas en Maljut, la corporeidad. El plano de la individualidad es el del sí mismo o self. Agrupa a las sefirot Jésed, Guevurá y Tiféret, correspondiendo aproximadamente a lo que en otras tradiciones se llama el cuerpo causal (buddhi, atma y manas). Es también lo que se conoce normalmente como el alma. El plano de la mónada es el del principio divino en el hombre, su chispa divina. Es el llamado plano del espíritu y corresponde a las tres sefirot supremas, Kéter, Jojmá y Biná.

Cuando Ezequiel tiene su visión se halla en el plano del alma (su self, su Tiferet). Al principio (1er versículo) se halla en el lugar del ego: «yo estaba entre los cautivos en el río Kebar (mirando en meditación sobre las aguas de Yesod) y los cielos fueron abiertos y vi visiones de Elohim». En el versículo 3 ha realizado ya el tránsito y entonces: «vino la palabra de YHVH expresamente a Ezequiel...[10] y la mano (yad o letra yod de Jojmá) de YHVH fue sobre él». En el versículo cuatro su meditación atraviesa en sucesión las barreras de la Klipá (los velos de negatividad u oscuridad que bloquean al alma y la impiden acceder directamente a su naturaleza superior divina). Una vez traspasado el Jashmal (el silencio hablante, la voz del silencio, el abismo que separa la conciencia humana de la conciencia divina) empieza la visión.

«Pues has de saber que todo el secreto de la profecía consiste para el profeta en que repentinamente ve la forma de su esencia de pie delante de él y él se olvida de sí mismo. Y está separado de él y ve la forma de su esencia delante de él delante de él, hablándole y prediciéndole el futuro, y de este secreto han dicho nuestros maestros: Grande es la fortaleza de los profetas que comparan la forma (que se les aparece) a Aquel que la ha formado. Dice Abraham Ibn Ezra: En la profecía, el

10. Cambia de primera a tercera persona.

que oye es un ser humano y el que habla es un ser humano...» (Citado de «Major trends of Jewish Mysticism» de Gershom G. Scholem).

Grande es la fuerza de los profetas que son capaces de equiparar a la Divinidad con su propia forma celeste. Esto es lo que indica el Sendero Tiféret Jojmá. Estamos hablando de una experiencia mística de orden superior. La experiencia en el Sendero de Tiféret Biná es llamada en Cábala «Espíritu Santo» y la experiencia del Sendero Tiféret Jojmá «Profecía».

Espíritu Santo es inspiración, es algo que se experimenta como una fuerza intelectiva viniendo de fuera de ti pero la profecía es diferente: brota de un contacto directo con lo Divino, una identificación con algún nivel, por así decir, del propio intelecto Divino. ¿Pero qué ves de lo Divino? Tu propia Divinidad, ya que sólo lo divino puede percibir lo Divino. Y éste es uno de los más profundos significados del Emperador: tu propia Divinidad es realmente quien está detrás y dirige realmente los hilos.

En un terreno más mundano, por medio de este sendero se dota al rúaj del principio logoidal: la capacidad de crear una forma mental altamente estructurada y ordenada, reflejo en el alma de la sabiduría de Jojmá. Es el principio del liderazgo creativo. Es la voluntad en acción.

Meditación: Yo/yo (Anojí Anojí); Yo soy Él (Aní Aní Hu). Eheieh Asher Eheieh.

Imagen: La carta representa a lo espiritual como activo, tal como aparece en el Tarot de Marsella, en donde el Emperador, con su forma tan curiosa de estar sentado (el símbolo que hace la figura es un triángulo y con las piernas una cruz) ejemplifica el símbolo alquímico del azufre que, a su vez, representa la esencia positiva, la fuerza positiva espiritualmente activa.

Los zapatos generalmente siempre representan la conexión con la tierra. En este caso son blancos, lo cual es una alusión a que esta figura no es en sí terrestre sino que se trata de una figura celeste.

En la carta del Colgado aparece justamente la forma contraria. En él, el triángulo está hacia abajo y la cruz hacia arriba: el símbolo invertido del azufre.

Por otro lado (Waite) el Emperador enfatiza la simbología de Aries (su correspondencia astrológica) que representa la cabeza y el cerebro del Hombre Cósmico. Cada signo del zodíaco representa una parte del cuerpo. He es la cabeza. Esta carta está enfatizando la naturaleza mental.

כהן גדול. KOHEN GADOL. EL GRAN SACERDOTE. EL PAPA. EL HIEROFANTE

Guematriot: כהן, Sacerdote = להם, Lahem, para ellos = מלה, Milá, palabra = בטחון = Bitajón, confianza.

Ángel: לודיאל, Ludiel = 81 = כהון, Kihún, sacerdocio = כונה, kavaná, meditación, intención consciente = חזיון, Jizayón, revelación = פא, nombre de la letra, boca.

Colores en los cuatro Mundos: Divino (Emanaciones, mundo espiritual): Rojo anaranjado. Arcangélico (Creación, mental): Índigo oscuro. Angélico (Formación, astral): Oliva cálido oscuro. Mundano (Acción, físico-etérico): Siena tostada.

El arcano representa el descenso de la Sabiduría como poder espiritual, que desde Jésed es canalizado y transmitido mediante la Palabra. La figura que lo hace, arquetípicamente, es el Hierofante. Pero todos estamos llamados a ser sacerdotes porque todos tenemos el poder del pensamiento y de la palabra –el aliento de vida insuflado en las narices de Adam–. La sabiduría –el estado del que brota la palabra sagrada, la palabra profética, la palabra creativa– es el don de Dios dado al ser humano.

Lectura de Ezequiel, Cáp. 37, vers: 1-14:

«La mano (Yad) de YHVH vino sobre mí, y me llevó en el Espíritu de YHVH, y me puso en medio de un valle que estaba lleno de huesos. Y me hizo pasar cerca de ellos por todo en derredor; y he aquí que eran muchísimos sobre la faz del campo, y por cierto secos en gran manera. Y me dijo: Hijo de hombre, ¿vivirán estos huesos? Y dije: Adonai YHVH, tú lo sabes. Me dijo entonces: Profetiza sobre estos huesos, y diles: Huesos secos, oíd palabra de YHVH. Así ha dicho YHVH Adonai a estos huesos:

He aquí, yo hago entrar espíritu en vosotros, y viviréis. Y pondré tendones sobre vosotros, y haré subir sobre vosotros carne, y os cubriré de piel, y pondré en vosotros espíritu, y viviréis; y sabréis que yo soy YHVH.

Profeticé, pues, como me fue mandado; y hubo un ruido mientras yo profetizaba, y he aquí un temblor; y los huesos se juntaron cada hueso con su hueso. Y miré, y he aquí tendones sobre ellos, y la carne subió, y la piel cubrió por encima de ellos; pero no había en ellos espíritu. Y me dijo: Profetiza al espíritu, profetiza, hijo de hombre, y di al espíritu: Así ha dicho YHVH Adonai: Espíritu, ven de los cuatro vientos, y sopla sobre estos muertos, y vivirán. Y profeticé como me había mandado, y entró espíritu en ellos, y vivieron, y estuvieron sobre sus pies; un ejército grande en extremo».

Sendero Jojmá-Jésed (Sabiduría-Misericordia): Con la vibración poderosa de la **palabra** descienden los Poderes Sagrados, la Berajá, la bendición del Altísimo. Y, ¿qué es la Berajá sino la Sabiduría, pues está escrito (Bahir, 3): Dios bendijo a Salomón y Dios otorgó a Salomón sabiduría?

La bendición = HaBerajá = הברכה = 232 = Suma de las cuatro expansiones del Tetragrámaton, que es la esencia del Hágase la Luz (יְהִי אוֹר = 232):

Atsilut, Mundo Divino (Ab, Padre):	יוד הי ויו הי = 72
Briá, Mundo de la Creación (Em, Madre)	יוד הי ואו הי = 63
Yetsirá, Mundo de la Formación (Adam, el Hijo, el Rey)	יוד הא ואו הא = 45
Asiá, Mundo de la Acción (Hembra, la Hija, la Reina)	יוד הה וו הה = 52
	232

יְהִי אוֹר וַיְהִי־אוֹר

Or Vaihí Or Yehí

luz y-era luz sea

Esta Vav aumentada que une –Vav significa cópula, conjunción– la Luz de la Sabiduría y la Luz de la Misericordia (la Gracia) por el sendero 16.º del Árbol de la Vida es el poder del Sumo Sacerdote, la bendición que es el Nombre de Dios y que los poderes angélicos proclaman (Ez 3:12):

ברוך-כבוד־יהוה ממקומו

mimekomó YHVH Kebod Baruj

desde-su-lugar (de)-YHVH Gloria-(la) (sea) Bendita

¿Cuál es su lugar?: ממקומו = 6+40+6+100+40+40 = 232, el Yehí Or, la expansión del Nombre de Dios que es la Palabra de la Creación.

Imagen de la carta: El Hierofante es el maestro que imparte la enseñanza. En la carta vemos, en este sentido, que hay una referencia a una parte exotérica representada por la mano desnuda, y una esotérica (la mano lleva un guante) y además hay una alusión a lo que está ocultando, pues la mano enguantada es mucho más grande y lleva una triple cruz, en clara indicación de que su poder es de los Tres Mundos, enfatizando aún más esta idea la triple corona que lleva puesta. El triple Kéter en el plano astral, en el mental y en el espiritual (astral Yetzirá; mental Briá y espiritual Atzilut).

En la carta aparecen los dos pilares y el velo. Su significado es parecido al del guante en alusión al conocimiento esotérico. No se trata de guardar en secreto este conocimiento, sino que directamente no se puede transmitir con palabras. Se puede apuntar a él, pero es algo que un individuo debe aprender por conexión personal, por revelación (aunque a veces pueda existir algún tipo de ocultación para determinadas personas, pero este es otro tema).

Para la interpretación de los dos acólitos hay diferentes versiones. Básicamente son las dos formas de aproximación que hay hacia lo espiritual. Una del tipo devocional, concretamente representada por el acólito con la mano hacia arriba en actitud mística, y la otra que tiene la mano hacia abajo, enfatizando un enfoque hacia lo exterior, digamos más apostólica. La primera necesita del retiro, la segunda, recibe la enseñanza para a su vez transmitirla.

Una cita sobre la canalización del Sumo Sacerdote del cual es símbolo arquetípico Aarón (de paso vemos cómo la geografía bíblica está representando realidades espirituales). Salmo 133: «Ved que hermoso es y que placentero que en unidad los hermanos convivan, es cual óleo exquisito sobre la cabeza, que desciende por la barba (la barba de Aarón), que baja hasta el gorzal de sus vestiduras. Es como rociada del Hermón que sobre las montañas de Sión descendiere por cuanto allá, Adonai la bendición destina la vida por los siglos». El Hermón es el monte nevado que está al norte de Israel y representa a Kéter. Sión siempre es una representación de Yesod, así como Jerusalén lo es de Maljút. Si nos hablan de los Cedros del Líbano (en otros lugares) es una referencia a los Sefirot. Y el simbolismo de la barba, la influencia (óleo) que desciende por ella –el rocío– es la Luz mediante la que, según el Zohar, los muertos serán resucitados en el mundo futuro, porque representa la Luz del Infinito derramándose desde Kéter. En el Tarot de Waite podemos observar la letra shin (fuego-espíritu) sobre la cabeza del hierofante en referencia a esta iluminación. También vemos en ese Tarot que el hierofante lleva un calzado de color blanco y con unas pequeñas cruces enfatizando el aspecto espiritual. Las dos llaves abren las puertas del cielo y del averno.

אהובים AHUBIM. דודים DODIM. LOS ENAMORADOS

דודים = אהובים = 64 = נוגה Nóga (Venus, brillantez) = נבואה Nebuá (profecía, adivinación) = דין Din (juicio) = יחום Yijum (pasión, calor, concepción, embarazo).

דוד = אהוב (amante) = 14 = יד Yad (mano) equivalente a Yod יוד. וד es símbolo de la unión de Tiféret y Maljút. דו, Du, significa dos, la dualidad. La letra He ה es una dálet con una vav, con lo que dentro de יוד está contenido el Nombre יה, Yah (N. de D. en Jojmá).

Ángel פקפיאל Pukfiel = 301 = אש Fuego. איש e אשה, Ish e Isha, varón y varona, son la pareja arquetípica. Compartiendo el fuego, juntos conforman el Nombre de Dios, Yah. Éste es el único Nombre de

Dios que aparece explícitamente en el Cantar de los Cantares, que narra los amores del Santo, Bendito sea y la Shejiná.

Experiencia espiritual: Visión de la fe (la certeza de la percepción supraracional). La Bat Kol (la voz interior). El descenso del Espíritu Santo (iluminación). Reunificación con el Todo: paso del yo a la identidad transpersonal.

La carta de la G.D.[11] representa el mito de Perseo (con variaciones) liberando a Andrómeda del Titán. En este caso, el héroe solar utiliza una espada, en alusión a la letra del Sendero que corresponde, que es la Zayin ז que significa espada. En el sendero de descenso (Biná-Tiféret) asistimos a una representación de la división de la naturaleza espiritual que es andrógina, en dos mitades mediante la espada. En el ascenso (Tiféret-Biná) se realiza la reunificación de ambas partes.

El alma humana, originalmente andrógina, es separada en dos mitades: masculina y femenina. Estamos cruzando el Abismo porque el Sendero nos conduce desde Biná a Tiferet, y este punto crucial del Abismo está representando justamente por la Caída, la separación. Dáat siempre es el fruto que fue dividido en dos (conocedor y conocido) y que es preciso volver a reunificar. Por eso se dice que Adam conoció a Eva, y a partir de ese momento tuvieron lugar las generaciones.

En el Tarot de Marsella encontramos referencias al poder del Tetragrama. La mujer de edad representa a Biná, la letra He ה, la Madre. La Yod י es la energía, el Eros, pero no en el sentido del Cupido niño regordete hijo de Afrodita, sino como la fuerza primigenia del Cosmos, la fuerza que hace unir al Cielo con la Tierra. El hombre representa la Vav ו, que es Tiféret y la mujer joven a la segunda he ה que simboliza Maljút.

La primera mitad del Nombre, יה, es, por así decir, su parte trascendente porque, como hemos dicho, representa a Jojmá y Biná que están por encima del Abismo. En el texto del Génesis aparece como el Nombre completo YHVH ELOHIM. La segunda mitad del Nom-

11. Tarot de la Golden Dawn

bre, הו, sería su parte inmanente. Corresponde a la «parte» por debajo del Abismo. Tendríamos así la inmanencia de Dios y la trascendencia de Dios, pero formando una unidad, reunidas en un Nombre.

De esta inmanencia la primera letra, la Vav, es la inmanencia en el ser psicológico, la psique personal, subjetiva, el sujeto conocedor, el polo de la conciencia: Adam. La segunda, la He, la última letra del Tetragrama, sería la inmanencia en el mundo corpóreo de las manifestaciones materiales, la psique objetiva, el objeto conocido, el polo de la energía, posteriormente Javá, Eva, la madre de todo viviente en palabras del Génesis.

Y el sendero que une entre sí Hijo y Madre, el nexo directo entre las conciencias inmanente y trascendente, es éste que estamos considerando: Tiferet-Biná, los Enamorados, Géminis y el sendero de la Zayin, la espada.

El primer fruto de la conjunción Jojmá-Biná es Dáat (Conocimiento). De hecho, Dáat es la síntesis no sólo de Jojmá y Biná, sino de las tres sefirot superiores, incluyendo a Kéter. Es un estado global de conocimiento en el que todo es uno y no hay diferencia entre conocedor, conocido y acto de conocimiento. Como tal es un estado de relativa inconsciencia personal. Este estado de Conocimiento es representado por el Adam andrógino, en el que ambas polaridades –masculina y femenina– son inconscientes de su diferencia. Se dice entonces que están unidas por detrás, es decir, no se miran de frente.

«Mas el fruto fue dividido y el Rostro contempló al Rostro frente a frente». ¿Porqué fue divido el hombre andrógino? Para que esa unión que era inconsciente (espalda contra espalda), se hiciera consciente (frente a frente). Dice el Génesis «Pues Yhvh (masculino) Elohim (femenino) plantó un jardín al este, en Edén» y este jardín se refiere a la Dalet, La Emperatriz y en la carta de los Amantes encontramos la Vav del Gran Nombre, entre las dos He y bajo el impulso de la Yod, pues como dice nuevamente el Génesis: «Dejará el hombre a su padre y a su madre y se unirá a su mujer y serán una sola carne».

Y como dice el Zohar: «Hasta que ella es separada de su lado» (la palabra hebrea correcta no es «costilla» sino «lado», en este sentido...

y se presenta ante él para poder unirse con él cara a cara y cuando están unidos parecen ser un único cuerpo y todo el Universo está en un estado de felicidad, porque todas las cosas reciben bendiciones de su cuerpo perfecto, y de ahí que lo no es masculino y femenino a un tiempo, es llamado medio cuerpo. Ahora bien, ninguna bendición puede descansar sobre un cuerpo mutilado y defectuoso».

Ninguna bendición descansa sobre lo que es un medio cuerpo, entonces sí sólo estamos en nuestra naturaleza masculina o femenina, no estamos completos. La bendición descansa cuando se une el hombre a la mujer.

Profundizando aún más en este sentido, recordemos a la letra Yod que representaba el Cupido entre el Sol, que es el principio espiritual, la Jayá, la Yejidá, el Alma Superior. La mujer mayor a la que atribuimos la primera He del Nombre de Dios y la relación con Biná, correspondería a la Neshamá. El hombre con la letra Vav que representa a la Rúaj-Tiféret y por último la mujer joven, a la que atribuimos la segunda He y a Maljút, se corresponde con el principio del Néfesh, el principio vital.

La espada, la Zayin que es la letra hebrea del Sendero, es la espada que las separa y que al mismo tiempo, será la espada que más tarde las unirá en el sendero del retorno. El sendero de ida es el orden natural de las cosas y en consecuencia, esta separación también lo es: «Y dejará el hombre (que en este caso se refiere a Tiféret) a su padre (Jojmá) y a su madre (Biná) y se unirá a su Mujer (que se refiere a Maljút) y serán una sola carne».

Y el sendero de retorno es el de la reunificación de las polaridades mediante la individualización e integración del arquetipo contrasexual.

En el Tarot de R. Waite, está justamente el Árbol del Conocimiento del Bien y del Mal con la serpiente detrás. Tras Adam hay un árbol de llamas porque representa al intelecto, la parte intelectual autoconsciente, mientras que el árbol que hay detrás de Biná representa la parte sensual y del sentimiento, ambas tradicionalmente ligadas con la parte masculina y femenina respectivamente de modo puramente convencional. Encima está el Ángel con el Sol del Espíritu. El hombre mira a la mujer pero la mujer mira al Ángel. Esta es una representación de que el intelecto autoconsciente, el principio del Rúaj, llega a la superconsciencia representada por el Ángel, pero a través de la parte representada por Eva, que es el subconsciente. El principio intelectual autoconsciente llega a la parte superconsciente a través del subconsciente.

El intelecto autoconsciente, representado por Adam, no establece contacto directo con la superconciencia, el Ángel, si no que es mediante o a través de Eva, el subconsciente, la parte emotiva, sensitiva.

MERKABAH, מרכבה. EL CARRO

מרכבה =27 =נזיר (Nazir), HaNozrah (la templanza), Merkaz (centro, central, medio), Gimatriah, Erús (esponsales). También אורין, Orión, de Or, Luz, que significa estudio, enseñanza, doctrina, la Ley, la Torá.

הל יוד הי ויו הי יוד הי ואו הי יוד הא ואו הא יוד הה וו הה

Todo este desarrollo (la Luz del Tetragrama extendido según los cuatro mundos) suma también 267. Representa la alquimia de la Luz. הל, Hel, significa claridad, luz.

אלמלך עולם = 267
Dios Rey del Mundo

Mélej=Mem de Móaj, cerebro; Lamed de Leb, corazón; Kaf de Kabed, hígado: neshamá, rúaj, néfesh. Las tres almas alineadas. La Carroza del alma. Olam es Mundo. También ocultación. Representa el cuerpo físico.

La Carroza: Representación tradicional del vehículo del alma: la mercavá, tirada por animales (imagen de la polaridad). Es el contenedor en el que la esencia espiritual es recibida y protegida en su movimiento a través de los planos. El auriga, quien debe conducir el carro, es el yo superior.

Circuito de descenso y ascenso: «Las Jaiot iban y volvían»; hay que leer Jaiut: pulsación vital.

Sendero Guevurá-Biná: A través del pilar de la forma la comprensión del propósito espiritual (Biná) se manifiesta como voluntad en Guevurá.

Correspondencia astrológica: Cáncer. El cangrejo (o el escarabajo sagrado egipcio) es un símbolo del alma, envuelta, cerrada o protegida por su caparazón. El glifo representa la polaridad entrelazada, los dos gametos que, unidos, dan lugar a la vida. Tai Chi. Míticamente: el Huevo Cósmico. Signo de la madre, tanto en el aspecto generativo, de fecundidad, como nutritivo, de protección y sustentación. El hogar, la casa, tanto externa como interna: la casa del alma.

En el sentido más espiritual de este arcano, El Carro se refiere sobre todo al carro divino, a la carroza divina. La representación descrita se corresponde con el Carro Divino descrito en el primer capítulo de Ezequiel en el que aparecen las Cuatro Criaturas Vivientes. Esta carta en su estado superior, representa esta visión del Trono Divino. Los cuatro Animales Santos son la representación viviente de las cuatro letras del Tetragrama.

La Carroza no tiene riendas ni en el Tarot de Marsella ni en el de Waite (es el espíritu el que dirige). Hay una polaridad, dos elementos que aparentemente van en distinta dirección; sin embargo, los caballos, las esfinges, miran hacia el mismo lado (de hecho, si uno fuera realmente en una dirección sería imposible que el otro fuera en una diferente). Significa que hay un equilibrio de la polaridad que el auriga tiene interiorizado porque en la carta aparecen dos rostros lunares sobre los hombros, que son los asientos de Jésed y Guevurá, representando la polaridad al nivel de la acción.

«SM» en realidad está representando a la letra Shin y la Mem, que son las letras que representan al fuego y al agua, nuevamente la polaridad. Waite enfatiza la representación de esta polaridad con un simbolismo más sexual, a través de una especie de falo dentro de una copa como símbolo femenino.

El auriga de la carta del Tarot está anclado en la carroza que semeja como una piedra cúbica dorada apoyada directamente sobre la tierra. Se encuentra asimismo bajo un palio sostenido por cuatro columnas. Es la imagen de la constitución cuádruple del ser humano escrita en su propio nombre Adam, Alef Dalet (la Mem puede considerarse como un aumentativo o un signo de lo colectivo), el Uno frente al Cuatro. «Y sobre la semejanza de un trono la semejanza como de la apariencia de un hombre en él encima». No está diciendo en ningún momento que apareciera Dios, sólo habla de la semejanza de la apariencia de un hombre (ADAM). Ahora bien, Ezequiel no duda de que el mensaje que recibe es Divino.

Meditación:

Todo el trabajo interior depende del movimiento retrógrado de la energía, como está escrito:

> «Diez Sefirot Belimá (de la Nada) que tu boca deje de hablar y tu corazón de ponderar, y si tu boca se apresura a hablar y tu corazón a ponderar retorna al Lugar, pues está escrito: 'Y las Jaiot iban y venían' y en esto consiste la Alianza».
>
> (Séfer Yetsirá Cap. I Sec. VII).

¿Cómo conseguir el movimiento retrógrado bajo una presión a la exteriorización tan grande como experimenta nuestra psique? Con la meditación profunda, tal como el texto anterior señala.

Para ello, antes de llegar al Lugar (Makom, palabra que es en sí un Nombre Divino: מקום $= 186 = 10^2 + 5^2 + 6^2 + 5^2$, es decir, la suma de los cuadrados de las letras del Tetragrámaton), es necesario despojarse de todas las vestiduras. El proceso está descrito en el versículo 4 de la visión de Ezequiel (Cap I): «Y miré y he aquí que un viento de tormenta llegaba desde el norte, una nube grande y un fuego refulgente y un resplandor alrededor de él y en su centro como la visión del Jashmal del centro del fuego». Estos son los llamados cuatro niveles de la Klipá (la cáscara que rodea el dominio de lo Divino, su vestidura de ocultación). Según el Zohar están prefigurados en el segundo versículo del Génesis: «Y la Tierra era Caos (Tohu) y Vacío (Bohu) y la Oscuridad (Jóshej) sobre la faz del Abismo (Tehóm) y el Espíritu de Elohim (Rúaj Elohim) aleteando sobre la superficie de las aguas»

El viento de tormenta: Rúaj seará, la agitación de la mente. Caos, Tohu.

La gran nube: Anán gadol, la opacidad de la mente, una vez que se ha superado la barrera anterior. Vacío, Bohu.

El fuego refulgente: Esh mitlakájat, el fuego de la oscuridad, la energía negativa que anula y reduce al meditador a nada. Oscuridad, Jósej.

El resplandor: Nóga, la membrana semipermeable –en palabras de Arié Kaplan– que permite que la Luz Divina penetre en los dominios de la oscuridad (y los sostenga, pues nada puede tener existencia relativa fuera de la luz) pero no a la inversa. Es Tehóm, el Abismo que separa la conciencia Divina de la conciencia humana. Es, por así decir, la luz del alba previa al amanecer. No es todavía lo Divino aunque se presiente, se siente su Presencia.

Por último, la visión del Jashmal. Rúaj Elohim, el Espíritu de Dios.

Jashmal: Jet-carro; Shin-Mem: fuego-agua; SM escrito en la carroza (T.M.), la polaridad, emblema de Shamaim: cielos; Lamed es libra, la Balanza, emblema del equilibrio. Jashmal=malbush, vestidura, porque toda forma espiritual es imperceptible a menos que se dote de una forma, vasija o cuerpo.

Jash: Silencio. Mal: Palabra. Jashmal: El silencio hablante.

Esta es la instrucción para el que monta en la carroza: «Y os habló YHVH desde el fuego voz de palabras y vosotros escuchasteis, pero no visteis figura, sólo una voz». (Deut 4:12). El meditador comienza a desvestirse de todo lo que pertenece a este mundo y se prepara para entrar en el mundo por venir. Desciende hasta el fin de su pensamiento y guardando la lengua (de la mente) de hablar y su corazón de ponderar retorna al Lugar y sienta al Creador de la Forma de vuelta en su Base (Séfer Yetsirá I:4).

Como dice el Séfer HaBahir (22):

> «Todos estamos de acuerdo en que nadie fue creado el primer día. No debe decirse por tanto que Mijael extendió el cielo al sur y que Gabriel lo extendió al norte, ya que Dios dispuso las cosas en el medio».

El sentido es que el meditador no debe aceptar ninguna imagen o ser como teniendo autoridad en el mundo por venir. Este sólo puede alcanzarse cuando el que medita está «a su lado» (Atsló, de donde deriva el término Atsilut, que designa el Mundo Divino).

O como dice el siguiente párrafo que proviene de una fuente diferente:

> «La mente contiene miríadas de fenómenos; cuando está engañada está sujeta a nacimientos y muertes, y cuando está iluminada es el nirvana... Si originas un pensamiento (por ejemplo meditando en el koan) que no vuelva atrás (hacia fuera) y puedes conservarlo en tu trasmigración a través de tu nacimiento y muerte, estrás naturalmente de acuerdo con el Tao» (Del maestro japonés Ju-gen. Tomado del libro Secretos de la meditación china, de Lu k'uan Yü)

Ángel: עלנעחאל, Olnaajel = 259 = גרון = garón, garganta.
259=1+26+232 (las cuatro expansiones del Tetragrama)
259 =1+3×86

כח. KÓAJ. LA FUERZA.

כח = 28. Es el poder de las dos manos (יד, mano = 14, × 2 = 28), los dos Pilares del Árbol, indicando el equilibrio Misericordia-Severidad, correspondiente al sendero Jésed-Guevurá de este arcano. De este equilibrio surge la fuerza. 28 es también el número de יחוד, Yijud, que significa unión, unificación.

Vemos que la figura de la carta no representa el despliegue exterior de fuerza bruta, muscular, violenta o repentina. Habla, más bien, de fortaleza interna, anímica. Hay una mujer, sobre la que reposa el símbolo del infinito y que está abriendo (Marsella) o cerrando (Waite) las fauces de un león en un acto de suavidad.

Como en la alegoría de Sansón, cuando propuso el enigma: «Del que come salió comida y del fuerte salió dulzura» (Jueces 14:14). ¿En qué consiste Sansón tu fuerza?: «El Espíritu de YHVH me invade y el símbolo de mi dedicación es que no ha pasado navaja por mi cabeza (símbolo de lo femenino) pues soy nazir de Elohim desde el vientre de mi madre».

El Espíritu, cuando es percibido en la carne, es como un fuego. Es por ello simbolizado por un león, el león alquímico del azufre y el león solar, símbolo de la realeza en los tiempos antiguos. En el Tarot de Marsella el león tiene claramente la forma de una llama de fuego, como en general simboliza la melena del león.

Si este fuego se desboca porque el alma no ha alcanzado su equilibrio interno, el fuego se torna devorador: nos vemos abocados a la ira y a la destrucción para liberarnos de ese ardor interno que nos consume.

El equilibrio se adquiere en la acción, al nivel de Jésed y Guevurá, mediante el ejercicio constante y comprometido de la propia integridad, el cual exige amor y rigor (límites, separación).

Mas es lo femenino lo que abre las fauces del león. Se necesita paciencia, reposo, devoción, sensibilidad, receptividad, pasividad y suavidad, si se ha de consolidar el trabajo interior generando suficiente fuerza anímica. Y la suavidad estriba en el equilibrio entre misericordia y severidad. Esta es la base de nuestro metabolismo alquímico y, por tanto, también es la base de la virtud y de la ética.

Entonces puede asumirse la obra del Espíritu que es la obra del fuego.

בְּרֵאשִׁית בָּרָא אֱלֹהִים אֵת הַשָּׁמַיִם וְאֵת הָאָרֶץ

28 letras. No leas Bereshit (En el principio) sino Brit Esh (Alianza de fuego). El pacto de fuego creó a Elohim, el éter, la unión del fuego y el agua (Cielos), el aire y la Tierra.

28 tiempos en el Eclesiastés, 14 «positivos» y 14 «negativos».

«Todo tiene su tiempo, y su momento cada cosa bajo el cielo;
Su hora el nacer y su hora el morir;
Su hora el plantar y su hora el arrancar lo plantado;
Su hora el matar y su hora el curar;
Su hora el derruir y su hora el construir;
Su hora el llorar y su hora el reír;
Su hora el lamentarse y su hora el danzar;
Su hora el lanzar piedras y su hora el amontonarlas;
Su hora el abrazar y su hora el abstenerse de abrazos;
Su hora el buscar y su hora el extraviar;
Su hora el guardar y su hora el tirar;
Su hora el rasgar y su hora el coser;
Su hora el callar y su hora el hablar;
Su hora el amar y su hora el odiar;
Su hora la guerra y su hora la paz»

(Eclesiastés 3-1,8)

28 letras en el yijud:

יהוה אלהינו יהוה כוזו במוכסז כוזו

Ángel: סאיאל, Saiel = 102 = Tsebí (gacela; nombre que se da en El Cantar de los Cantares y en el Zohar a la Shejiná).

28 mansiones lunares.

Meditación: Manejo de todas las formas de energía. Kundalini. Elevación de la serpiente. Poder de la acción: el «hacer» talla al «ser». Self en acción: autoexpresión.

NAZIR. נזיר. EL ERMITAÑO. PARUSH. MITBODED

Nazir viene de nazar con el significado general de separar, consagrar, abstenerse. También quizá de nezer, diadema, la corona de Dios, que a veces se equipara con el cabello sin cortar del nazir. En tiempos bíblicos, el nazir se apartaba de los demás mediante su consagración a Dios con un voto específico. Ha Nozrah, la Templanza, tiene la misma raíz (y el mismo valor numérico).

Parush también significa separado, abstinente, etc. Es la raíz de Fariseo (la secta de los perushim). Mitboded significa recluido, en meditación. Hitbodedut es el término general para meditación en Cabalá.

נזיר = 267 = Mercabah, HaNozrah, Merkaz (centro, central, medio), Gimatriah, Erús (esponsales). También אורין, Orión, de Or, Luz, que significa estudio, enseñanza, doctrina, la Ley, la Torá.

הל יוד הי ויו הי יוד הי ואו הי יוד הא ואו הא יוד הה וו הה

Todo este desarrollo (la Luz del Tetragrama extendido según los cuatro mundos) suma también 267. Representa la alquimia de la Luz. הל, Hel, significa claridad, luz.

Ángel: חלדניה, Jaldaniah = 107 = מגן דוד = Maguen David (Escudo de David = Hexagrama)

El Ermitaño representa fundamentalmente la búsqueda interior… pero observando atentamente la carta, ¿está realmente buscando algo? En la carta del Tarot de Waite podemos ver que el personaje tiene los ojos cerrados, plenamente interiorizado. Más bien ha encontrado algo interno y lo muestra. Anciano, desposeído ya de todo porque ha experimentado todo y ha renunciado a todo, nos muestra la esencia de su realización. ¿Cuál es el sentido de la búsqueda?: La Luz.

Desde el principio y hasta el fin no hay más que una sola sustancia-energía consciente que es la Luz, el rayo de luz única que cruza el abismo y es recibida en Jésed, donde es llamada Jashmal, esa sustancia misteriosa que aparece bajo el Trono de la merkaba, y que es pura energía o líbido, la fuente de todas las representaciones. Por eso ese rayo es la Yod y es la Virgen, pues el fenómeno no la toca, ya que el fenómeno es una irradiación de ella misma: ella es el verdadero ser de las cosas.

Aquí nos la ofrece el ermitaño, que como viejo sabio guía junguiano es un símbolo del self, el arquetipo central de la conciencia.

Y nosotros «somos» en la medida en que la recibamos, en la medida en que nos hagamos luminosos. Nuestra vida y nuestro destino son la Luz: despertar a ella, irradiarla, testificarla. Es lo que tenemos de divino y es nuestra esperanza de inmortalidad.

¿Qué es la Luz?

La Luz es.

El Ermitaño, representa la Luz Interior, la chispa de luz actuando desde dentro, y por tanto el espíritu de la búsqueda y de la guía espiritual. Es anciano porque la Luz es la más antigua de las manifestaciones, al igual que nuestro Yo Superior, la manifestación de lo divino en nosotros, que es antiguo (eterno) respecto de sus manifestaciones temporales.

Meditación: Todas las meditaciones con luz están incluidas en este sendero. En particular, la purificación y construcción del «cuerpo» de luz. Compasión, trabajo sobre el «corazón» (por ejemplo, Tonglen tibetano). Contactos con guías y maguidim en los Planos Internos.

GALGAL HaGORAL. גלגל הגורל. LA RUEDA DE LA FORTUNA

«Y he aquí una rueda (Ofan) en la Tierra junto a los Seres Vivientes». (Ez. 1:15). En cuatro rostros.

Galgal hagoral = גלגל הגורל = 310 = יש = Yesh = el ser, la existencia (por contraste con Ayin, la nada). Nos indica que el cambio cíclico –la dinámica de la rueda– es la expresión del ser, su circunferencia externa, por así decir. También 310 es un despliegue del Nombre Elohim cuando se lee la Mem como Mayim (agua): למד הי יוד מים אלף

Kéter (Kaf Tav Resh = Rueda de la Fortuna, Mundo –las dos ruedas– Sol) suma 620 (310 × 2). Unifica en una luz única el ser y el no-ser. También 310 = 31×10, siendo 31 el número de אל, N.D. de Júpiter (Jésed) que rige la Rueda y el sendero Jésed-Nétsaj.

Otras guematriot: חשב (Jashab, pensar, carácter mental de la Rueda); עמר (Omer, el ciclo de 7×7); ריק (Req, vacío, hueco: otra característica de la Rueda).

La Rueda de la Fortuna es la rueda de todos los ciclos. Los ciclos de una vida, de varias, de todas las vidas. Las vueltas y vueltas que damos alrededor de una problemática específica que se repite en la propia vida; hasta la Rueda de la vida tibetana o la rueda del samsara de la filosofía oriental.

La rueda de la vida tibetana está presidida por un monstruo; el monstruo del tiempo que devora a todas sus creaciones. En el Tarot de Waite aparece una esfinge en la parte superior que según la mitología griega, era también un monstruo que devoraba a todo aquel que no fuera capaz de descifrar el enigma de la vida.

Como símbolo del tiempo, la rueda es un símbolo de la madre. No en el aspecto fértil y fecundo, sino en el de madre terrible que devora a sus hijos, como el tiempo devora a todas las cosas. Nacimiento y muerte, el destino de todo cuerpo y de toda forma.

La esfinge tiene también otro sentido. Es el animal que resume las cuatro Criaturas. La Esfinge tiene el cuerpo de toro, la cara de hombre, las garras de león y las alas de águila. Esta es la representación de la Esfinge de Egipto, y esta imagen resume a la cuatro Criaturas que en la carta de Waite, están observando desde las cuatro esquinas y escribiendo. Tomando registro de todo lo que ocurre en la rueda.

También tenemos una serie de símbolos que nos determinan su estructura. El principio de la Rueda es el principio del equilibrio, es decir, algo sube y algo baja. Se dice que, en la carta, el ser que sube es Hermanubis, una mezcla de Hermes y Anubis, la evolución ascendente de la conciencia. Y el animal que baja, que a veces puede tener forma de simio, o de serpiente, que en todo caso sería Tifón, la energía cósmica manifestándose como forma, que desciende, da la vuelta y asciende. Es el movimiento perpetuo, de un universo que fluye y del propio flujo de la vida humana. La esfinge es el equilibrio que existe entre ellos. Asimismo, también podemos encontrar la transliteración de la palabra Tarot por Rota que se halla inscrita sobre la rueda, intercalando sus letras las letra del Nombre Divino, el Tetragrama, evidencia que la presencia divina se encuentra implícita en todas las cosas, en todos los lados.

La Rueda de la Fortuna gira como repartidora de penas y alegrías, de pérdidas y ganancias, enseñándonos que siempre existen cosas negativas y positivas en el acontecer. Todo pasa y todo se repite.

La imagen de la Rueda tiene forma de mandala y por lo tanto nos remite a la idea de «centro», y por tanto al concepto del paso de lo exterior a lo interior, de la multiplicidad a la unidad, de espacio a lo inespacial, del tiempo a lo atemporal. La doctrina hindú dice que Dios se halla en el Centro, allí donde los rayos de una rueda se juntan con su eje.

El significado más elevado de la Rueda de la Fortuna es el de la rueda de la existencia y de las existencias a la que nos ata el deseo de recibir. En el momento en el que seamos capaces de separarnos de este deseo, podemos desapegarnos de la Rueda. La Rueda ya no nos liga más que lo que nosotros estemos ligados a ella.

משפט. MISHPAT. LA JUSTICIA.

Mishpat, משפט = 429.

Imagen clásica de la justicia, con la balanza y la espada. En este caso no se presenta ciega (como para expresar imparcialidad). Por el contrario tiene el tercer ojo bien abierto (en el sombrero o en la corona) indicando que estamos tratando con el sentido espiritual, completo, de la justicia. Éste, basado en la ley del equilibrio, no es siempre evidente (tiene en cuenta el balance global del alma y de las situaciones, lo que trasciende el marco de sólo una vida): La imagen se sienta o ubica entre los dos pilares, pero, desde nuestro punto de vista, el respaldo o el grueso cortinaje impiden la visión del fondo. El fondo es amarillo en Waite (como la corona), lo que alude a un marco tiferético. También el asiento, la manga que sostiene la balanza, los propios platillos y la espada son amarillos en Marsella. La mano además señala al corazón y de los dos platillos es más pequeño el de nuestra izquierda, la severidad y el demérito. El platillo de la misericordia y el mérito son más grandes, lo que quiere decir que estas cualidades predominan. En resumen, los actos meritorios tienen más peso que los equivocados, el juicio tiende a la misericordia y se realiza desde Tiféret (sendero Tiferet-Guevurá), para el desarrollo y el crecimiento del self, desarrollar las cualidades positivas que son el fundamento del poder del alma. Aprendemos las lecciones de la vida mediante el principio de acción y reacción, viendo las consecuencias de las acciones. Es la ley en acción: no hay premio o castigo; sí hay mérito. Lo que es ganado es dado. Si a משפט = 429 le restamos מאזנים (moznaim, balanza) = 148, nos queda פור (pur, suerte, lotería) = 286. Es decir, si a la justicia le quitamos el principio de retribución y restitución del equilibrio (su dinámica interna), todo lo que sucede es fruto del azar y del cálculo de probabilidades. El libro de Esther muestra que hay una causalidad oculta, que la suerte no existe, pero que el resultado también depende de nuestros méritos.

El equilibrio es el principio que expresa la mecánica profunda de las leyes de la vida. Se basa en la ley de acción y reacción. Vivimos en un mundo de oposiciones, de opuestos, de polaridades: el Árbol de la Vida es un sistema de equilibrios. Si analizamos las letras de משפט vemos que incorpora las polaridades del Árbol: Mem –agua y Shin– fuego (son los dos platillos según el Séfer Yetsirá. También Jojmá y Biná). Pe es la letra del sender Hod-Nétsaj. Tet es la letra del sendero Guevurá-Jésed. Hablamos, pues, de equilibrio a todos los niveles de la realidad. Pero la Cábala no es un sistema de dualidades: siempre hay un tercero (el pilar del medio) que equilibra los dos opuestos. Es tercero es en sí mismo una tercera cualidad, una propiedad emergente, no un simple punto matemático de equidistancia. La integración de los opuestos en una síntesis creativa que incorpora ambos es un rasgo de Tiferet (self). La pinza pugilística entre las fuerzas contendientes es un equilibrio aparente e inestable de la cualidad de Yesod (ego).

Si hubiera que resumir en una sola palabra la enseñanza cabalística, ésta podría ser: Equilibrio. El Sifra Dtzeniouta, el libro más críptico y difícil del Zohar, empieza con las siguientes palabras: «Tradición. "El

Libro del Misterio Oculto" es el libro del equilibrio de la balanza». En hebreo, balanza, מאזנים, suma 148, lo mismo que la combinación de los Nombres de Dios de las tres sefirot supremas:

אהיה יה יהוה אלהים

He aquí un poderoso mantra para alcanzar el equilibrio. También 148 es נצח, Nétsaj, Victoria y Eternidad. También Pésaj, פסח, la fiesta de la liberación.

El equilibrio no se alcanza ligándose a la dinámica de los platillos (ley del péndulo) sino alcanzando el centro. Es el centro lo que inaugura una nueva dimensión de conciencia.

El árbol del conocimiento del bien y del mal nos ha ligado a las polaridades, a las variaciones. Nacemos entonces en el mundo de las apariencias, del flujo constante de los seres. Puede que no tengamos poder para cambiar las cosas, pero sí que lo tenemos para cambiar nuestra orientación respecto de ellas. Los hechos dejan de tener poder sobre nosotros cuando dejamos de reaccionar positiva o negativamente ante ellos. Alcanzamos entonces «el centro en medio de las condiciones». Llegamos a la Justicia, y el premio alcanzado es la espada, la espada salvadora que nos corta de nuestros apegos y nos devuelve la libertad, la espada que rasga en dos los velos de ilusión que nos impiden ver claramente, la espada flamígera del Kerub que guarda el camino del Árbol de la Vida.

Como dice el poeta William Blake en El Matrimonio del Cielo y del Infierno: «Porque apenas el Kerub de llameante espada reciba la orden de abandonar su guardia cerca del Árbol de la Vida, inmediatamente la creación entera será consumida y todo aquello que ahora nos parece finito y corrupto aparecerá infinito y santo».

El ángel de la carta es קהאסיאל, Qohasiel, de valor numérico 207, el mismo que אור, Or, Luz; el mismo que אין סוף, En Sof, Infinito.

תלוי. TALUI. EL COLGADO

תלוי = 446 = מות (Mavet. Misma guematria que el arcano siguiente, La Muerte) = Enfatiza el hecho de que el nacimiento es una muerte para la naturaleza superior.

446 = לב אור אין סוף [Luz Infinita (414) + corazón (32).] Como dijimos, las dos letras Bet y Lamed son, respectivamente la primera y última de la Torá. En sentido directo, BL, significa no, nada. En sentido inverso, LB, corazón. Anonadamiento. Sacrificio del corazón.

Ángel: קמהגאל (Qomahagoel: El redentor se levanta) = 179 = עקדה (Aquedá = sacrificio).

Esta carta corresponde al Sendero Guevurá-Hod. La letra relacionada es la mem מ y el elemento agua.

La carta de la Golden Dawn enfatiza la letra mem, agua, y esto no aparece en las demás cartas, pero todos los diseños presentan al Colgado en una postura triangular que casi siempre mira hacia abajo. Este es el símbolo del azufre alquímico invertido. Recordamos que El Emperador representa la conciencia trascendente en el Sendero Tiféret-Jojmá, y también se representa su imagen, ajustada con este símbolo de triángulo, aunque apuntando hacia arriba. En El Colgado lo volvemos a encontrar pero al revés, porque en lugar de representar a la conciencia trascendente ahora es la conciencia encarnada. Ahora estamos en el mundo de la letra Mem.

El agua representa misericordia, pero también es la matriz espaciotemporal. Aquí encontramos a la conciencia sumergiéndose en el mundo de los fenómenos del espacio y del tiempo. Este tipo de inmersión está referida a un tipo de conciencia reflejada, tal y como la reflejamos en la superficie del agua. Esta reflexión lleva implícita una inversión de valores, en cierto modo lo que para nosotros nos parece misericordia, puede ser severidad para los Mundos Superiores o viceversa.

Observamos cómo este aspecto se enfatiza en el Tarot de Waite, concretamente a través del halo que el Colgado lleva en su cabeza. Significa (entre otras cosas) que a pesar de que la conciencia está encarnada en el mundo de la forma, sin embargo ésta permanece separada de ella, si deja de identificarse con los contenidos de la mente. Por eso estamos en el Sendero Guevurá-Hod, la Fuerza, el Poder y el Intelecto; cuando nuestra conciencia deja atrás las identificaciones, entonces los contenidos de la mente y, por lo tanto, los acontecimientos que dependen de ellos, dejan de tener poder sobre nosotros. El poder que los acontecimientos tienen sobre nosotros, está en el poder que nosotros mismos les damos.

En el momento en que dejamos de identificarnos, es decir, que cambiamos fundamentalmente nuestra actitud, tal vez no podamos modificar los acontecimientos de nuestro entorno, pero si nuestra actitud hacia ellos y cesa su poder, dejamos de ser un juguete a merced de factores externos.

La conciencia permanece intocada, en paz ella misma y perfectamente iluminada. Llegará el día en que se aparezcan nuestras identificaciones y dejemos de reflejarnos en ellas, en medio del aparente movimiento caótico de las aguas nos descubrimos anclados en el único punto de solidez, y este punto es nuestro propio Self. En descubrir qué somos, y que somos nosotros mismos y hasta ese momento hemos estado dormidos, soñándonos, contemplando nuestro reflejo en la superficie de las aguas, con las que nos hemos identificado. «Es como contemplarse en el espejo, la forma y el reflejo se observan, tú no eres el reflejo pero el reflejo eres tú» (Hokyo Zan Mai)

También a veces, esta carta se interpreta en el sentido de sacrificio. Efectivamente significa también sacrificio en varias formas. El alma superior se somete voluntariamente a la experiencia de la encarnación para lograr desarrollar una tarea evolutiva determinada, ya sea personal o colectiva. En este sentido bien puede ser un sacrificio que un alma superior se encarne para ayudar, para guiar a otras personas. En sentido ascendente, sacrificio de nuestro apego.

מות. MAVET. LA MUERTE

La muerte es una puerta que se abre en dos direcciones, pues nacer es morir y morir es nacer de nuevo. Nacer es pasar de lo continuo a lo discreto (lo separado, numerable, contable). Morir es pasar de lo discreto (finito) a lo continuo (infinito). La vuelta de lo discreto a lo continuo es la vuelta a la madre (Biná, la matriz, el suelo negro en donde todo es reciclado). La muerte no es necesariamente la muerte física. Hay también otra muerte interior que es la puerta del despertar a la nueva vida, que es el preludio de un renacimiento.

> «Para casi todos los hombres la muerte es algo a temer, algo a evitar. Muy pocos se toman la molestia de pensar sobre ella. El Hombre –como El Pensador– en su concepciones ha separado en dos la eternidad –el siempre presente– llamando a una parte «el aquí» y a la otra «el después». Ha cortado el «aquí» en segmentos, dándoles el nombre de tiempo: días, semanas y años. Al después del aquí ha llamado Muerte y desde entonces ha ponderado sobre su terrorífico e incomprensible vacío. Como el poderoso Actor el hombre se creyó en pleno control de su mundo, pero lo único que nunca pudo conquistar con su pensamiento fue la muerte.
>
> El miedo a la muerte es tan grande que incluso el subconsciente la evita. Pero cuando llega el momento en que la muerte es encarada en toda su terrible majestad, una transformación tiene lugar en el propio interior. Se ve la vida desde un punto de vista diferente, desde el punto de vista del UNO, porque detrás de las puertas de la muerte no hay un vacío absoluto, sino que está el UNO, el cual está más allá de la identidad personal y más allá de la mortalidad».
>
> (Del Tarot para la Edad de Acuario, por John Cooke y Rosalind Sharpe. Carta de La Muerte, llamada The Renewer).

«Bassini escribió la siguiente carta a uno de sus discípulos que estaba próximo a morir:

> La esencia de tu mente no ha nacido, por tanto nunca morirá. No es una existencia que es perecedera. Tampoco es una vaciedad consistente en

una mera nada. No tiene color ni forma. No experimenta placeres ni sufre dolores.

Se que estás muy enfermo. Como buen estudiante de Zen estás encarando la enfermedad con entereza. Puede que no sepas exactamente quién está sufriendo pero pregúntate a ti mismo: ¿Cuál es la esencia de esta mente? Piensa sólo en esto. No necesitas más. No codicies nada. Tu final que no tiene fin es como un copo de nieve disolviéndose en el aire puro».

(Historia 95 del 1.er libro de Zen flesh, Zen Bones-Pelikan books)

Del Libro tibetano de los muertos:

«No dejes que tu mente divague. Escucha con atención, porque esta es la hora de tu muerte. Usa la muerte como una ventaja, la oportunidad de alcanzar la Budeidad. Haz esto manteniendo tu mente libre de todo pensamiento excepto los pensamientos de amor y bondad.

Estás frente a la Luz Clara Primordial. Estate alerta y atento a todo lo que suceda. Ahora puedes ver y escuchar la realidad última, el todo bien, el dharmakaya, el primer estado de la Budeidad. Tu mente ya no está restringida a tu cuerpo. Puede unirse a la gran corriente de conciencia universal. Puede ser uno con lo no nacido, con la iluminación perfecta, con la Budeidad. Sabe que la vida es irreal y la muerte también es irreal. Solo lo que experimentas es real. Solo ella es la Verdad, la Luz».

מות = 446 = לב אור אין סוף [Luz Infinita (414) + corazón (32). También la Luz Infinita extendida en los 32 senderos de Sabiduría que constituyen el Árbol de la Vida y el Kabod (32) de la Luz. Estas dos letras Bet y Lamed son, respectivamente la primera y última de la Torá. En sentido directo, BL, significan no, nada. En sentido inverso, LB, corazón. En el budismo tibetano la Luz Clara mora en el interior de la gota del corazón).

Otros desarrollos:

446 = 368 + 78 = יהוה יהוה רוח אלהים חיים

446 = 214 + 232 = רוח + las cuatro expansiones del Tetragrámaton. También Rúaj + HaBerajá (la bendición).

Ángel: רבצאל, Rubatsiel = 323 (= Shojet)

Letra Hebrea: Nun, נ,ן (final). Valor numérico: 50. Extendida: נון. Significado: Pez. También (Nin) nene, brote, descendencia, hijo. El sufijo –n es personalizador, individualizador. Principio espiritual: Individualización. Caída y redención: representa el circuito del alma que desciende a este mundo para la realización del tikún y asciende de nuevo a su estatus espiritual, individual y sin ego (el pez). Emblema del Hijo de Dios. Historia de Jonás. Jeroglíficamente representa las 50 puertas del Entendimiento (BiNá), o la estructuración de todo el campo de la sustancia: 7× 7 + 1.

Influencia astral: ♏ ♇, Escorpio. Renovación, transformación. Transmutación. La muerte. El poder que destruye para construir. Regeneración o degeneración. El sentido interno que yace en lo inconsciente. El espíritu que rige desde dentro. Lo oculto: las fuerzas secretas de la naturaleza. La sexualidad. El deseo. Las profundidades emocionales. El escorpión, que se esconde y habita en las madrigueras, símbolo de la caída inexorable del sol tras el equinoccio de otoño. El aguijón venenoso, símbolo de formidable acometida y defensa. El águila y la serpiente: sublimación y elevación. El dragón, sobre el que asienta la transmutación alquímica.

Arcano Mayor del Tarot: El arcano sin nombre (n.º XIII): La muerte. Nada escapa a la muerte: el principio universal del cambio y la renovación. Todo muere para renacer bajo una nueva forma: lo nuevo se construye sobre lo viejo. De hecho, la vida es una continuidad. La muerte libera a la conciencia de sus viejas ataduras: de la autocentración a la autotrascendencia. La muerte nos da la oportunidad del renacimiento, el cual implica el paso por las fuentes inconscientes de la vida, lo que nos capacita para el renacimiento a la inmortalidad.

Aunque la mayoría de diseños de esta carta mantienen los mismos aspectos esenciales, en el Tarot de la Goleen Dawn vemos que se enfatiza más el aspecto de transformación, el significado «escorpiónico» de la letra nun y del Sendero Netsaj-Tiféret. Y es una visión acertada.

Vemos en la carta que hay manos cortadas, huesos, cabezas, pero no hay corrupción. Está diciéndonos, por una parte, que la cabeza es el asiento de las facultades superiores y éstas no dependen de la envoltura física, y por otra que la semilla de lo nuevo siempre se construye sobre los remanentes de la fase anterior. Esto significa cambio, transformación, transmutación, pero no creación; no es una carta de creación en el sentido de que algo salga como nuevo, creado de la nada.

Y se representa a la Muerte como un esqueleto en el sentido de permanencia.

En este Sendero Tiféret-Netzaj, la Muerte es un camino de doble vía: nacer es morir y morir es nacer. Nacer el primer paso hacia la muerte y morir es el primer paso hacia la vida. Es una fase en un ciclo. La muerte es liberadora, en el sentido de que proporciona libertad a la conciencia de sus identificaciones y muy concretamente en este Sendero, libera de los apegos emocionales, de las dependencias en este sentido, a las que la conciencia también debe morir si espera alcanzar el estado de Tiféret, que es un estado de no identificación.

La carta indica muerte y resurrección y en todos los casos relacionados con el mito del héroe, vemos como éste consigue alcanzar el fruto que busca, el tesoro concreto, sumergiéndose en una zona de peligros, que puede ser un abismo, una cueva, luchar con un dragón etc. Siempre encontramos esta fase de descenso, de encontrarse en una zona oscura para luego volver nuevamente.

Sólo puede morir lo que ha nacido, lo que no lo ha hecho es imposible que muera y la esencia de la mente no ha nacido, es decir, nuestro espíritu, nuestra parte superior, no ha nacido luego no puede morir. Lo que muere es la personalidad, los vehículos inferiores.

Ya decía Heráclito: «Muerte es todo lo que vemos cuando estamos despiertos, mas lo que vemos estando dormidos es sueño».

הנזרה. HANOZRAH. LA TEMPLANZA. HISTAPEQUT. הסתפקות

הנזרה = 267 = Mercabah, Nazir, Merkaz (centro, central, medio), Gimatriah, Erús (esponsales).

הסתפקות = 1051 = Shinan (ángel, considerando la Nun como final). Salmo 68:17: «Las carrozas de Elohim se cuentan por miríadas, con miles de ángeles (Shinan). Adonai está entre ellos, como en el Sinaí, en el Santuario».

Yejudim:

אלמלך עולם = 267

Dios Rey del Mundo

El =N.D. en Jésed (Júpiter, Sagitario). Mélej = Mem de Móaj, cerebro; Lamed de Leb, corazón; Kaf de Kabed, hígado: neshamá, rúaj, néfesh. Las tres almas alineadas. La devoción conecta con Tiféret.

הל יוד הי ויו הי יוד הי ואו הי יוד הא ואו הא יוד הה וו הה

Todo este desarrollo (la Luz del Tetragrama extendido según los cuatro mundos) suma también 267. Representa la alquimia de la Luz.

Ángel: כספאל: Kasafel =191 = HaMaqom (el Lugar. Es un Nombre Divino). Nos lleva al Lugar, que es Tiferet.

La templanza, el ángel con las dos urnas, constantemente equilibrando y transmutando. Representa el trabajo interior: templar, afinar, ajustar, refinar. Un trabajo que necesita paciencia, serenidad, encontrar el punto medio de todas las contradicciones. Los opuestos están para generar energía. La tentación está en elegir, intentando reprimir o suprimir uno de ellos. Sólo ganando una dimensión vertical de conciencia los opuestos pueden ser trascendidos. Esta dimensión se consigue estando constantemente conscientes. El umbral a superar es el sendero Netsaj-Hod. Pasarlo es salir de la Rueda mediante el poder del centro.

Conocimiento de uno mismo (práctica de la honestidad en el auto análisis). Focalizar, pacificar y calmar la mente. Observación desapegada de los propios procesos psíquicos y físicos. Alquimia, transmutación interior. Modificación de rasgos basada en el insight o entendimiento profundo de la propia naturaleza. Meditación Yo Soy.

Técnicas: «En estados de extremo deseo permanece imperturbado».

«Cuando seas vívidamente consciente a través de algún sentimiento, mantente en la conciencia».

«Al principio del estornudo, durante el pánico, en estados de ansiedad, encima de un precipicio, huyendo de una batalla, en la extrema curiosidad, al principio del hambre, al final del hambre, sé ininterrumpidamente consciente».

«Cuando sientas una emoción a favor o en contra de alguien no la pongas en la persona en cuestión, sino permanece centrado».

«Siempre que tu mente ande a la deriva interna o externamente, ¡aquí y ahora!, 'esto'».

«La conciencia existe como cada ser, y nada más existe».

השׂטן (Ha Satán). EL ADVERSARIO. EL DIABLO

Brainstorming:

• El descenso a los infiernos forma parte de todo proceso iniciático: Innana-Ishtar, Isis, Orfeo, Dionisos, Jesús,... Recuperar aquellas partes de nosotros mismos que hemos perdido, relegándolas al inconsciente. Recuperar plenamente el cuerpo a un nivel muy primario. Vivimos en nuestras mentes. En los programas de nuestras mentes. Posibilidad de liberarse.

• La inhibición compulsiva esclaviza tanto como el exceso.

• Yom Kipur: dos machos cabríos: uno para YHVH, otro para Azazel. La misma energía (Ayin-Zayin). También «el mal» tiene su parte. La sangre del macho cabrío sacrificado es llevada al Santo de los Santos.

«Y vió Elohim que todo era muy bueno».

• La conciencia entra en los dominios de la materia y del tiempo (Ayin Tav = Capricornio-Saturno). A partir de ese momento un compromiso es inevitable, pues el hombre corpóreo siempre se va a ver sometido a su influencia. Al mismo tiempo, es la fuente de un gran poder.

HaSatán es uno de los Bene Elohim en el libro de Job. No es un ángel caído, sino simplemente el Acusador, el Adversario. Muestra lo que ya está ahí para ser trabajado. Pone al descubierto los desequilibrios.

• Zen: El conflicto entre el bien y el mal es la enfermedad de la mente.

• Nuestros egos perciben la inestabilidad (anarquía, caos, etc.) como el mal. También estamos programados para considerar el ejercicio de la libertad como demoníaco. Pero el ser humano también tiene potencialidades demiúrgicas. Ayin: el Ojo, la visión que ve todas las posibilidades. La evolución no es posible sin la exploración de todas las posibilidades presentes.

• La energía del self puede arrollarnos, lo que desemboca en una inflación del ego, en orgullo y posible mesianismo.

Guematriot: השׂטן = 364

364 = יוד הי ואו הי א (el fuego Briático: de la Creación) = אלף למד הא יוד מם החיים = Elohim de la vida.

Ángel: Najutsliah, נחצליה = 209 = בורא = Creador (un Nombre de Dios). Indica el Poder incorporado a la materia de multiplicación infinita.

En el Tarot de la Golden Dawn esta carta recibe el nombre de «Señor de las puertas de la materia. Señor de las fuerzas del tiempo».

La lámina consiste en una figura semihumana y algo grotesca (Tarot de Marsella) de pie sobre un yunque o sobre un altar de doble cubo (materia; Tarot de Waite). Encadenados aparecen una pareja de diablillos que se muestran sonrientes y satisfechos con su condición. Toda la carta tiene un aire netamente sexual y animalizado porque, para nuestra cultura, lo sexual y lo animal ha sido lo demoníaco por excelencia.

Toda cultura, religión, forma política, etc., ha creado una forma particular de diablo, algo en lo que proyectar (para poder rechazar) aquellas características negativas que son las opuestas de las positivas; éstas, a su vez, son aquellos rasgos que definen el ideal de la cultura, religión, forma política, etc., en cuestión.

Una vez definido y delimitado lo negativo, nuestra tarea es oponernos a ello. Porque para dar un salto cuántico hacia delante es necesario dar un pisotón hacia abajo para que la fuerza de reacción nos impulse hacia arriba.

En nuestro estado psicológico actual la conciencia se apoya en el yo, el cual es muy selectivo. Nuestro ego es el responsable de nuestra psique consciente, la cual, como ha de adaptarse al entorno altamente organizado en términos de conducta, ha de estar constantemente seleccionando entre todas las facetas que aparecen en su campo. Algunas energías son, por ejemplo, demasiado anárquicas o caóticas para poder ser admitidas, y son semi o completamente rechazadas. Pero como forman parte de nuestra estructura psíquica total, no desaparecen, sino que se organizan en complejos relativamente autónomos, los cuales usurpan parte de nuestra identidad, apareciendo, por tanto, personalizados.

Aquel complejo, o arquetipo, que se nutre de las facetas de nosotros mismos que han sido rechazadas y reprimidas por la orientación –generalmente unilateral y pseudoética– de nuestra parte consciente es llamado «la sombra» en la psicología de Jung, porque el suyo es un dominio oscuro.

La sombra, desde el inconsciente, lucha con nosotros –nuestros egos y máscaras– y muchas veces nos domina (nos posee). Su potencial energético está en relación directa con la energía que nosotros mismos le damos con nuestras represiones.

Para acceder a Tiféret, para hacer de él el centro permanente de nuestra conciencia, necesitamos ser individuos (es decir, indivisibles) e íntegros (es decir, enteros). No podemos estar disociados en voluntades y yoes separados. Menos podemos estar luchando constantemente contra nosotros mismos.

Nosotros también necesitamos un diablo contra el que enfrentarnos para poder avanzar. Como concebimos el desarrollo como una elevación del nivel de conciencia, nuestro enemigo es la inconsciencia. Nuestro diablo es, precisamente, la existencia de diablos, es decir, de subpersonalidades autónomas.

Nuestro trabajo es, por tanto, despojar de energía a los complejos inconscientes y reabsorberla en el yo. Este proceso suele ser muy doloroso y ha sido calificado correctamente de descenso a los infiernos. Son muchas las falsas ideas sobre nosotros mismos a las que hemos de renunciar. Es duro reconocer que lo que llamamos el diablo es parte de nosotros mismos.

¿Quiere esto decir que me he de convertir en algo «malo», que he de dar rienda suelta a mis energías «negativas»?

Eso no es individuación. Eso es otra forma de posesión por la sombra.

Con la individuación no me voy a convertir en algo que no sea ya de antemano. Por supuesto que muchos comportamientos son aprendidos, no son parte de mi esencia, y esos serán más o menos fáciles de cambiar. Pero el punto de referencia no es algo exterior a mí, sino mi propia integridad, que es la que ha de decidir qué forma parte de su esencia, qué debe cambiarse, qué debe sublimarse, qué debe redimirse, etc. Al final es Tiféret el que ha de prevalecer.

Letra Hebrea: Ayin, ע: Valor numérico: 70. Extendida: עין. Significado: Ojo, fuente. Principio espiritual: El ojo de la mente. La energía de la visión. La fuente inagotable de las formas y la increíble variedad de las representaciones conscientes. El campo estructurado de la conciencia. El principio que adhiere la mente a las formas. El sol espiritual brillando a través de la forma. La mente transparente a lo espiritual. Posibilidad, creatividad. Esta capacidad está basada en la dualidad. Inug (Ayin Yod Nun Vav Guimel) = placer, goce, satisfacción; Inui (Ayin Yod Nun Vav Yod) = tortura, tormento, suplicio. El conjunto de toda la experiencia humana en su variedad de lenguas y pueblos (simbólicamente 70 naciones). La luz de la Providencia.

Influencia astral: Capricornio, ♑ , ♑. La cabra con cola de pez es emblemática de los extremos de altura y profundidad: poder encarar los problemas más recónditos de la materia y poder inferir un mundo superior al sensible. También conflicto espíritu-materia latente. La tierra surgiendo de las aguas. La diosa madre (de la materia, de las formas) primordial. La capacidad desarrollo infinito de la materia en multitud de formas. Capacidad para usar útilmente los recursos disponibles. Posición, realización, logro, persistencia, ambición. Orden y justicia cósmicos. Concentración, precaución, cálculo. Seriedad, sensibilidad, fidelidad.

Arcano Mayor del Tarot: El Diablo. Llamado Señor de la materia y el tiempo (Ayin Tav). Hay dos tipos de conexión: Árbol de la Vida y Árbol del Conocimiento (Dáat: Dalet Ayin Tav) del Bien y del Mal. Hay dios tipos de vestiduras para el alma: Túnicas de luz (Or, con Alef) o túnicas de piel (Or, con Ayin). El campo de la conciencia es único («El sabio y el ignorante ven el mismo árbol»). Adam es el alma intelectiva. Eva, el alma sensitiva. Ambas facultades están encadenadas a la materia y el tiempo y parecen contentas con ello. La liberación parece tan sencilla como quitarse libremente las cadenas, que no están apretadas, de alrededor del cuello. Para ello es necesario desidentificarse de las propias representaciones conscientes y volver a la visión de la unidad (Alef). Si no te desprendes de tus campos de conciencia quedas atrapado por su campo gravitatorio. Cada uno adora a sus propios ídolos.

מגדל. MIGDOL. LA TORRE. בית אל. BET EL. LA MAISON DIEU

Ángel: Shafbaniah: שפבניה

Sal 127:1

«Canción de las *subidas*. De *Salomón*. Si YHVH no construye la *casa* en vano se esfuerzan los que la construyen».

La casa, en general, es un símbolo del cuerpo y del hombre, con sus diferentes estratos psíquicos. La torre, construcción que toma la vertical como definición, presenta un simbolismo ascensional. Cada altura equivale a un nivel espiritual. La ascensión equivale también a una transformación, por lo que el horno alquímico es representado en forma de torre. En el simbolismo universal, las ventanas del último piso, casi siempre grandes, corresponden a los ojos y al pensamiento. Que se trata de un edificio psicoespiritual es corroborado en la carta por la corona que culmina la torre. La apertura del Kéter, con la consiguiente inyección de energía flamígera espiritual, causa una conmoción en el edificio de la personalidad. Los dos personajes que caen corresponden a las dos polaridades de la psique: Nétsaj y Hod, siendo este arcano la llave del sendero 27 que los une. Caen boca abajo porque son las falsas ideas y proyecciones las que deben ser eliminadas.

El sendero 27, que une entre sí las bases de los dos Pilares laterales del Árbol de la Vida, es fundamental para el equilibrio y mantenimiento en pie de toda la estructura del Árbol, y es también una barrera, representada por la espada flamígera zigzagueante del Kerub que guardaba el camino del Árbol de la Vida en el Edén.

La letra hebrea correspondiente es la Pe, פ, que en hebreo significa «boca» y que en general significa la efusión del pensamiento.

Parece como si en la carta del Diablo (arcano XV, sendero Tiferet-Hod) Adam y Eva hubieran sido expulsados del Paraíso y atados a las fuerzas negativas, y en esta carta encontramos al Kerub con su espada que impide el acceso de nuevo a Tiféret, el Árbol de la Vida por antonomasia. La espada arranca de nuestra cabeza la corona de la conciencia tiferética y por consiguiente caemos, es decir, caen nuestras polaridades, nuestro intelecto-emoción, al mundo de la confusión (como en Babel). Y esta espada del Kerub es la del intelecto puro (de Jojmá y Biná) que al fin y al cabo es la fuente de nuestra conciencia. Y gira de un lado a otro y, en su giro, nuestros pensamientos están moviéndose siempre, en un estado de agitación constante, y no sabemos hacia donde mirar. La confusión la forma la barrera de pensamientos-sentimientos que aparecen y desaparecen para dejar paso a otros diferentes, y así constantemente. Incluso aunque mantengamos la concentración en un tema determinado, tampoco traspasamos la barrera, tan sólo quizás podemos ir un poco más allá.

Todo sucede como si estuviésemos ante un mago ilusionista, que empieza a hablar muy deprisa y a contarnos historias de tal manera que nos fijamos en sus palabras y no vemos sus manos. Entonces el ilusionista nos hace el truco correspondiente. Algo así ocurre con nuestros pensamientos, e incesantemente nos movemos en círculos. No encontramos puerta alguna que nos permita ir más allá de los conceptos ya establecidos, los cuales son relativos y llevan a la confusión de lenguas. Dicen los budistas zen que la iluminación surge cuando, en lugar de desviarte, eres capaz de seguir un pensamiento hasta su raíz. Dicho de otro modo, cuando el flujo de pensamiento ordinario está bloqueado. Lo mismo afirman los cabalistas, razón por la cual se entregan a sus prácticas meditativas de letras y números, para poder abstraer el pensamiento puro de toda conexión con objeto alguno, sea natural (sensorial) o conceptual.

Por otra parte, la carta tiene también un significado emotivo, ya que estamos representando la energía de Marte, que corresponde a la energía del plexo solar. Esta es la zona del poder del ego, la zona de la ira, de la competencia y de la lucha por el poder. Una persona con este centro bien desarrollado proyecta su ego de modo saludable en el mundo exterior. Por el contrario recordemos cuántas personas inhibidas o que tienen un ego infravalorado o disminuido de algún modo, sienten malestares a este nivel del cuerpo, especialmente en el estómago, y tienen problemas. Es la contracción que están experimentando de esta energía de Marte, que al no poderla expresar hacia el exterior, se manifiesta de forma autodestructiva.

Pero el rayo de la Luz Divina nos impacta y despeja el camino. Este es el lugar en que el Mar Rojo se abre. Es el milagro que te permite pasar y cruzar; el rayo de luz que realmente rompe y destruye todos los obstáculos.

Esta perspectiva es para la persona que está en el Camino. A partir de ese momento liberador ya no puedes volver realmente atrás. Como en el simbolismo bíblico del Mar Rojo, que en realidad es llamado Mar de los Juncos y es el mar de los límites, Yam Suf. Suf-junco y sof-límite, dos palabras diferencias en hebreo por un pequeño puntito, que nos permite tomar ese significado de límite, finitud: los límites del mar de la finitud, que se abre y permite el paso a la conciencia Tiferética, pero no a las fuerzas negativas, las fuerzas del ego de Egipto, que en ese momento se está oponiendo con todas sus fuerzas a la liberación personal y sobre las que se cierra el mar. Pero a pesar de eso, la conciencia quiere retroceder muchas veces, lo cual es ya imposible, porque éste es un camino de ida.

Centro	Sefirot	Colores	Nombre de Dios	YHVH	Significado del Nombre	Meditación Yo Soy
Corona Parte superior de la cabeza	Kéter	**Luz resplandeciente Blanca brillantez Luz de magnesio**	EHEIEH אהיה	י (cabeza)	Yo Soy (el que soy) o Yo Seré	YO SOY Yo soy una Chispa de Luz Divina
Frente; entrecejo	Jojmá/Biná	**Gris perla iridiscente (tornasolado, anacarado, con espejos)**	YAH יה		Sabiduría omnisciente. Trascendencia. Principios Masculino y Femenino Divinos eternamente unidos.	Yo soy Sabiduría Yo soy Intuición
Garganta	Daát	**Índigo sobre fondo negro o carmesí**	YEHOVÁ ELOHIM יהוה אלהים	ה (garganta y brazos)	Padre/Madre Creador	Yo soy Atención Yo soy Palabra Creativa
Corazón	Jésed/Guevurá/ Tiféret	**Dorado/rosáceo pulsante y radiante (sobre fondo de color azul)**	YHVH ELÓAH VADÁAT יהוה אלוה ודעת	ו (tronco)	El Ser de los Seres (el Eterno) es Dios manifestado en el centro del propio ser	Yo soy Alegría Yo soy Amor
Plexo solar; ombligo	Tiféret/Nétsaj/Hod	**Rojo/naranjado sobre fondo verde esmeralda**	YEAOUA ELOHIM TSEBAOT יהוה אלהים צבאות		El Eterno es el Dios/a/es (principio activo) de los Poderes	Yo soy Energía Dinámica Yo soy Acción y Reacción
Genital; sacro	Yesod	**Púrpura/violeta plateado**	SHADAI EL-JAI שדי אל חי		El Omnipotente Dios Vivo	Yo soy Vitalidad Yo soy Energía Psíquica
Raiz; base de la columna	Maljút	**Amarillo/ocre; Amarillo limón/ verde oliva/rojo bermejo/negro**	ADONAI HAARETS אדני הארץ	ה (desde cintura y piernas)	El Señor de la Tierra	Yo Soy Estabilidad Yo Soy en la Tierra

Otra meditación: Ascensión con notas musicales y culminar en do de la siguiente escala con El Elohai (= 77 = Migdol)

LA ESTRELLA. כוכב (KOJAB). מזל (MAZAL)

כוכב (Kojab) = 48 = 26 (כו) + 22 (כב)

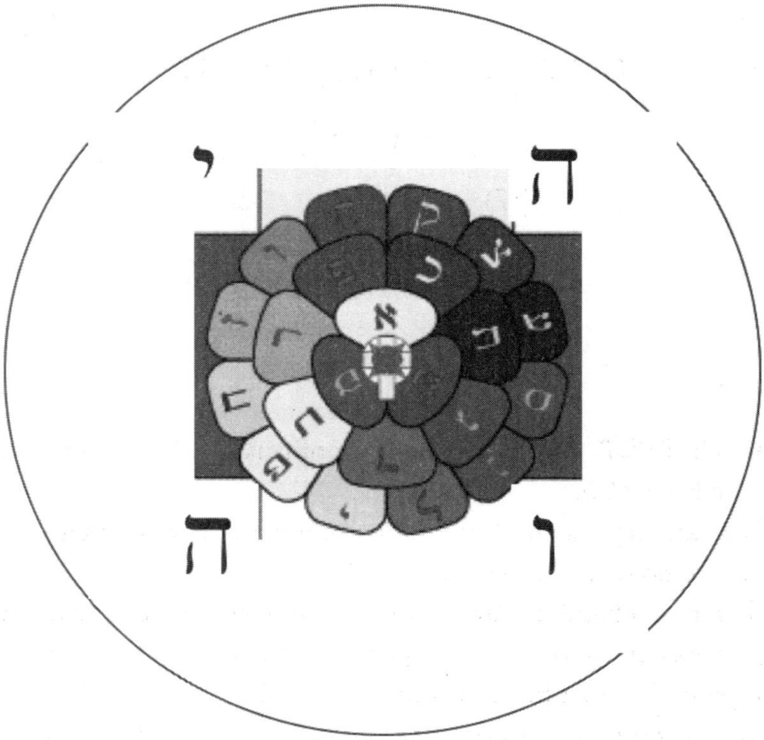

Otros yejudim: אל טוב Dios Bueno גל יה Manantial de Yah

Otras guematriot:

48 = מח (Móaj, cerebro, inteligencia) = חם (Jam, caliente, ardiente) = גמה (acequia, canal) = יובל = (Yubal, arroyo, afluente, torrente, corriente. También Yobel, Jubileo) = חיל = (Jayil, fuerza, valentía, valor, coraje, tropa, ejército, milicia, hueste).

Ángel: השאיה . Número = 621. Confirma que la Estrella es la estrella de Kéter (620).

Esta carta representa el mundo natural pero desde su interior; es el poder interno de la naturaleza.

El signo zodiacal es Acuario, el aguador vertiendo agua, aunque realmente es un símbolo de aire, porque nos encontramos en una zona intermedia. Por una parte encontramos el cielo con su orden eterno, con sus movimientos estelares, debajo la Tierra y en medio encontramos a esta figura que representa «el alma del mundo, la Gran Madre, naturaleza en general. Lo que los griegos llamaron Physis (de donde proviene la palabra "física", que significa naturaleza interior».

En la Estrella volvemos a encontrar las urnas de la Templanza, pero en esta ocasión se vierten sobre la Tierra. Es una alusión a que esta carta rige tanto la parte manifestada consciente, como la parte no manifestada inconsciente; la parte física y la parte emocional.

La naturaleza es una unidad, una continuidad regida por las leyes del espíritu. Está directamente conectada con estas leyes y por eso vemos en la carta la gran estrella central de Kéter y las siete estrellas de los siete logos planetarios. En la naturaleza siempre hay una autorregulación interna.

Estamos viendo el aspecto luminoso de la naturaleza aunque más adelante (La Luna) tendremos ocasión de conocer otro aspecto más oscuro. La Estrella habla sobre todo de la conexión que existe entre Yesod, que es el instinto y el subconsciente, con la naturaleza, esa conexión inmediata que lleva a la autorregulación orgánica de la vida. La vida funciona por sí misma y siempre termina autoequilibrándose.

Detrás de la figura hay árboles. Son el Árbol de la Vida y el Árbol del Conocimiento. Las hierbas, las plantas, el mundo vegetal está directamente conectado con las estrellas, de ahí las propiedades estelares de los signos astrológicos relacionados con cada planeta. El reino vegetal en sí tiene un alma sensitiva pero a un nivel muy primitivo, y su alma superior es toda la esfera celeste. Por eso el Zohar dice que cada hierba tiene una estrella que la vigila, que la cuida.

El agua que baja es el agua de la Vida, de la Sabiduría, interpretación que aparece por su relación con Acuario, el aguador que vierte el Agua de la Sabiduría.

Igual que esta imagen del alma del mundo, de la gran madre, es una imagen de Nétzaj, y también se corresponde con una imagen de Biná, el agua también es una imagen de Jojmá: es el río del Edén que desciende y se divide en cuatro brazos.

Hay un Agua de Misericordia y un Agua de Severidad porque la naturaleza es una gran maestra y aprender de ella es aprender del libro de la sabiduría. Tiene que equilibrar y por eso, a veces muestra experiencias amables para nuestros ojos y a veces difíciles.

YAREAJ - LEBANAH - LA LUNA

ירח = 218 = בריאה (Briá, Creación), ריח (Réaj, olfato, olor, aroma), ביראח (BeYirá, con temor), בגבורה (BeGeburá, con poder), למנצח (Lamnatséaj, para el conquistador o para el director de coro, palabra con la que empiezan muchos Salmos).

Yejudim:

1) בינה אלהים אדני, Biná Elohim Adonai = 218

2) יוד הי ואו הי אדני מלך (YHVH en Briá + Adonai Mélej) = 218

לבנה = 87 = בלימה (de la nada; Séfer Yetsirá), ביעה (huevo), לבנה (libna, linfa), נזל (fluir), עבודה (abodá, el servicio religioso), µmz (zamam, pensamiento, proyecto, designio, hipótesis, decidir instintivamente).

Yejudim:

3) אהוי אדני (Un Nombre de Dios en Dáat) = 87 (65 + 22)

4) 35 + 52 = Agla + Nombre Ben (Asiá) o dos Tetragrámaton.

Ángel: דחלאל (Dujalel) = 73 = Guimel extendida (carta de la Sacerdotisa = ☽) = Golem (el homúnculo) = Jojmá (Sabiduría)

87 es Alef + HaTéba, la Naturaleza, expresando que la Luna es el poder director de la misma. La luna es el poder atractivo, magnético, que determina los flujos y reflujos, las mareas, evolutivas de la vida. Es el poder femenino generador: las 19 gotas numéricamente equivalen a Javá (Eva), la madre de todo viviente. Ocho gotas azules: Jet; seis rojas: Vav; cinco amarillas: He.

Qof representa la nuca. La siguiente letra, la Resh, representa la frente. Son la Luna y el Sol. Y si éste representa el ego solar, la luna es su sombra (no necesariamente como lo reprimido, sino como el fundamento de penumbra sobre el que se asienta la conciencia autoreflexiva). Recordemos que otro significado general de la letra Qof es «mono», y representa la inmersión de la conciencia en los estados más profundos, más inconscientes, de la vida y la evolución.

El pilar de la forma representa la vía solar, apolínea, seca, masculina, racional (cartas del Sol y del Juicio). El pilar de la fuerza representa la vía lunar, dionisíaca, húmeda, femenina, intuitiva (cartas de la Estrella y la Luna). Luminosa y oscura, consciente y subconsciente.

Belimá: la sustancia de la que están hechos los sueños.

La carta de la Luna está representando todos los estados evolutivos, los niveles de conciencia del hombre. Durante la gestación, el feto humano atraviesa esos estados y como adultos los conservamos en los tres cerebros sobreimpuestos. La primera parte se corresponde con el período acuático y con el desarrollo de lo que llamamos el cerebro reptílico, (que se conserva durante toda la vida) y se trata del estrato más profundo de nuestro cerebro. A continuación entramos en un segundo nivel de desarrollo que se corresponde con la parte animal y por último, en un tercer nivel asistimos al desarrollo del cerebro propiamente humano, en cuyas partes más externas encontramos el neocórtex y otras estructuras que se asocian a las funciones superiores conscientes. Estos tres niveles están integrados en la «programación» del cuerpo humano, están inscritos en él y de hecho nos comportamos según actúan cada uno de ellos (y la naturaleza siempre termina triunfando).

A veces La Luna se interpreta como ilusión, alucinación, autoengaño en referencia a la emergencia de lo inconsciente. Cuando el tenue velo de la vigilia –la conciencia racional– se abre, emerge lo inconsciente, tanto personal como colectivo, en forma de sueños, o ensueños creativos en sentido positivo, o en forma de obsesiones, desesperanzas, crueldades, miedos, etc.

Nuestra psique personal hunde sus raíces profundamente en nuestros estados colectivos primitivos. De hecho, en experiencias transpersonales, ya sea utilizando alucinógenos o por otros métodos, se pueden tener experiencias regresivas a esos estados primitivos. La vida es una continuidad y se puede tener experiencias vegetales, experiencias de la vida en sus estados más primitivos. Y todos esos estados nos están condicionando constantemente, es lo psicoide, en palabras de Jung, de lo que emergen los arquetipos del inconsciente colectivo. Nuestra conciencia es la punta de una pirámide emergiendo de lo inconsciente colectivo.

El desarrollo personal exige superar este nivel, hay que pasar por la experiencia de esos estados y trascender el nivel de esta psique arcaica, primitiva, en la que están latentes poderes ocultos, pero que también pueden engullirnos por completo y alucinarnos. Hay que asimilar la energía del inconsciente colectivo, pero asumirla por la conciencia y no de una forma descontrolada y caótica, sino de una manera controlada, utilizándola y sublimándola para la construcción de los centros superiores. Cuando una persona sucumbe ante un arquetipo, su ego es fagocitado por él. A partir de ese instante éste le controla y pueden aparecer todo tipo de manifestaciones patológicas, convirtiéndose en un ser maligno, de una gran crueldad, etc.; o si el arquetipo es de naturaleza espiritual, el sujeto puede llegar a creerse que un mesías.

Otras correspondencias:

El plano de los sueños. El mundo inferior del chamán. La sabiduría instintiva. Luz en estado de ocultación. Chispa de Luz oculta en la materia, animando a todos los estratos, incluso los de la negatividad. Realidad de las chispas caídas que es necesario elevar de nuevo (santificación). Conciencia subliminal, hombre regido por el instinto y las fuerzas naturales. Emociones congeladas en armaduras psicofísicas. Armadura de carácter. Automatismos físicos (también puertas de entrada a lo divino). Descarga bioenergética de emociones. El camino del Hades.

שמש (SHÉMESH). חמה (JAMÁ). EL SOL

שמש = 640 = שם מצפץ (Nombre MTsPTs – YHVH por Atbash) = מצפץ שם (El Nombre allí)

Néfesh Agua Neshamá. Juicio Colgado Juicio. Ambos principios uno reflejo del otro.

חמה = 53 = אבן = א בן = א בהמה = א יוד הה וו הה = וו הה
א יי הה

א

יהוה יהוה

חמה valor numérico ordinal = 26. שמש ordinal = 55 (número suma de los diez primeros). Poderes de Tiféret. Ángel טתיאל (Tatiel = 450 = Shefa).

Los niños representan una dualidad inocente. Sobre ellos el disco del Sol. El Sol tiene un rostro. Representa el cenit de la conciencia, la conciencia testigo siempre presente, el Yo eterno. Todos los yoes son sus rayos (16 tipos). Está el ego, está el sí mismo, está el ipsísimo (omniself). Personalidad, individualidad, yo transpersonal. Los tres están alineados, aunque el último está separado por un muro de los dos anteriores al ser colectivo, no personal. El sol brilla para todos por igual (buenos y malos). Los cuatro elementos de la carta: muro y jardín (cuerpo), personalidad-individualidad (los dos gemelos), ipsísimo. La conciencia, la Luz, es el quinto elemento que todo lo permea.

¿Qué hacen los personajes? Nada. Simplemente son. Solamente hay una actividad correcta, una cosa por hacer: ser como eres. Ser, ser abiertamente, y dejar que el sol brille. Entonces hay armonía entre consciente e inconsciente. Por supuesto, el consciente rige, dirige (sin riendas). El inconsciente (caballo) sigue dócilmente. (Tarot de Rider)

Dos niños: Gemelos. Individualidad y personalidad. La personalidad alcanza a la individualidad a través de la nuca. La individualidad a la personalidad a través del plexo solar.

Resh, cabeza. Efusión de ideas in-formativas (a nivel logoidal y a nivel del individuo). Gemelos: Aire mutable: Ideas, modelo, intelecto, mente concreta. La mente opera a base de dualidades. «La luz de la razón». Representa pues la conciencia, la discriminación, el entendimiento brillando a través de las formas. A pesar de eso los niños en la imagen, no están en contacto directo con el sol que hay detrás. Siempre hay una valla en el jardín del sol porque estamos hablando de forma y de abstracciones.

Hay que tener en cuenta que la razón, el intelecto, siempre opera a base de dualidades, análisis, separaciones, diferencias (Los dos niños). En principio, no es negativo (niños inocentes), sino una fase necesaria.

La luz del sol consiste en enfocar la luz, en general difusa, y llevarla a un foco de gran intensidad, lo cual nos va a permitir ver claramente los detalles (destacados sobre el fondo psíquico). Son las ideas claras y distintas del razonamiento cartesiano. Al ganar en claridad (por referencia a un centro, con la tentación de separarse a sí mismo), se pierde el principio de no localidad y fusión con el Todo.

El sol energizador y regente de las mareas tátvicas (elementales). El sol brillando a través del aire y energizando los elementos pasivos, agua y tierra. Los dos pranas: activo y pasivo.

DIN (EL JUICIO). YOM HaDIN (EL DÍA DEL JUICIO)

דין = Din, Juicio = 64

יום הדין = Yom HaDin = Día del Juicio (Final) = 125 = אחד יהוה אלהים

Otras guematriot 125:

חכמה יוד הה וו הה = Jojmá Yod He Vav He = 125 (La expansión del Tetragrama corresponde a Asiá)

צהל = grito, alborozo.

טל אלהים = Tal Elohim, el rocío de Elohim

גן יוד הי ויו הי = Gan Yod He Vav He, el huerto de YHVH (Eden) La expansión del Tetragrama corresponde a Atsilut.

ש= 300

רוח אלהים = Rúaj Elohim = Espíritu de Dios

אלף למד הי יוד מם = Elohim extendido

מצפץ = YHVH por Atbash.

שפע = 450 = Shefa = abundancia, prana, el influjo divino (flujo abundante, emisión, emanación, influencia).

קול שׁדי = 450 (*véase* Ez 1:24) = Voz de Shadai.

שעפ= Saaf = pensamiento, meditación

פשׂע = Andar, caminar

פשׁע = Pecado, trasgresión

Poderes del elemento fuego que rigen sobre el sendero de la Shin: N.D. Elohim, arcángel Mijael, ángeles Serafim y al ángel del Juicio Abtiel (עבתיאל = 512 = Midat HaDin = Tabur HaÁrets).

אהד

תֶּבֶל

30 2 400 = 432

Tébel = El Mundo

חזון אדני הארץ

90 200 1 5 10 50 4 1 50 6 7 8 = 432

(Hazón Adonai HaÁrets: visión, profecía, aparición o revelación de Adonai haÁrets)

Otras posibilidades: Hilul Adonai haÁrets (exaltación, cántico, alabanza, júbilo, casamiento, himeneo de Adonai HaÁrets); Yonah (paloma) de Adonai ha Árets; Malá (lleno, pleno) de Adonai Haárets. Todas las primeras palabras suman 71.

תם

Tam es la raíz de Tamim, que significa completo, íntegro.

Esta construcción suma también 432:

יוד הא ואו הא   יוד הי ויו הי

א ל ה י ם
א ל ה י
א ל ה
א ל
א

יוד הי ואו הי   יוד הה וו הה

עולם (Mundo) = 146 = אלהים + כלי (vasija)
אלהים = יהוה + כלי

עת (Tiempo) = 470 = יהי אור ויהי אור (Sea la Luz y la Luz fue)

אור טארוט = La luz del Tarot = 432

עחליה (Ángel guía) = 123 = Gamlán (grande, largo, grueso, fuerte), HaJosén (la Fuerza), Zo'em (ira, rabia, cólera), 'Óneg (placer, dicha, deleite), Néga (plaga).

Práctica

A) Meditaciones directas con la forma de la carta

A1) Contemplación visual:

Coloque la carta del Loco (o cualquier otro arcano) delante de usted (sobre el altar, si usa uno) a una distancia cómoda, de forma que pueda contemplar la carta en conjunto y distinguir los detalles sin forzar la vista. Concéntrese exclusivamente en la carta con la mente en blanco tanto como pueda pero sin tensión. Su mirada debe ser relajada, incluso afectuosa, como si abrazara el objeto de meditación, en este caso la imagen que estamos contemplando. Continúe así hasta que sienta que ha «conectado» con la carta (con su realidad arquetípica subyacente). Deje que ésta le hable –puede ser una comunicación sin palabras– por sí misma. Permítase asociar libremente, pero manteniendo siempre la carta como el foco de la mente. No espere grandes resultados. No busque nada, sólo espere. Al principio sus cadenas asociativas se diferenciarán poco de las ideas que podría esperar tener normalmente. Persista. La mente funciona a base de saltos cuánticos. Aunque parezca que no está haciendo ningún progreso está de hecho activando un arquetipo cuya raíz última está en el inconsciente colectivo. Lentamente se irá horadando un pozo cada vez más profundo, hasta que la mente traspasa el umbral del pensamiento abstracto y entra en el dominio de la intuición. Ésta se presenta al principio en forma de chispazos de entendimiento o de realizaciones profundas que irán creciendo en nitidez. La forma concreta mediante la que se expresarán estas realizaciones –ideas, impresiones, emociones, propiocepciones, imágenes visuales, o todas a la vez en una síntesis difícil de discernir– dependerá de su propia composición personal y de los niveles inferiores de su mente. El objetivo es crecer en sabiduría y entendimiento. Cuando sienta que la experiencia ha terminado –y veinte minutos es un tiempo razonable– salga del estado de meditación después de expresar los agradecimientos pertinentes (ésta siempre es una práctica saludable), y cierre. Antes de reanudar sus actividades registre en su diario sus impresiones y resultados, por muy triviales que le parezcan –incluso la ausencia de los mismos–.

A2) La carta como puerta:

Se procede igual que antes, pero ahora se visualiza la carta delante de uno como una puerta.[12] Se puede utilizar algún procedimiento previo para acceder a esa puerta, tal como ascender a una colina de luz[13] o descender internamente una escalera de, por ejemplo, diez peldaños al término de la cual está la puerta con la carta sobre ella. La abrimos con un suave movimiento de manos (que recordamos para hacer el movimiento inverso al cerrar) y pasamos al otro lado.[14] Simplemente observamos o hacemos un recorrido por el paisaje interno que se nos ha abierto, como si estuviéramos en una especie de sueño. Aquí no vamos con ideas preconcebidas de lo que «deberíamos» ver. Queremos aprender el lenguaje de nuestro inconsciente. Dejamos que la experiencia sea. Cuando sintamos que se ha terminado, volvemos por el camino inverso al de ida recapitulando brevemente los pasos, cruzamos la puerta y cerramos. Una vez de vuelta a nuestro estado de conciencia habitual escribimos en nuestro diario la experiencia para un trabajo posterior. Éste no tiene por qué ser inmediato ni exhaustivo en una primera aproximación. No todo significado se hace claro al instante. En realidad el trabajo es parecido al que se hace con los sueños. Lo que se busca es tomar conciencia de nuestros arquetipos inconscientes e integrar su energía en un todo armónico. Esto puede llevar largos períodos de tiempo.

12. Independientemente de la capacidad de visualización de cada uno, lo importante es tener la sensación inequívoca de que la carta está efectivamente frente a uno.

13. Como se propone en mis obras anteriores: El Camino del Árbol de la Vida (Vol. II, Cap. XII) y Senderos en el Jardín de la Conciencia (a lo largo de todo el libro).

14. Si alguna persona siente algún tipo de ansiedad por el hecho de proyectarse en la imaginación creativa puede imaginar una gran pantalla delante de sí y observar como si se tratase de una película.

A3) Diálogo con el personaje

Parecido a lo anterior, pero ahora nos introducimos en la carta en sí y tenemos un encuentro con el protagonista principal o con los diversos elementos de la escena. Hablamos con el o los diversos actores, uno a uno o en conjunto. En el caso del Loco tendríamos un diálogo amigable con el bufón en sí, pero también preguntaríamos al perro. No olvidamos que estamos en un espaciotiempo onírico con su causalidad específica. No sólo escuchamos lo que el personaje tiene que decirnos. También le comunicamos nuestros puntos de vista (los de la conciencia-ego). En realidad, podríamos estar poseídos inconscientemente por un arquetipo (o una faceta del mismo), lo cual no quiere decir ni más ni menos que seguiríamos ciertas pautas compulsivas de comportamiento incluso a pesar nuestro, y el llegar a algún tipo de acuerdo con el arquetipo vía su personificación es el mejor modo de integrarlo positivamente (o individualizarlo) en el conjunto de nuestra psique. La meditación termina como siempre.

A4) Identificación con el personaje

En este caso, una vez dentro de la carta nos identificamos con el protagonista y posteriormente con los diversos actores caso de que los haya. Somos plenamente el Loco: estamos vestidos como él, llevamos el hatillo al hombro, vamos caminando... a partir de este punto la meditación es completamente libre. Como siempre, estamos atentos a todas las experiencias internas o externas que se nos puedan presentar en el curso de la meditación, pero no analizamos ni juzgamos mientras está teniendo lugar el ejercicio. Eso lo haremos después. En particular, ahora que nos hemos sentido como el Loco y hemos tomado conciencia de los impulsos que han surgido en nuestro interior, quizá podríamos considerar si hemos de hacer algún cambio en nuestras vidas o si hemos de tomar algún tipo de decisión. A pesar de que el ensueño creativo puede parecer a muchos escapista o cuando menos un juego inútil de la imaginación, su objetivo es llevar más conciencia y plenitud a todas las áreas de nuestra vida, lo cual a veces es difícil e incluso doloroso. Ciertamente no es una evasión fácil.

Algunos métodos de adivinación

1. Preparación, concentración, ambientación: Conviene intentar (con las cartas en las manos) invocar a una fuerza superior para que nos ayude en la interpretación. Imaginar recorriendo brillantemente el Pilar del Medio y que desciende la luz y nos ilumina, con la baraja que también ha sido impregnada en este recorrido con la respuesta.

2. La pregunta: Mientras se barajan las cartas concentrarse en la pregunta, apartando cualquier tipo de influencia o condicionamiento. Imaginar que cuando se está barajando el mazo, la pregunta asciende hasta Kéter y después ésta vuelve con la respuesta.

Cortar tres veces con la mano izquierda.

Hexagrama

Cada carta se interpreta con relación a su posición, a la pregunta, al significador y la carta misma en su relación con las demás, siempre buscando la síntesis y el conjunto. También se puede leer por Pilares: Fuerza, Forma y Equilibrio. Por polaridad cruzada, cómo incide la forma en la fuerza y la fuerza en la forma. También por parejas o por tríadas, como si cada carta fuera una letra y formara una frase.

7

5 6

4

2 3

1

1: Yesod. Fundamento o base de la pregunta

2: Hod. Ideas o pensamientos, voluntad. Comunicación. Habilidad para los negocios. Trabajo.

3: Netzaj: Emociones, ideales, sentimientos, arte.

4: Tiféret. Significador o equilibrio. Salud en general.

5: Guevurá. Juicio, obstáculos, lo que hay que eliminar. Autoafirmación.

6. Jésed. Consejo, expansión, fuerzas a favor, autoridad, bondad.

7. Dáat. Conexión con el espíritu y lo supraconsciente. Resultado probable, lo que da más significado a la pregunta, conocimiento, percepción, la salida de la pregunta.

Cruz celta

				o 11
		o 6		o 10
o5	o1	o2	o3	o7	o9
		o4		o8

1: El significador de la pregunta

2: Se coloca sobre la carta 1. Área en la que actúa o lo que favorece

3: Se coloca cruzada sobre las dos anteriores. Lo que se opone a la pregunta

4: Lo que está debajo, fundamento, raíces subconscientes

5: Pasado

6: Lo que está presente pero condicionado por las raíces de lo que está abajo. Lo que corona o lo que mejor puede obtenerse de la pregunta (Tiene que ver con la 10).

7: Futuro próximo, lo que está delante (Tiene que ver con la 9)

8: Representa al consultante

9: El entorno

10: Esperanzas, miedos

11: Resultado final

Casas astrológicas

Aries ♈	Tauro ♉	Géminis ♊
1 El Yo. Individuo. Tendencias del carácter.	2 Sustentación del yo. Valores. Riqueza. Progreso material	3 Comunicación. Viajes cortos. Entorno. Hermanos Mente concreta
Cáncer ♋	**Leo ♌**	**Virgo ♍**
4 Educación, raíces infancia. Obstacul. inter. Emociones. Un progenitor	5 Creatividad, voluntad, su proyección. Energía, niños. Lo lúdico	6 Trabajo. Esfuerzo, lucha. Enfermedades. Servicio.
Libra ♎	**Escorpio ♏**	**Sagitario ♐**
7 El otro Asociaciones y amigos íntimos, matrimonios.	8 Sexo, muerte. Transmutación Obsta. externos. Emociones compartidas	9 Viajes largos. Contactos futuros. Mente abstracta Suerte en general. Publicaciones
Capricornio ♑	**Acuario ♒**	**Piscis ♓**
10 Status. Posición pública. Autoridad El otro progenitor	11 Sociedad. Relaciones sociales… Conocidos Ideales Utopías	12 Deseos y enemigos secretos. Lo oculto y suprimido en la persona. Miedos…

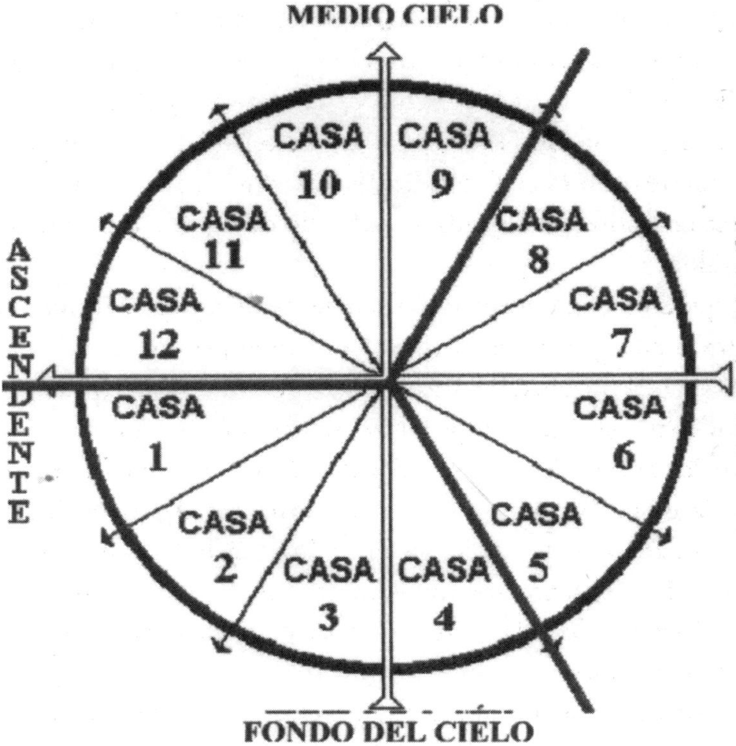

Ejemplo:
Método del hexagrama:
Pregunta (ficticia): ¿Cuál es mi situación actual? (Las cartas se han echado realmente; no es una posición *ad hoc*)

La Emperatriz

La Luna — La Muerte

El Emperador

El Mundo — El Sol

La Sacerdotisa

Como siempre, es necesario valorar el nivel de desarrollo personal del consultante, así como el contexto en que se desarrolla la pregunta.

El Emperador está en la posición de Tiféret –el significador– lo que indica una persona muy autocentrada y en control de su circunstancia, de una fuerte voluntad y decidido a alcanzar sus metas. Es un líder. En el aspecto negativo puede indicar un grado de rigidez, egocentrismo y obstinación.

Es aquí donde interviene tanto el nivel de desarrollo personal como el contexto de la pregunta. Porque si lo contemplamos desde el punto de vista de una búsqueda espiritual, debemos hacer referencia a la correspondencia del Emperador con el sendero Tiféret-Jojmá, que nos habla de la conexión con el Yo Superior y la inspiración profética, y ver la echada desde esa perspectiva. Esa misma correspondencia en un contexto material y de relaciones puede hablarnos del vínculo con el padre y/o de la posición del individuo frente a la autoridad. Por otro lado también puede indicar un individuo enfocado en la consecución de metas materiales.

Evidentemente será el momento de la lectura, en el diálogo entre el consultante y el consejero, lo que determine el predominio de uno u otro enfoque. Si bien el Mundo en la posición de Hod y el Sol en la de Nétsaj pueden apoyar la visión materialista, el que la Sacerdotisa esté en Yesod –la carta del Fundamento de la pregunta– se mueve más bien en otra dirección.

Como vemos, como no se trata de un caso real, podemos interpretar los símbolos de forma dual. Así, la Sacerdotisa, puede representar un fundamento en la Sabiduría, en la búsqueda mística. También que el individuo tiene una cortina detrás que le impide ver más allá de sus propias preconcepciones. Si se trata de un varón, una figura o una influencia de su anima –su arquetipo contrasexual femenino– está en la base de las cosas.

El Mundo en Hod puede indicar una mente abierta, extensa y conectada. También que el individuo ve el mundo a través de su mente. O, en el caso de la interpretación extrovertida, un proyecto bien diseñado de ampliación de su actividad.

El Sol en Nétsaj, calidez emocional, espíritu de juego, manifestación de su niño/a interior (o contacto con la infancia), buena expresión emocional de su self.

Emperador en Tiféret: Seguridad, posición de autoridad, posible egotismo, obstinación; en el plano místico, apertura a los dictados de su Yo Superior.

La Luna en Guevurá no es una posición especialmente poderosa, salvo que el individuo esté en un proceso de trabajar su inconsciente a todos los niveles. Puede indicar espejismo y glamur, lo que estaría en consonancia con la Sacerdotisa en Yesod. El individuo tiene una idea alucinada sobre sí mismo (un Emperador negativo).

La Muerte, indicadora de cambios y transformaciones, en la esfera de Jésed supone un nuevo concepto de autoridad espiritual (orientada a lo Alto), con una revolución en el sistema de creencias, si hablamos de un despertar interior, o bien un cambio a menos de esa misma posición de autoridad o de la posición y estatus global de la persona en el mundo.

Hay que tener en cuenta que además de los pilares laterales –con la Muerte incidiendo en el Sol y la Luna en el Mundo– se da una poderosa influencia de los Pilares cruzados: La Muerte en el Mundo y la Luna en el Sol. Todo pasado por el filtro del Emperador.

Las influencias cruzadas se basan en las polaridades Júpiter/Jésed con Mercurio/Hod y Marte/Guevurá con Venus/Nétsaj.

La última posición es la Emperatriz en Dáat. Indica que, sea cual sea el proceso, hay crecimiento. Hay Providencia en los planos causales. La posición de Dáat es el resultado final, la carta de salida. Es la conexión con los Supremos, en particular, Biná.

Notamos cómo la columna central está polarizada con lo femenino, estando la Emperatriz/Venus en Dáat y la Sacerdotisa/Luna en Yesod. El Emperador, sin embargo es una carta de Aries, o sea marciana. Será algo a valorar en un contexto real de consulta.

A pesar del nombre del capítulo, se habrá visto que en nuestra interpretación no se trata de «adivinar» y mucho menos de «acertar». Usamos el Tarot como un instrumento de exploración interior y de ayuda a otras personas. Preguntas sobre las situaciones kármicas, las constelaciones familiares, los arquetipos junguianos, el camino a seguir, el siguiente paso y un largo etcétera que dependerá de la propia imaginación y creatividad, pueden recibir respuestas iluminadoras.

Por supuesto, introduciendo los arcanos menores y las figuras reales se puede alcanzar un alto grado de precisión y de concreción, pero eso no lo vamos a tratar aquí ya que no se trata de un texto específico sobre el tema.

Combinación de Adivinación y Meditación. Acción

Además de los métodos intuitivo-deductivos de dar una lectura, podemos aplicar otros métodos basados en la percepción directa subjetiva, como por ejemplo la meditación. Dada una echada concreta, se activa cada carta –o la carta de la que queramos una profundización– por cualquiera de los métodos de meditación anteriores. Se trata de un procedimiento activo, muy flexible, en el que la Gracia juega un papel fundamental. Hay que fluir, dejarse llevar, tomarse todo el tiempo necesario, incluso aunque se prolongue en días sucesivos.

A continuación viene el tiempo de la acción. Consiste en una reconstrucción, transformación y resolución de la situación en la dirección deseada, una vez que estamos seguros de que está en armonía con la voluntad del Yo Superior y la Sabiduría Suprema. El proceso sigue las líneas clásicas de ensueño creativo y la visualización de la intención realizada. En cierto modo es como introducirse en un sueño y continuarlo llevándolo a la resolución del problema planteado. Podemos en todo momento apelar al ángel de la carta, ya sea directamente o en forma ritual.

Es evidente que tanto a nivel personal como en un contexto terapéutico las posibilidades son inmensas, dependiendo de la creatividad y de los límites que nosotros mismos nos impongamos.

Dejamos así la situación abierta.

CAPÍTULO 12

Guía para una meditación diaria avanzada

Este libro habla de utilizar recursos con los que esperamos alcanzar objetivos y conseguir resultados. Como hemos indicado al principio de la obra son tres los elementos que concurren: Primero y principal está la Gracia de Dios, directamente o a través de sus múltiples manifestaciones y configuraciones de la Luz Divina. En segundo lugar está la técnica, la fórmula y el procedimiento que estamos utilizando. Por último está el operador, no sólo en su nivel de competencia técnica sino y fundamental en su nivel de conciencia y estado de madurez espiritual. Aproximadamente los tres factores se corresponden con las columnas del Árbol de la Vida: pilar de la fuerza, pilar de la forma y pilar de la conciencia.

Respecto de la persona, cuanto más elevado se encuentre en la columna central (y por tanto más cerca de la Fuente) mayor será su nivel de efectividad, no porque sea él mismo el que realiza las acciones (al contrario, cada vez será más humilde), sino porque su voluntad se encontrará más alineada con la Voluntad Divina

Lo cual no quiere decir que haya que esperar a ser un gran maestro para empezar a operar, sobre todo teniendo en cuenta el grado de necesidad que pueden tener otras personas, pero sí que hay que estar y persistir en un camino espiritual y trabajar en uno mismo constantemente.

La conciencia de Presencia Divina, mantener el grado de conexión y Devekut (unión con Dios), es algo en lo que esforzarse de continuo. Cada cual puede y debe buscar y encontrar su propia vía. Con ello se entroncan las distintas prácticas, meditativas, devocionales, contemplativas, rituales, etc., que la persona realiza diariamente para alcanzar y mantener ese estado. Los distintos sistemas y religiones han desarrollado una serie de operaciones estándar que pueden servir de guía y ayuda, pero el factor personal es ineludible. Incluso aunque la persona siga un camino convencional, debe pasarlo por su propio filtro, integrarlo de forma única en su propio marco de conciencia.

A lo largo de esta obra se han dado muchos ejemplos y elaborado muchas posibilidades que pueden servir de rutina de ejercicios. Pero quizá el lector menos experimentado pueda encontrarse algo perdido y sobrepasado, sin saber por dónde y cómo empezar. Por eso, en este capítulo, nos proponemos sistematizar un procedimiento estructurado, utilizando algunos elementos ya descritos e introduciendo otros nuevos, con el objeto de que el individuo tenga una base suficientemente avanzada, si lo estima necesario, desde donde poder partir para su propia aventura personal.

Nos ponemos en Presencia Divina

La práctica de la Presencia es el establecimiento de una conexión constante entre mi ser y esa Realidad Fundamental uno de cuyos Nombres es Dios. La clave, por supuesto, está en la conciencia. Simplemente, es traer a la Deidad al foco de la conciencia y mantenerla, es decir, tener continuidad de conciencia en lo Divino. Tal como se dice: Conoce delante de Quien estás. Establecida esa conciencia, debe permanecer como el marco en el que se desenvuelve toda la meditación subsiguiente.

Protección. Cruz arcangélica. Cruz cabalística

(Véase cap. 3 Vol. I)

Cruz arcangélica

Palmas hacia delante: «Delante de mi **RAFAEL** (Túnica amarilla. Vara en mano)

Palmas hacia atrás: «Detrás de mi **GABRIEL** (Azul, copa en alto)

Palma derecha hacia arriba: «A mi mano derecha **MIJAEL** (Roja. Espada en alto).

Palma izquierda hacia arriba: «A mi mano izquierda **URIEL** (Verde. Pentáculo al frente.

Cruz cabalística

Es hacer una cruz sobre uno mismo, pero combinando ciertas palabras y ciertas visualizaciones al mismo tiempo. Es un ejercicio de alineamiento con nuestra naturaleza superior con la naturaleza espiritual, con el yo superior.

Se puede hacer en cualquier momento en que necesitemos sintonizar con la luz espiritual y equilibrarla en nosotros (su dimensión vertical y su dimensión horizontal).

Ponerse de pie mirando al Este, visualizar sobre la cabeza una esfera de luz blanca que representa el Kéter personal.[1]

La mano derecha: los dedos índice y corazón estirados, y anular y meñique doblados con el pulgar sobre ellos. La posición de la mano es tanto para invocar, como para dirigir la energía, típica posición de bendecir. Y decir, (vibrando):

ATÁ [1]
(en la frente)

VEGUEVURÁ [3] (hombro derecho)	LE OLAM [5] (hacer círculo) VAED [6] (las manos en el corazón la derecha sobre la izquierda)	VEGUEDOLÁ [4] (hombro izquierdo)

MALJÚT [2]
(plexo solar)

1. Un procedimiento más completo es imaginar que nuestra forma corpórea se expande hasta alcanzar dimensiones cósmicas. La Tierra es una pequeña esfera bajo nuestros pies. Nuestra cabeza sobrepasa la esfera de las galaxias. Sobre nosotros la Luz Infinita. Después de hacer el ejercicio retornamos a nuestra forma habitual.

ATÁ. Se visualiza la esfera de luz blanca. La luz baja de la cabeza hasta

MALJÚT. Que baja hasta la planta de los pies, como un pilar vertical, atravesándote por dentro, como si fuera tu eje. Esfera de luz blanca también bajo los pies.

VEGUEVURÁ. Esfera en el hombro derecho (color rojo), cuya luz horizontalmente va a

VEGUEDOLÁ. Esfera en el hombro izquierdo (color azul).

LE OLAM. Se traza un círculo (color violeta) tocando frente, hombro izquierdo, plexo, hombro derecho y frente de nuevo.

VAED. La luz al corazón, concentrándonos en este punto, con una esfera de luz amarillo dorada que irradia.

Quedando Todas las esferas unidas por las líneas de luz

El significado de las palabras:

ATÁ. Tú (va dirigido a la naturaleza superior) eres

MALJÚT. El reino

VEGUEVURÁ. El poder

VEGUEDOLÁ. La grandeza

LE OLAM, AMEN. Por los siglos de los siglos, (por todas las eternidades de las eternidades)

Korbanot (sacrificios)

(Véase Senderos en el Jardín de la Conciencia. Meditación sobre el Nombre).

Nos visualizamos en el Templo de Jerusalem.

Nos encontramos en el atrio, frente a la escalinata de 15 peldaños que conduce a donde se encuentra el altar de los sacrificios. Antes de empezar a subir nos imbuimos de la atmósfera de santidad que nos rodea. Nos sentimos plenamente allí, en un estado de gran devoción y reverencia, preparados para presentar la ofrenda que somos nosotros mismos.[2]

Empezamos la ascensión. Y lo hacemos repitiendo en cada peldaño un mantra: «Ein Aní Yajid YHVH; אין אני יחיד יהוה; No hay yo, sólo YHVH». Mientras tanto, visualizamos las letras del Nombre en nuestros centros psíquicos: La Yod en el centro de la corona; la primera He en el centro de la garganta; la Vav en el centro del corazón; la segunda He en el centro del ombligo.

Así, vamos contando internamente, subiendo un escalón cada vez mientras recitamos el mantra y visualizamos: Uno... Ein Aní Yajid YHVH... Dos... Ein Aní Yajid YHVH... (quince veces).

Mizbéaj. El fuego interior

Estamos arriba, frente al altar de la ofrenda ardiente en donde se ofrece el sacrificio de animales, es decir, el néfesh o alma vital. Allí debemos purificar y transmutar el animal que hay en nosotros. Y el fuego que enciende la leña es un fuego santo que desciende del cielo, como está escrito: YHVH Eloheja, el Eterno tu Dios, es un fuego abrasador; lo cual se dice de la Shejiná, la Presencia Divina –femenina– que es un fuego que devora o transmuta según cuál sea la intención del corazón. Y también está escrito: Holocausto ígneo fragancia grata a YHVH. Algunos leen ishé-con fuego como ishá-una mujer,[3] es decir, la mujer de fuego debe ascender, ya que holocausto es Olá-lo que asciende por completo.

Estamos en el altar de nuestro centro psíquico del ombligo, el asiento del fuego. En este centro visualizamos una letra ה (He) en co-

2. Según está escrito: Adam uvhemá, al hombre y a la bestia, preservas (Sal 36:7); porque uno está contenido bajo el significado general del otro: YHVH desarrollado con alefim (yetsirá) suma lo mismo que Adam; y YHVH desarrollado con H y V (asiá) suma lo mismo que Behemá). Igualmente, está escrito: Adam que traiga de entre vosotros ofrenda para YHVH, min habehemá, del ganado... (Lev 1:2).

3. Isha, אשה, es también el fuego de la He.

lor rojo sangre, intenso y brillante que empieza a arder. Vamos a utilizar una técnica yóguica mediante los aires internos para avivar el fuego interior. Hacemos una respiración profunda y retenemos el aliento. Hacemos ascender aire inferior al centro del ombligo contrayendo ano, genitales y abdomen; todo ello realizado con suavidad. Hacemos descender aire superior tragando y llevando el aire al centro del ombligo... Como consecuencia de todo ello la He arde con intensidad. Espiramos. Repetimos varias veces. Todo el proceso debe realizarse con suavidad, sin forzar más allá de un punto que cada uno sabe cuál es para él. Mientras retenemos el aliento podemos recitar este versículo (mantra): «El fuego arderá continuamente en el altar; no se apagará».

אֵשׁ תָּמִיד תּוּקַד עַל־הַמִּזְבֵּחַ לֹא תִכְבֶּה
Esh Tamid Tucad Al HaMizbeaj Lo Tijvé

Vemos que la letra He arde con gran viveza, despidiendo mucho brillo y mucho calor. No es un calor físico –que también puede darse y se dará– lo que propugnamos. Es, más bien un calor interior, puramente espiritual, transmutador. Por un instante nos sentimos rodeados de este fuego. Sentimos ardiendo nuestro cuerpo vital y nuestro néfesh, quemándose todas sus impurezas.

Ahora, con la imagen de la letra He ardiendo claramente delimitada en nuestro centro del ombligo, sentimos cómo su fuego asciende por el pilar del medio (canal central) hasta el centro del corazón –puedes ayudarte de una retención con contracción hacia arriba del diafragma– en donde una letra ו (Vav) amarillo/dorada empieza a arder en el centro de un hexagrama.

Visualizamos la letra Vav ardiendo intensamente en el centro del hexagrama con nuestro corazón inflamado de pasión y amor a lo Divino. Mientras contemplamos, podemos ayudarnos de este versículo de Salmos, a modo de mantra:

> Crea en mí, oh Dios, un corazón puro, y renueva en mi interior un espíritu recto.

לֵב טָהוֹר בְּרָא־לִי אֱלֹהִים וְרוּחַ נָכוֹן חַדֵּשׁ בְּקִרְבִּי
Lev Tahor Berá Li Elohim VeRúaj Najón Jadesh BeKirbi

Visualizamos la letra Vav dorada ardiente en el corazón y elevamos su fuego hasta el centro de la garganta. Allí se empieza a prender una letra He, ה, de color rojo brillante en el centro de un pentagrama. Esta es la primera He del Tetragrama.

Visualizamos la letra He ardiendo e iluminando la profundidad del espacio y el tiempo con todos los seres, mientras recitamos el versículo:

Porque quebrantó las puertas de bronce, y desmenuzó los cerrojos de hierro.
כִּי־שִׁבַּר דַּלְתוֹת נְחֹשֶׁת וּבְרִיחֵי בַרְזֶל גִּדֵּעַ׃
Ki Shivar Daltot Nejoshet Uvrijé Barzel Guidéa

Visualizamos las tres letras anteriores He Vav He ardiendo en sus centros respectivos y elevamos el fuego, siempre por el pilar del medio, al centro de la cabeza, sobre la coronilla, y visualizamos en él una letra Yod, ardiendo con fuego blanco purísimo, resplandeciente de luz blanca, pura brillantez, י, mientras recitamos el versículo:

En tu mano encomiendo mi espíritu; Tú me has redimido, HaShem, Dios de verdad.

(Salmos 31:6)
בְּיָדְךָ אַפְקִיד רוּחִי פָּדִיתָה אוֹתִי יְהוָה אֵל אֱמֶת׃
BeYadjá Afkid Rují Padita Otí Adonai El Emet

Contemplamos. Su irradiación llena todo el universo.

...

Vemos cómo un rayo de su luz desciende por todo el pilar central, uniendo entre sí a las cuatro letras del Nombre –visualizamos a las cuatro letras en sus centros correspondientes– según está escrito:

«Mas YHVH está en su santo Templo;[4] guarde silencio delante de él toda la tierra».

...

Contemplamos entonces cómo de la letra Yod desborda un néctar luminoso[5] –el maná– que desciende por todo el canal central hasta el centro de la base de la columna y nos llena de gozo, según está escrito:[6] Abres tu mano y satisfaces a todos los vivientes a su placer.

פּוֹתֵחַ אֶת־יָדֶךָ וּמַשְׂבִּיעַ לְכָל־חַי רָצוֹן

Potéaj et yadeja umasbia lejol jai ratsón

Abres tu mano, Yad, es decir, abres tu Yod y llenas a todo viviente hasta el máximo de su deseo. El versículo tiene siete palabras y podemos irlas pronunciando, una por centro, según desciende el néctar luminoso por el pilar del medio.

Puedes experimentar este néctar como un aceite purísimo de unción. Aceite, en hebreo es שמן , Shemen, que suma 390, indicando identidad con שמים, Shamayim, del mismo valor numérico, que significa Cielos (la unión del fuego y el agua); y también suma 390. La expresión זכר ונקבה, Zajar UNequevá, macho y hembra, expresando la unión espiritual de ambos principios.

Cuando esta esencia ha llegado al fondo, la elevamos de nuevo centro a centro (y palabra a palabra del versículo), experimentando nuevo gozo y éxtasis, hasta el Kéter de nuevo y allí permitimos que su esencia luminosa irradie a toda la creación.

Contemplamos.

---

4. Habacuc 2:20. Templo = HEIJAL = 65 = ADONAI = HES = Guardar silencio. Así, YHVH + ADNI = 91 = AMN = Maná (MNA)
5. Maná=el rocío que destila del cerebro del Anciano de los Días, mediante el cual los muertos resucitarán en el mundo futuro. (Zohar)
6. Salmo 145:16

Kódesh: El santo. Yetsirá

Entramos por entre los dos Pilares en el Santo del Templo.

El altar del incienso es el altar del corazón, en donde se ofrendan los poderes del Rúaj. A la izquierda está la Menorá, el candelabro de siete brazos. A la derecha la mesa con los 12 panes de la proposición.

Pasamos ahora a encender la Menorá y lo hacemos mediante el Ana Bejóaj:

ana bejóaj guedulát yeminéja tatír tserurá
kabél rinát amejá saguevénu taharénu norá
na guivor dorsé yejudéja kebabát somrém
barejém taharém rajamé tsidkatéja tamíd gomlém
jasín kadósh beróv tubjá naél adatéja
yajíd gueé leamejá pené zojré quedusatéja
shabaténu kabél ushmá tsaakaténu yodéa taalumót.
(En voz baja) Barúj shem kebód maljutó leolám vaéd

Por favor, por la grandeza de tu diestra libera las cadenas del cautiverio.

Recibe el cántico de tu pueblo; exáltanos, purifícanos, oh Dios temible.

Oh Todopoderoso, a los que inquieren por tu unidad guárdalos como a la pupila de tus ojos

Bendícelos, purifícalos, que tu justa misericordia siempre los recompense,

Lleno de piedad, oh Santo, con la abundancia de tu bondad guía a tu congregación

Dios único y excelso, atiende a tu pueblo, quienes recuerdan tu Santidad

Acepta nuestras súplicas y escucha nuestro clamor, tú que conoces todos los misterios.

(En voz baja) Bendito es el Nombre de su majestad gloriosa por siempre jamás.

Pronunciación:

אבג יתץ Abeg Ytats
קרע שטן Quera Satan
נגד יכש Negued Yakesh
בטר צתג Betar Tsetag
חקב טנע Jaqav Teno
יגל פזק Yagal Pazaq
שקו צית Shequ Tsiat

Meditación: Las flechas corresponden al sentido de los movimientos de cabeza (Abulafia)

A→, BE←, GUI↓, YO↑, TA→, TZA→
QO↑, RE←, A→, SHI↓, TE←, NU↕
NU↕, GUI↓, DA→, YO↑, KA→, SHI↓
BE←, TE←, RE←, TSA→, TA→, GUI↓
JE←, QO↑, BE←, TE←, NU↕, A→
YO↑, GUI↓, LA→, PE←, ZA→, QO↑
SHI↓, QO↑, VA→, TSA→, YO↑, TA→

O↑ I↓ E← A→ U↕

Menorá o candelabro de siete brazos: En sus siete lámparas arde el aceite sagrado iluminando los siete centros psíquicos del cuerpo etérico. Recorriendo nuestros chakras de arriba abajo, contemplamos esta brillante llama pura del Amor-Temor divino a la luz del Nombre de Dios de 42 letras, seis por cada centro. En cada uno podemos visualizar las letras en forma de hexagrama: las tres primeras en el triángulo señalando hacia arriba, empezando por la punta superior y moviéndonos en el sentido de las agujas del reloj; el segundo grupo de tres letras se visualiza en el triángulo señalando hacia abajo, empezando en la punta inferior y también moviéndonos en el sentido del reloj. En el centro del hexagrama está la llama brillante, cuya luz irradia todo alrededor. Así:

Corona (Galgalta):	אבג יתץ	(DOMINGO)
Frente (Totafot):	קרע שטן	(LUNES)
Garganta (Garón):	נגד יכש	(MARTES)
Corazón (Lev):	בטר צתג	(MIÉRCOLES)
Ombligo (Tabur):	חקב טנע	(JUEVES)
Sexo (Min):	יגל פזק	(VIERNES)
Base (Ikar):	שקו צית	(SHABAT)

Salmo 67: En sus siete versículos (excluyendo el de introducción) y en sus 49 palabras (ídem) encierra el secreto de la Menorá.

1. Para el director del coro, con instrumentos de cuerda. Salmo. Cántico.
2. Elohim tenga piedad de nosotros y nos bendiga. Resplandezca su Rostro hacia nosotros. Sela.
3. Para que sea conocido tu camino sobre la tierra, y entre todas las naciones tu salvación.
4. Alábente los pueblos, Elohim, alábente los pueblos todos.
5. Regocíjense y canten de gozo las naciones, pues juzgas a los pueblos con equidad y diriges a las naciones sobre la tierra.
6. Alábente los pueblos, Elohim, alábente los pueblos todos.
7. La tierra ha dado su fruto. Bendíganos, Elohim nuestro Dios.
8. Bendíganos Elohim y sea temido en todos los confines de la tierra.

1. Lamnatséaj Binguinot Mizmor Shir.
2. Elohim Yejonenu Vivarejenu Yaer Panav Itanu Sela.
3. LaDaát BaArets Darkeja BeJol Goim Yeshuateja.
4. Yoduja Amim Elohim Yoduja Amim Kulam.
5. Yismejú Viranenu LeUmim Ki Tishpot Amim Mishor ULUmim BaArets Tanjem Sela.
6. Yoduja Amim Elohim Yoduja Amim Kulam.
7. Erets Natená Yevulá Yevarejenu Elohim Elohenu.
8. Yevarejenu Elohim Veyreú Otó Kol Afse Arets.

למנ צחב נגי נו תמז מור שיר

יברכנו אלהים וייראו אתו

ארץ נתנה יבולה יברכנו

יודוך עמים אלהים יודוך עמים כלם:

ישמחו וירננו לאמים כי תשפט עמים מישור ולאמים

יודוך עמים אלהים יודוך עמים כלם:

לדעת בארץ דרכך בכל

אלהים יחננו ויברכנו יאר

אלהים אלהינו גוים ישועתך

כל אפסי ארץ סלה אתנו פניו

בארץ תנחם סלה:

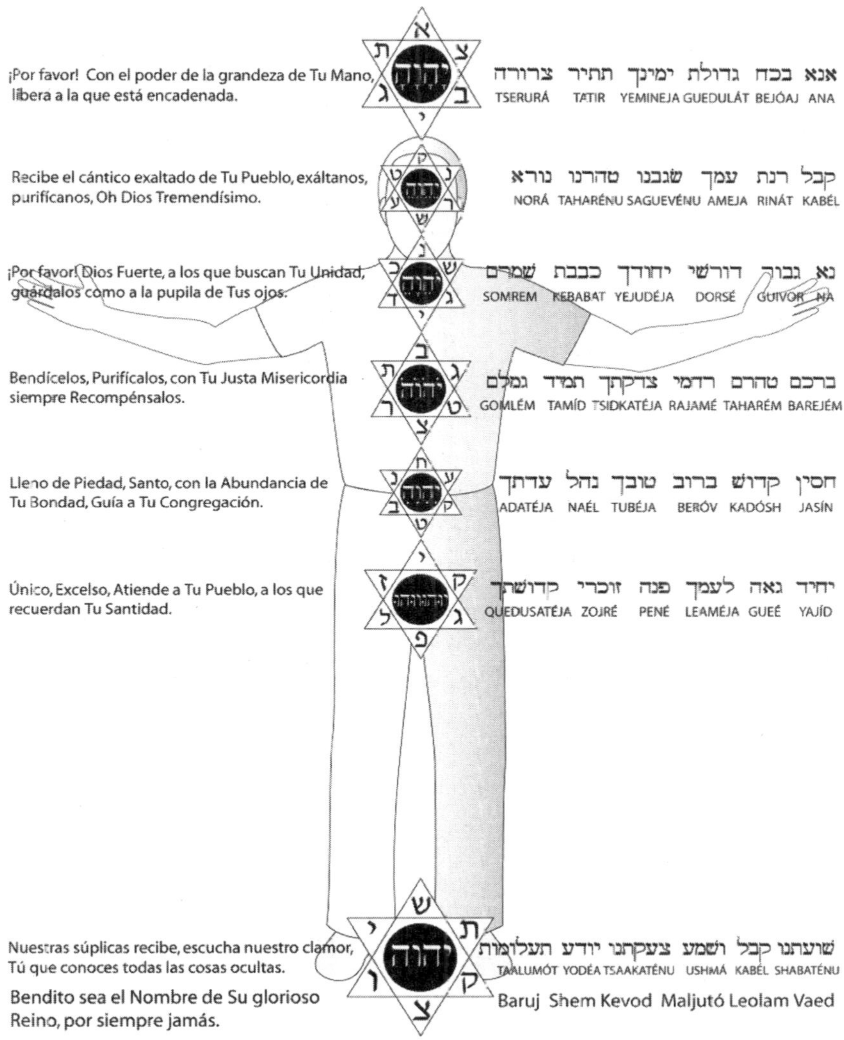

Vemos a nuestra derecha, en el Norte del Santo, la mesa con los doce panes de la proposición. Este es el sustento espiritual que irradia del Nombre YHVH a través de sus doce permutaciones. Estas representan los doce tipos posibles de individualidad y por tanto las doce puertas de entrada al recinto de lo sagrado. En conjunto forman el cuerpo místico de la Humanidad y –como es arriba es abajo– tienen su correspondencia en los doce órganos principales del cuerpo humano. Todos son igualmente necesarios para el correcto funcionamiento del cuerpo y todos deben recibir su sustento espiritual como vasijas de las más altas realidades espirituales. Meditamos en cada una de las permutaciones asociándola con su parte correspondiente, visualizándola en letras de fuego blanco sobre ella y llenándola de luz, vitalidad, curación, armonía y sustento.

Permutación	**Parte del cuerpo**	**Mes (calendario judío)**	**Signo zodiacal**
יהוה	Cabeza, cerebro	Nisan	Aries
יההו	Garganta	Iyar	Tauro
יוהה	Hombros, brazos, manos, pulmones	Sivan	Géminis
הוהי	Senos, estómago	Tammuz	Cáncer
הויה	Corazón, médula	Av	Leo
ההוי	Intestinos	Elul	Virgo
והיה	Riñones	Tishré	Libra
וההי	Genitales	Jeshván	Escorpio
ויהה	Caderas, hígado, músculos	Kislev	Sagitario
היהו	Rodillas, huesos, piel, vesícula biliar.	Tevet	Capricornio
היוה	Pantorrillas, circulación sanguínea, páncreas	Shevat	Acuario
ההוי	Pies, bazo, ganglios, linfa.	Adar	Piscis

Velo. Parojet. Briah.

Sobre el velo meditamos en el Shemá Israel:

שמע ישראל יהוה אלהינו יהוה אחד

Escucha Israel YHVH nuestro Dios YHVH es uno.
Shemá Israel YHVH Elohenu YHVH Ejad.

(Barúj Shem Kevod Maljutó Leolam Vaed).

Shemá: Maljút de Atsilut. Adonái. La conciencia del universo. La luz de la Presencia. Formamos parte del enjambre de Chispas Divinas, la Asamblea de Israel (Kneset Israel, identificada con la Shejiná) y nos preparamos para la unión con el arquetipo supremo el Dios Único. Visualizamos la **Letra** ה. Su Luz se absorbe en la Vav mientras pronunciamos…

Israel: Dice el Zohar: El Santo, bendito sea, Israel y la Torá son uno.

Tiféret de Atsilút. La conciencia pura de Dios en el centro de la Manifestación. El Yo Soy o Ser activo de la Creación. Visualizamos la **Letra** ו. Su Luz se absorbe en la He mientras pronunciamos…

YHVH Elohenu: Es Biná de Atsilut. El aspecto «lleno» de la Manifestación. Toda la Creación brotando y siendo reabsorbida en la unidad de la Mente de Dios. El polo negativo de la Luz. Visualizamos la **Letra** ה. Su Luz se absorbe en la Yod mientras pronunciamos…

YHVH: Jojmá de Atsilut. El aspecto «vacío» de la Manifestación. La trascendencia absoluta de la Esencia Divina. El polo positivo de la Luz. Visualizamos la **Letra** י. Su Luz se absorbe en el ápice de la Yod mientras pronunciamos…

Ejad: Kéter. La unidad omniabarcante; una sola realidad. Todos los aspectos de la Manifestación unidos en la plenitud superabundante de En Sof. Visualizamos el **Ápice superior de la** י como un punto infinito de Luz, es absorbido en el Ain, **אין**

Hacemos el tikún completo:

Salmo 1

1 אַשְׁרֵי־הָאִישׁ אֲשֶׁר לֹא הָלַךְ בַּעֲצַת רְשָׁעִים וּבְדֶרֶךְ חַטָּאִים
לֹא עָמָד וּבְמוֹשַׁב לֵצִים לֹא יָשָׁב׃
2 כִּי אִם בְּתוֹרַת יְהוָה חֶפְצוֹ וּבְתוֹרָתוֹ יֶהְגֶּה יוֹמָם וָלָיְלָה׃
3 וְהָיָה כְּעֵץ שָׁתוּל עַל־פַּלְגֵי מָיִם אֲשֶׁר פִּרְיוֹ יִתֵּן בְּעִתּוֹ וְ
עָלֵהוּ לֹא־יִבּוֹל וְכֹל אֲשֶׁר־יַעֲשֶׂה יַצְלִיחַ׃
4 לֹא־כֵן הָרְשָׁעִים כִּי אִם־כַּמֹּץ אֲשֶׁר־תִּדְּפֶנּוּ רוּחַ׃
5 עַל־כֵּן לֹא־יָקֻמוּ רְשָׁעִים בַּמִּשְׁפָּט וְחַטָּאִים בַּעֲדַת צַדִּיקִים
6 כִּי־יוֹדֵעַ יְהוָה דֶּרֶךְ צַדִּיקִים וְדֶרֶךְ רְשָׁעִים תֹּאבֵד׃

1. Ashré haísh ashér lo haláj baatsát reshaím, ubdérej jataím lo amád, ubmoshâb letsím lo yasháb.

2. Ki im betorát Adonáy jeftsó, ubtorató yegué yomán valáyla.

3. Vehayá keéts shatúl al palgue máyim, ashér piryó ytén beitó vealéu lo yból, vejor asher yaasé yatslíaj.

4. Lo jén harshaím, ki im kamóts ashér tideténu rúaj.

5. Al ken lo yaqúmu reshaím bamishpát, vejataím baadát tsadiquím.

6. Ki yodéa Adonáy dérej tsadiquím, vedérej reshaím tobéd.

1. Bienaventurado el varón que no anduvo en consejo de malos, ni estuvo en camino de pecadores, ni en silla de escarnecedores se ha sentado;

2. Sino que en la ley de YHVH está su delicia, y en su ley medita de día y de noche.

3. Será como árbol plantado junto a corrientes de aguas, que da su fruto en su tiempo, y su hoja no cae; y todo lo que hace, prosperará.

4. No así los malos, que son como el tamo que arrebata el viento.

5. Por tanto, no se levantarán los malos en el juicio, ni los pecadores en la congregación de los justos.

6. Porque YHVH conoce el camino de los justos; mas la senda de los malos perecerá.

Está, por supuesto el texto literal, totalmente claro y que no precisa comentario. Vamos a ver si encontramos otros niveles de significación:

Todo en el texto es relevante, incluido el número de versículos, de palabras y de letras (aunque no siempre se llega a conclusiones relevantes en ese recuento. Como hemos dicho antes, hay que dejarse llevar y experimentar).

En este caso tenemos seis versículos, un número de Tiféret, el centro del ser humano. Hay 67 palabras, guematria de Biná, בינה, y 248 letras, el número de Abraham, אברהם, y también por tradición el número de mandamientos positivos de la Torá (248 positivos y 365 negativos: 613 en total) correspondiendo simbólicamente con el número de huesos y tendones del cuerpo humano (en general de las partes blancas).

Podemos ver entonces el marco de Providencia (Biná) sobre el Tsadiq (Abraham-Jésed) como ser humano arquetípico (248).

Vamos entonces a organizar las letras de este salmo según la siguiente fórmula:

אשריהאישאשרלאהלךבעצתרשעיםובדרךח
טאיםלאעמדובמושבלציםלאישבכיאםבתו
רתיהוהחפצוובתורתויהגהיומםולילהו
היהכעץשתולעלפלגימיםאשרפריויתןבע
תוועלהולאיבולוכלאשריעשהיצליחלאכ
ןהרשעיםכיאםכמץאשרתדפנורוחעלכןלא
יקמורשעיםבמשפטוחטאיםבעדתצדיקיםכ
ייודעיהוהדרךצדיקיםודרךרשעיםתאבד

Se trata de ocho filas de 31 letras (Nombre de Dios EL = 31), según el valor de Abraham (248 = 31 × 8), que además establece la conexión con Biná (67 palabras) según exponíamos al principio de este apartado. Cada línea corresponde a una sefirá, de Biná a Maljut.

Podemos simplemente contemplar las letras en sucesión (idealmente visualizándolas en el firmamento en fuego blanco) o leer cada línea pronunciando las letras con su vocal natural. Esto es una forma de singularizarlas y abrir así todo su potencial. Así, la primera línea sería:

AShiReYoHeAYoShiAShiReLaAHeLaJaBeATsaTaReShiAYoMeVaBeDaReJaJe.

Después podemos volver a leer el salmo en su semántica literal.

Invocamos así toda la Gracia y Bendición que derrama.

Versículos sefiróticos

Jojmá

יוֹמָם יְצַוֶּה יְהוָה חַסְדּוֹ וּבַלַּיְלָה שִׁירוֹ עִמִּי תְּפִלָּה לְאֵל חַיָּי׃

Yomán Yetsavé Adonai Jasdó /UVaLaila Shiró Imí /Tefilá LeEl Jayai.

Salmos 42:9

Pero de día mandará HaShem su misericordia, y de noche su cántico estará conmigo; una oración al Dios de mi vida.

Biná

וַאֲנִי תְפִלָּתִי־לְךָ יְהוָה עֵת רָצוֹן אֱלֹהִים בְּרָב־חַסְדֶּךָ עֲנֵנִי בֶּאֱמֶת יִשְׁעֶךָ׃

VaAní Tefilatí Lejá Adonai Et Ratsón/ Elohim BeRav Jasdeja/ Aneni BeEmet Yisheja.

Salmos 69:14

Pero yo a ti oraba, oh HaShem, al tiempo de tu buena voluntad; oh Dios, por la abundancia de tu misericordia, por la verdad de tu salvación, escúchame.

Dáat

דָּרַשְׁתִּי אֶת־יְהוָה וְעָנָנִי וּמִכָּל־מְגוּרוֹתַי הִצִּילָנִי׃

Darashti Et Adonai VeAnani /UmiKol Megurotai Hitsilani.

Salmos 34:5
Busqué a HaShem, y él me oyó, y me libró de todos mis temores.

Jésed

הַטֵּה אֵלַי אָזְנְךָ מְהֵרָה הַצִּילֵנִי הֱיֵה לִי לְצוּר־מָעוֹז לְבֵית מְצוּדוֹת לְהוֹשִׁיעֵנִי׃

Haté Elai Ozneja/ Meherá Hatsileni/ Heyé Li LeTsur Maoz/ LeBet Metsurot LeHoshieni.

Salmos 31:3
Inclina a mí tu oído, líbrame pronto; sé tú mi roca fuerte, y fortaleza para salvarme.

Guevurá

אֱלֹהִים לְהַצִּילֵנִי יְהוָה לְעֶזְרָתִי חוּשָׁה׃

Elohim LeHatsileni/ Adonai LeEzrati Júsa.

Salmos 70:2
Oh Dios, acude a librarme; apresúrate, oh Dios, a socorrerme.

Tiféret

וְאַתָּה יְהוִה אֲדֹנָי עֲשֵׂה־אִתִּי לְמַעַן שְׁמֶךָ כִּי־טוֹב חַסְדְּךָ הַצִּילֵנִי

VeAtá HaShem (Yehoví) Adonai/ Asé Ití LeMaán Shemeja/ Ki Tov Jasdeja Hatsileni.

Salmos 109:21

Y tú, HaShem, Señor mío, favoréceme por amor de tu nombre; líbrame, porque tu misericordia es buena.

Nétsaj

אַתָּה הָאֵל עֹשֵׂה פֶלֶא הוֹדַעְתָּ בָעַמִּים עֻזֶּךָ׃

Atá HaEl Osé Fele/ Hodata BaAmím Uzeja.

Salmos 77:15

Tú eres el Dios que hace maravillas; hiciste notorio en los pueblos tu poder.

Hod

וַיּוֹשִׁיעֵם לְמַעַן שְׁמוֹ לְהוֹדִיעַ אֶת־גְּבוּרָתוֹ׃

VaYoshiem LeMaán Shemó/ LeHodía Et Guevurató.

Salmos 106:8

Pero él los salvó por amor de su nombre, para hacer notorio su poder.

Yesod

הִנֵּה אֵל יְשׁוּעָתִי אֶבְטַח וְלֹא אֶפְחָד כִּי־עָזִּי וְזִמְרָת יָהּ יְהוָה וַיְהִי־לִי לִישׁוּעָה׃

Hiné El Yeshuatí/ Evtáj VeLó Efjad/ Ki Ozí VeZimrát YAH Adonai/ VaYehí Li Lishuá.

Isaías 12:2

He aquí Dios es salvación mía; me aseguraré y no temeré; porque mi fortaleza y mi canción es YAH HaShem, quien ha sido salvación para mí.

Maljút

אֱלֹהִים אַל־תִּרְחַק מִמֶּנִּי אֱלֹהַי לְעֶזְרָתִי חוּשָׁה׃

Elohim Al Tirják Mimeni/
Elohai LeEzrati Júsa.

Salmos 71:12

Oh Dios, no te alejes de mí; Dios mío, acude pronto en mi socorro.

N.º DE PALABRAS = 91
N.º DE LETRAS = 365
Las iniciales de los versículos conforman el Nombre Divino:

יוד / הא / ואו / הא

Kódesh HaKodashim

En el Santo de los Santos está el Arca del Testimonio, símbolo del centro de la frente, a la altura de la hipófisis, detrás de la raíz de la nariz. Contiene tres elementos: la Torá, el maná y la vara florida de Aarón. Recreamos en nosotros cada uno de los símbolos.[7]

Sobre su cubierta, Kaporet –mismas letras que Parojet, indicando los cuatro elementos transmutados– se encuentran los dos Kerubim –masculino y femenino– símbolo de los dos hemisferios cerebrales y de las dos formas de mentación (formal y aformal). Y de entre los dos se revelaba la Shejiná, la Presencia Divina, como está escrito: «Y te hablaré de sobre el propiciatorio-Kaporet de entre los dos Kerubim que están sobre el arca del testimonio».[8] Imaginamos a ambos arcángeles: Metatrón y Sandalfón, y entre ambos un punto de Dios, correspondiente al punto central de nuestra cabeza (centro de la frente) y miramos y escuchamos.

Atsilut

Ez 1:26

26 וּמִמַּעַל לָרָקִיעַ אֲשֶׁר עַל־רֹאשָׁם כְּמַרְאֵה אֶבֶן־סַפִּיר דְּמוּת כִּסֵּא וְעַל דְּמוּת הַכִּסֵּא דְּמוּת כְּמַרְאֵה
אָדָם עָלָיו מִלְמָעְלָה׃

> 26Y sobre la expansión que había sobre sus cabezas se veía la figura de un trono que parecía de piedra de zafiro; y sobre la figura del trono había una semejanza que parecía de hombre sentado sobre él.

Umimaál la raquía asher al rosham kemaré eben sapir demút kisé veal demút hakisé demút kemaré adam alav milemalá.

Vemos a la figura de una piel translúcida, a través de la cual contemplamos sus centros sefiróticos.

Un rayo de luz parte de cada uno de ellos a nuestro centro correspondiente, mientras recitamos la meditación de la merkavá:

---

7. Torá: Leb Bli. Maná: Conjunción Tiféret-Maljút. Vara de Aarón: El pilar del medio

8. Testimonio = Edút = עדת, de la misma raíz que Dáat = Conocimiento = Conocimiento.

Contemplamos cómo en la transmisión se forma un Tetragrama completo en cada sefiráh y/o centro psicofísico con la vocalización correspondiente, según el procedimiento habitual:

Centro de Kéter, **sobre nuestra cabeza**, el Nombre YHVH con la vocal Kamats («a» larga): יָהָוָהָ. En la exhalación, vibramos Ya'Ha'Va'Ha'.

Contemplamos la reverberación de la Corona, de la Luz infinita, la Unidad omniabarcante y la Vida incondicionada.

Hemisferio cerebral izquierdo, el centro de Jojmá, y allí se dibuja un Tetragrama con la vocal Pataj («a» corta): יַהַוַהַ. En la exhalación vibramos YaHaVaHa.

Contemplamos la reverberación de la Luz de Sabiduría, la Conciencia Pura y el Pensamiento de Dios.

Centro de Biná, en el **hemisferio derecho:** YHVH con Tseré jaser («e» larga): יֵהֵוֵהֵ, y vibramos internamente Ye'He'Ve'He'.

Contemplamos la reverberación de la Luz del Entendimiento, la Inteligencia creativa de Dios y la Energía de la Creación.

Centro de la **frente**, Daát Elión. YHVH con Tseré malé (e larga, escrita con Yodim): יֵיהֵיוֵיהֵי mientras que en la exhalación pronunciamos Ye'He'Ve'He'.

Contemplamos la reverberación de la Clara Luz de la Conciencia, de la Intuición, de la Verdad directa.

Centro de la **garganta**, Daát Tajatón. Tetragrama con Jolam malé («o» larga): יוֹהוֹווֹהוֹ, pronunciando Yo'Ho'Vo'Ho'.

Contemplamos la reverberación de la Luz del Espíritu de Dios, de la Palabra, del Sonido de la Creación.

Centro del **corazón**, Tiféret, Tetragrama vocalizado con Jolam jaser: יֹהֹוֹהֹ. En la exhalación vibramos Yo'Ho'Vo'Ho'.

Contemplamos la reverberación de la Luz del Equilibrio y la Armonía, de la Chispa de Luz encarnada, la Luz de la Compasión universal.

Hombro izquierdo, centro de Jésed. Tetragrama vocalizado con Segol («e» corta): יֶהֶוֶהֶ En la exhalación vibramos YeHeVeHe.

Contemplamos la reverberación del Amor y de la Gracia de Dios. La energía fluye por todo el brazo izquierdo.

Hombro derecho, centro de Guevurá, Tetragrama vocalizado con Shevá na': יְהְוְהְ.Así, en la exhalación pronunciamos YeHeVeHe

Contemplamos la reverberación del Poder y la Justicia Divinas. La energía fluye por todo el brazo derecho.

Cadera izquierda, centro de Nétsaj. Tetragrámaton vocalizado con Jirik jaser («i»corta): יִהִוִהִ vibrando YiHiViHi.

Contemplamos la reverberación de la Luz de la Victoria y de las verdaderas emociones. La energía fluye por toda la pierna izquierda.

Centro del **ombligo**. Tetragrámaton con Jirík malé («i» larga): יִיהִיוִיהִי pronunciado Yi'Hi'Vi'Hi'

Contemplamos la reverberación de la Luz de la Energía y la Voluntad.

Cadera derecha, centro de Hod. Tetragrámaton vocalizado con Kubuts («u» corta): יֻהֻוֻהֻ, pronunciando YuHuVuHu.

Contemplamos la reverberación de la Luz de la Gloria y de la Verdad. La energía fluye por toda la pierna derecha.

Centro de Yesod, raíz del **órgano sexual.** Tetragrama vocalizado con Shuruk («u» larga): יוּהוּווּהוּ, vibrando Yu'Hu'Vu'Hu'

Contemplamos la reverberación de la Luz de la Vitalidad y la Generación.

Centro de Maljút, en la **base de la columna**; Tetragrama sin vocales: יהוה, que pronunciamos por sus letras Yod He Vav He.

Contemplamos la reverberación de la Luz de la Estabilidad y la Presencia Divina llenando toda la Creación.

Nos identificamos con la forma divina (Yo soy Él) mediante el mantra:

Yo soy quien yo soy quien yo soy quien yo soy...

Despertamos a la conciencia de la totalidad y nos sentimos objetos del amor infinito de Dios y como una chispa de luz Divina inflamada. Nuestro corazón es una vasija del Amor Divino. Es un corazón que me une en el centro a todos los seres en todos los planos. Corazón que comprende que el amor es la fuerza universal que mueve al mundo, a las galaxias, a los soles, a los astros y que es el motor último de las acciones humanas. Desde este punto enviamos bendición Divina, canalizamos la Bendición Divina a toda la Creación (pausa). Somos canales de la bendición de Dios y dejamos que esta «berajá» fluya a través de nosotros. Sentimos nuestro corazón en todos los seres, en todos los cielos y en todos los mundos. Tenemos una visión de todo el pilar central, que une el punto más alto de presencia Divina con el punto más bajo de manifestación material de manera que siempre que abramos nuestro corazón a esta fuerza del amor Divino, podemos entrar en contacto directo con la Divinidad.

Retorno

Tomamos conciencia de nosotros mismos en el Kódesh HaKodashim, el Santo de los Santos, del Templo de Jerusalem. Estamos frente al Arca, el lugar arquetípico de nuestro centro de la frente. Allí, en el entrecejo –el Dáat Elión– entre los dos hemisferios, escuchamos qué nos dice la Voz del silencio. Dejamos que surja la experiencia del conocimiento directo, intuitivo, síntesis de la razón y el sentimiento, como un acto de comunicación interna que siempre estará con nosotros. Verdaderamente nos sentimos hijos de Dios, con un tikún, una tarea a realizar en la Tierra. Celebramos este destino y bendecimos a nuestro Padre que con su amor infinito nos da esta oportunidad de crecimiento, de manifestar nuestra esencia divina en el mundo. Nos inclinamos ante la focalización de la Presencia Divina en nuestra mente, mientras pronunciamos: «En tu mano encomiendo mi espíritu, Tú me has redimido Eterno Dios de verdad».

בְּיָדְךָ אַפְקִיד רוּחִי פָּדִיתָה אוֹתִי יְהוָה אֵל אֱמֶת׃

BeYadejá Afkíd Rují Padíta Otí Adonai El Emét

Y visualizamos como las tres letras, Pe, Alef, Yod, cuyo valor numérico es el mismo que Amen; cuyo valor numérico es el mismo que YHVH y Adonai juntos, la unión del cielo y de la tierra, de la conciencia subjetiva y la conciencia objetiva, el quién y el qué; cuyo valor numérico es el mismo que Maná, el sustento espiritual que alimenta, sostiene, llena a rebosar de deleite a todos los seres.

Con profundo respeto caminamos de espaldas y abandonamos el recinto del Santo de los Santos.

Ahora estamos en el Debir, el Santo, frente al altar del incienso del corazón. A nuestra izquierda, en el Sur, está la Menorá, el candelabro de siete brazos. En sus siete lámparas arde el aceite sagrado iluminando los siete centros psíquicos del cuerpo etérico. Los percibimos brillando radiantes.

Vemos a nuestra derecha, en el Norte del Santo, la mesa con los doce panes de la proposición. Este es el sustento espiritual que irradia del Nombre YHVH a través de sus doce permutaciones. Sentimos nuestros órganos rebosantes de salud y de vitalidad.

Con reverencia salimos del Santo.

Nos encontramos entonces entre las dos columnas de Salomón (Reyes I, 7:15-22), frente al atrio del Templo, mirando al Este. Y desde aquí, el lugar del equilibrio, vamos a pronunciar la bendición de las tres columnas, pues la tercera –el pilar de la conciencia– somos nosotros. Extendemos los brazos y las manos, y pronunciamos:

Yevarejejá Yod He Vav He beyishmerejá. Y en la columna de nube a nuestra derecha aparece el Tetragrama en fuego blanco, escrito verticalmente en ella: Yod-Jojmá; He-Jésed; Vav-Nétsaj; He-Maljút.

Yaer Yod He Vav He panav eleja vijuneká. Y en la columna de fuego a la derecha aparece el Tetragrama escrito en vertical, en letras de fuego de color rojo: Yod-Biná; He-Guevurá; Vav-Hod; He-Maljút.

Yisá Yod He Vav He panav elejá veyashem lejá shalom. Aparece a través de nosotros la columna central de pura luz, uniendo el Cielo con la Tierra, con el Nombre de Dios en vertical en pura luminosidad: Yod-Kéter; He-Tiféret; Vav-Yesod; He-Maljút.

י י י

ה ה ה

ו ו ו

ה ה ה

Una gran esfera de bendición se expande en todas direcciones.

Integramos toda la experiencia en nuestro sistema energético.

Poco a poco entramos plenamente a nuestra forma actual, nuestro aquí y ahora, nos sentimos plenamente de vuelta, agradecemos la experiencia, dedicando el mérito al desarrollo espiritual del cosmos. Hacemos respiraciones profundas, movemos los dedos de las manos y pies, frotamos las manos para generar calor y cuando queramos abrimos los ojos.

EPÍLOGO

Está escrito:

וְהָיָה יְהוָה לְמֶלֶךְ עַל־כָּל־הָאָרֶץ בַּיּוֹם הַהוּא יִהְיֶה יְהוָה אֶחָדוּשְׁמוֹ אֶחָד׃

Vehayá Adonay lemélej al kol haárets, bayom hahú yihyé Adonay ejad ushmó ejad
Adonay será rey sobre toda la Tierra, en ese día Adonay será uno y su Nombre uno
(Zacarías 14:9)

לַמְנַצֵּחַ שִׁיר מִזְמוֹר הָרִיעוּ לֵאלֹהִים כָּל־הָאָרֶץ׃
זַמְּרוּ כְבוֹד־שְׁמוֹ שִׂימוּ כָבוֹד תְּהִלָּתוֹ׃
יְזַמְּרוּ שִׁמְךָ אִמְרוּ לֵאלֹהִים מַה־נּוֹרָא מַעֲשֶׂיךָ בְּרֹב עֻזְּךָ יְכַחֲשׁוּ לְךָ אֹיְבֶיךָ
כָּל־הָאָרֶץ יִשְׁתַּחֲווּ לְךָ וִיזַמְּרוּ־לָךְ

Lamnatséaj shir mizmór. Haríu lElohim kol haÁrets
Zamerú jebod shemó símu jabod tehilató
Imrú LElohím ma norá maaséja berób uzejá yejajashú lejá oyebéja
Kol haárets ishtajavú lejá vizameru laj yezamerú shimjá séla
Cantad la gloria de su Nombre; poned gloria en su alabanza. Decid a Elohím: ¡Cuán asombrosas son tus obras! Por la grandeza de tu poder se someterán a ti tus enemigos. Toda la tierra te adorará, y cantará a ti; cantarán a tu Nombre.
(Salmos 66 1:4)

También está escrito (Séfer Yetsirá 2-6): Él contempló, transformó y fabricó todo lo que ha sido formado y todo lo que ha sido dicho de un Nombre (del Nombre UNO).

En esta obra hemos apelado insistentemente al Nombre –a los Nombres– de Dios como el remedio universal, tanto por su poder creativo, como sanador, como transformador, como iluminador.

Se dice que Enok (Janoj), el maestro arquetípico humano, era de profesión zapatero y que en cada puntada para unir la suela a la horma, unía el cielo con la tierra. Tal es el poder de un acto humano, aparentemente cotidiano, realizado con plena conciencia e intención.

No se nos pide a nosotros ni más ni menos que nos esforcemos por alcanzar ese estado y el instrumento fundamental que tenemos para ello es el Nombre de Dios en cualquiera de sus presentaciones. Dios es infinito, único y sin partes, y está presente de forma completa (e infinita) en todos sus Nombres y apelaciones. La revelación de sus Nombres es un auténtico regalo.

Estamos en camino y el objetivo de la presente obra no es otro que dar algunos pequeños pasos en ese sentido. Los fallos que hayamos podido tener son nuestros. Los méritos son del Nombre.

Como está escrito (Sal 115:1)

לֹא לָנוּ יְהוָה לֹא לָנוּ
כִּי־לְשִׁמְךָ תֵּן כָּבוֹד עַל־חַסְדְּךָ עַל־
אֲמִתֶּךָ׃

No a nosotros, oh YHVH, no a nosotros,
Sino a tu Nombre da gloria,
Por tu misericordia, por tu verdad.

Índice de ilustraciones (Volumen II)

Lista de enfermedades (Volumen II)

Índice